岩波現代文庫／学術 283

ラン』を
読む

井筒俊彦

岩波書店

目　次

第一講　『コーラン』を「読む」方法

1 『コーラン』の形成

お忙しいところ、皆様、よくお集まり下さいました。まずもって、御礼申し上げます。

この市民セミナーは、「『コーラン』を読む」と題されております。『コーラン』を読む、とは一体、何をすることであるのか。それを、まず、考えておかなくてはならないと思います。なにもそんなに題にこだわる必要はなかろう、『コーラン』を読む、というのなら、『コーラン』を開いて、早速、読みだしたらいいじゃないか、とおっしゃる方がいらっしゃるかもしれませんが、私としては、そう軽く考えて通り過ぎてしまいたくないのです。『コーラン』を読む――何をするのか少し考えておきたい。皆さんのなかで哲学を専門にしていらっしゃる方は少いと思いますが、私どものように哲学と称するものをやっている人間は、どうも何かにつけて理屈っぽくなりやすい。そこで『コーラン』を読むといえば、読むとはそもそも何だ、などといって理屈を考えます。おかしいようですが、それを考えると考えないとでは、読み方がだいぶ変わってくる。つまり、理屈を考えるには考えるだけの理由があるのです。『コーラン』を読む――読むというのはいったいどういうことなんだろうか。それを少し考えてみたい。

　『コーラン』にかぎらず、一般に、古典を読むという場合、読むとは、そもそも、どんなことをすることなのでしょうか。我々が一つの古典的作品を読む——勿論、本気で古典と取り組む、というような場合のことだけを問題にしての話ですが——そこには、複雑で困難で、そしてかなりの危険をも伴いかねない、ある高度の知的作業が含まれております。つまり、一つの与えられた言語テクストにたいして、解釈学的操作が加えられなければならない、ということです。それがなぜ危険を伴うのかと申しますと、時代的にも場所的にも我々から遠く隔っている言語テクストを了解しようとするに際しては、もし解釈学的操作の手順に少しでも欠陥があったり、目標に向かって正確に焦点が合っていなかったりすれば、つとにシュライエルマッヘルによって指摘されておりますように、了解どころか、テクストの完全な誤解、あるいは曲解にまで導きかねないからであります。

　こんなふうに考えてみますと、古典と呼ばれる言語テクストを読むということ自体、すでに相当の問題性を孕んだものであることがわかってまいります。とにかく、そう簡単に読めるものではない。無論、もっと気軽に、娯楽のため、またはごく一般的な教養のために古典を読むというのでしたら、話はまったく別です。しかしそれなら、わざわざこんなセミナーに毎週出掛けていらっしゃる必要もないわけで、ただ岩波文庫の『コーラン』をお買いになって、家で自由にお読みになればいい、そのほうがずっと気がきいているということになりましょう。そうじゃなくて、もっと真剣に、『コーラン』という古典を理解しようと思うなら、どうしても一定の角度から、ある目的をもって方法論的に読まなくては駄目だと思います。きょうは、この点をもう少し詳しく説明しておきまして、この次から『コーラン』冒頭の有名な「開扉」の章を中心に、テクストを実際に読んでみようと思います。勿論、ここではアラビア語の原文で読むわけにはまいりませんので、残念ながら日本語ですけれど、それでもできるだけ原語で読むような気持でテクストを理解していきたいと考えております。

『コーラン』を読むということを、いま申しましたような意味に理解するといたしますと、その全体としての解釈学的作業は、要するに、何をどう読むか、つまり、㈠どんな言語テクストにたいして、㈡どんな解釈学的操作を加えるのか、ということに帰着いたします。ですから私も、以下、この問題を具体的に二つの項に分けて説明いたします。すなわち、まず第一に、我々がこれから読もうとしている言語テクスト、『コーラン』という名の書物の成り立ちと構成、それから第二に、その本をどんな手順で、どんな方向に向かって解釈していったらいいのかということ、この二つに焦点を絞って話を進めてまいります。

そこで、『コーラン』とは一体どんな書物であるのか、それを説明することから始めることにいたしましょう。

まず第一に、『コーラン』という名称そのものについて。日本では普通、「コーラン」といっておりますが、より原語に近い形では「クルアーン Qur'ān」と申します。但し「クルアーン」というこの言葉が、どこから来て、もともとどういう意味をもっていたのか、正確にはわかりません。奇妙なことだとお思いになるかもしれませんが、イスラームの聖典がなぜ

「クルアーン」と名付けられたのか、学問的には確定できないのです。

十九世紀後半から二十世紀の初めにかけて異常な活気を呈したヨーロッパの東洋学者たちのイスラーム研究によりますと、「クルアーン」という語はシリア語からの借用語だという説がかなり有力です。古いシリア教会のキリスト教徒たちが使っていた「ケリアーナ」qeryānaという語を、アラビア人(あるいは、預言者ムハンマド)が耳で聞いて覚え、それを訛って発音した、それが「クルアーン」というアラビア語になったのだという説です。これとて真偽のほどはさだかでありませんけれど、とにかく意味の上では、一応、納得できます。

それでは、もとのシリア語で「ケリアーナ」とはいったいどんな意味だったのかと申しますと、これはシリアのキリスト教教会で聖書を一日にどこからどこまで、と日課として読む。今日でもユダヤ教徒には、自分たちの聖典『旧約聖書』を日割りにして読誦する習慣がありますが、昔のシリア教会のキリスト教徒たちにもそのような宗教的習慣がありました。聖書を一日どこからどこまでと日課として読む。その日割りになった聖書のテクストを「ケリアーナ」というのです。だから、「ケリアーナ」とは、日課で読む聖書の部分とか、日割りにされた聖書のテクストとか、そんな意味です。アラビア砂漠に入って来た、あるいは、アラビア砂漠の周辺地帯に住みついたシリア人が日常使っていたこのコトバをアラビア人が聞き覚えて、それで「クルアーン」というコトバをつくったに違いない、そういいます。たしかに、イスラーム教徒も『コーラン』を日割りにして、日課として読誦することになっておりますので、その点では一応説明がつく。しかし、私は、何となくこの説は怪しいような気がします。とにかくさっきも申しましたとおり、「クルアーン」が本当にシリア語「ケリアーナ」の借用であるかどうか、学問的には確実ではありません。

ただ一つ確実なのは、Qurʾān が Q. R.ʾ という三個の子音を語根として出来ている語であり、Q. R.ʾ が「朗誦する」とか「読誦する」とかいう意味を表わす純正なアラビア語の語根である、ということです。とすれば、由来はどうであれ、とにかく『コーラン』(クルアーン)とは、イスラーム教の信徒が声を出して読むべきもの、読誦すべき聖典、を意味する、というふうに理解しておいて、まず大過なかろうと思います。

いま申しましたとおり、Q. R.ʾ というアラビア語の語根は「誦む」ということ。読むといっても、ただ目で読むのではない、口に出して朗誦する、読誦するということです。ですからそれの派生形である「クルアーン」とは、「読みもの」、口で読誦すべきもの、読誦すべきテクストといった意味になるのです。

そういえば、ユダヤ教にも、同じ語根 Q. R.ʾ から派生した「ミクラー」(Miqrāʾ)というコトバがあります。「ミクラー」は、ヘブライ語で朗誦のテクストとしてのバイブルのことです。ただのバイブルではなくて、声を出して誦むべきテクストとしてのバイブルを、ユダヤ教で「ミクラー」といいます。どっちがどっちから借用したというのではありませんが、だいたい考え方が同じだろうと思います。つまり声を出して朗読する、朗誦するためのテクストとして聖典なるものを考えているのです。

『コーラン』第八七章、第六節に、

我ら(神)は汝(ムハンマド、預言者)に誦ませようぞ。さすれば汝も忘れまい、アッラーの御心ならでは忘れまい。

と言われております。要するに、『コーラン』は、これを読誦することが肝要だ、ということです。啓示された神のコトバは、いつも声を出して誦んでいなくてはいけない。声を出して誦むことによって、はじめてお前の心にそのコトバがしみ込むだろう。それをおこたると、せっかく啓示された神のコトバもすぐ忘れられてしまう。忘れられてしまうということは、心にしみてこない、従って働かない、何の作用も及ぼさない、ということです。「アッラーの御心ならでは忘れまい」つまり、もし忘れさせることが神の意志ならば、それはそれで仕方がない。いくら誦んでいたって、誦んだコトバが心にしみ込まないこともあるかもしれないが、そうでない限り、毎日毎日、日夜を分かたず『コーラン』を読誦していれば、そのコトバが心にしみつき、やがては強力に働きだすだろうというのです。

これにすぐ続いて、「大声で誦もうとも、黙って心にひめようとも、(アッラーは)すべて知り給う」というコトバがありますが、これは、それではいつでも必ず声をあげなくてはいけないのか。声をあげられない場合もある。そんな場合にはどうするかというと、そういうときには黙読するがいいというのです。けれど、黙読というのは、『コーラン』に関してはほんとうではない。原則としてはいつでも声を出して読むのです。声を出して読む、それが「コーラン」という名前のもとをなしていることがこれでわかります。

この問題に関連して、もう一つ、すぐ憶い出されるものに、『コーラン』第九六章、第一

—二節の次の文句があります。

誦《よ》め、「創造主《つくりぬし》なる主《しゅ》の御名において。
いとも小さい凝血から人間をば創りなし給う。」

イスラームの正統的伝承によりますと、この一文は、『コーラン』全体の中で、一番最初に啓示された神のコトバ——つまりムハンマドの側からいうと、彼が預言者として立ち上った時の第一声——とされる決定的に重要なものですが、もしこの伝承が正しいとすると、預言者ムハンマドにたいする神の語りかけの最初の文句の、そのまた最初のコトバが、「誦め《イクラア》」（'iqra'——語根Q. R.'から派出した動詞の命令形）という、読誦を命ずる語であったことになる。啓示にたいするイスラームの考えでは、声を揚げてそのコトバを誦むということが、それほどまでに重要だった。読誦の書としての『コーラン』の性格を示唆する点において、そしてまた啓示されたコトバを記録した聖典が、なぜ特に『コーラン』(クルアーン)と名付けられるに至ったかを説明する上において、意味深長な事実と申さねばなりません。

さて、『コーラン』と呼ばれるこの本——ごらんのとおり、印刷の仕方によっては僅か一冊の、ポケットにでも入ってしまうほど小さな本。岩波文庫の日本語訳では上中下三冊に分けてありますけれど、アラビア語の原文では、もっとずっと小さな本です。しかし、その内的構成ということになりますと、普通我々が常識的に「本」と考えているものとはかなり違っております。第一、『コーラン』は始めからこんな一冊の本の形にはなっていなかった。

切れ切れの短い文章が方々に散らばって保存されていたのです。

『コーラン』の第六章、第七節にこう言われております。

たとい我ら(「我ら」というのは神の自称です。いわゆる神的第一人称。)が立派に文書にしためた聖典をお前(預言者ムハンマド)に下して、彼らに手で触らせてやったところで(つまり、それほど具体的な形で、聖書のようなちゃんとした本の形で、授けてやったところで)、どうせ信仰なき彼らのこと、「これは明らかに妖術だ」などと言うだけであろう。

たとえこの『コーラン』を、神が立派な文書にしたためた聖典として預言者に下して、人々に手でその本を触らせてやったところで、彼らは信じないだろう、というのです。ということは、すなわち『コーラン』がまだ本になってはいなかった、まだ書かれた文書、聖典、の体裁を取っていなかった、ということです。

では、なぜここでこんなことが問題になるのか、と申しますと、そのころのアラビア砂漠およびその周辺地域では、ユダヤ教徒とキリスト教徒がそれぞれ盛んに活躍しておりました。ご承知かも知れませんが、イスラームが出現した西暦七世紀頃のアラビア砂漠は、かなり精神文化的に水準が高かったのです。ビザンチンの影響がシリアのほうから流れてくる。ササン朝ペルシア(イラン)の影響が、イラクを通ってどんどん流れ込んでくる。そしてユダヤ人がたくさんアラビア半島に住みついていました。それからシリア系統の異端キリスト教徒が修道士、隠者の形で砂漠にたくさん入ってきて修行していた。とくにイスラームが一つの強大な歴史的宗教として形成されたメディナ(マディーナ)は、ほとんどユダヤ人の都といってもいいくらいで、そのあたりに住むアラブにとってはユダヤ教などちっともめずらしいものではなかった。『旧約聖書』を誰でも、日常、目で見たり耳で聞くことができるようなところだったのです。

そんな具合ですから、今度新しくアラビアに預言者が現われて、ユダヤ教やキリスト教とある点では同質の新宗教を唱えだしたとなると、それは当然、これらの宗教の信者たちの注目をひき、対抗心をかき立てます。ユダヤ教徒やキリスト教徒が、いま活躍を始めた預言者ムハンマドに対して、まず第一にどんなことを言ったかというと、我々はこんな立派な『聖書』をもっている――ユダヤ教徒はもちろん『旧約聖書』、キリスト教徒は『新約』です。それを出して見せる。両方ともちゃんと本になっている。手でさわれる。だれも疑うことができない正式の聖典です。手でさわるということは、このごろのアラビア語では、ほんとに具体的に実在する、という意味です。神のコトバが聖典として実在しているのです。そういう本が我々には授けられているのに、お前のところにはまともな聖典がない。きれぎれのコトバばかり。なぜ聖典がないんだ、もしお前の言うことがほんとうならば、と盛んに非難したと考えられる。そのことは『コーラン』自体からもほかの文献からもわかります。さんざんそれでやられた。さっき引用した『コーラン』のコトバは、それに対する返答です。私に下される神の啓示は本の形にはなっていない。お前たちの『聖書』とは違うのだ。けれども、たとえ本にして、お前たちに触らせてやったって、お前たちのように信仰心の薄い人間は、これが真理だとは信じないだろう。どうせ役に立たないから一冊の本の形にはしてないのだ、と、まあこういった意味合いなのです。

とにかく、『コーラン』はその頃はまだ本になっていなかった。いや、その頃だけではありません。預言者ムハンマド在世当時は勿論、彼が世を去った後も、相当の期間、そのような断片的状態で存在していたのです。これがともかくも一冊の本の形に纏め上げられたのは、ムハンマドが死んでからずっと後のこと。それ以前は、『コーラン』自体に明言されておりますとおり、ユダヤ教徒の『旧約聖書』やキリスト教徒の『新約聖書』と、堂々肩をならべられるような「立派な文書にしたため」られた聖典ではなかったのであります。

元来、ムハンマドが最初に神のコトバ(と彼が理解したもの)を聞くようになる――いわゆる預言者の召命体験、要するに自分が神に召されて預言者になったという自意識の確立です――のは、齢《よわい》およそ四十の頃ですが、そうなっても、現在『コーラン』に記録されている神のコトバ、すなわち啓示、を全部一度に続けて受けたわけではありません。約二十年間にわたって、少しずつ、断片的に啓示は下ったのです。しかも、そのような断片的な、とぎれとぎれの啓示のコトバを、預言者が自分で書きとめたわけではなくて、彼のまわりにいた数人の付き人たちが、憑神状態の預言者の口から流れ出るコトバを、その場で、羊皮紙の切れ端、動物の骨、石、岩、棗椰子の葉などに書きとめていったのです。文字に書かずに、記憶の形で保存したものも、相当ありました。

ここで、この主題に直接関係のある『コーラン』のテクストをちょっと読んでみましょう。第二五章の三四節。

無信仰の徒輩《やから》が、「どうせのことなら、なぜ彼(ムハンマド)のところにクルアーンが全部一度に下されて来なかったのか」などといって(非難して)いる。我ら(神)がこうしたのは、汝(ムハンマド)の心をしっかり固めてやりたいからのこと。それでこのように切れ切れに啓示したのだ。

ここで無信仰の徒輩と呼ばれているのは、ユダヤ教徒、キリスト教徒、それから多神教徒たちです。その連中、わけても聖典というものを大切にしているユダヤ教徒やキリスト教徒。もし『コーラン』が聖典であるのなら、なぜ神様は全部一度に下さないのか。何年もかかって少しずつチビチビ下すというのは変ではないか、というのです。もっとも、こんなことを言うユダヤ教徒やキリスト教徒の方もおかしいので、例えばユダヤ教の聖典『旧約聖書』だって一ぺんに書かれたものではない。いろいろ違う伝承系統があって、その材料を後世のユダヤの学者たちが整理して一冊の本に仕上げたものですし、『新約聖書』にしても、もともと幾つもの違う伝承をまとめて一つの本にしたのであって、一ぺんに天から下ったわけではない。ですが、すでに完全に出来上った形の聖典をもっていたユダヤ教徒やキリスト教徒にとっては、『コーラン』が「神のコトバ」と称するものの断片的集積にすぎないということが、好個の攻撃材料であったのです。もし本当にお前が預言者なら、神様にお願いして一ぺんに授けてもらったらいいじゃないか。きれぎれに、長い年月を必要とするとは、何という妙な聖典だというわけです。

それはとにかくとして、事実上、預言者ムハンマドの口走るコトバは、だいたい二十年間かけて少しずつ記録されていったのでした。断片的とはいえ、なにしろ二十年にわたる天啓ですから、記録されたコトバの量はかなりのものです。しかも、一人の書記のような人が一貫して書写したのではなく、いろいろな人がいろいろな形で、いわば便宜的に書いておいた覚え書きですから、統一がない。そればかりか、同じ一つの天啓の文句が、記録者の違いによって、幾つも違った形で残っている。現在でいえば、異本が幾つもある、というわけです。実際、そんな「異本」が十以上も存在していたことが、今日ではわかっております。

天啓、すなわち神のコトバに「異本」があったのでは具合が悪いし、それに天啓が幾人もの人の手もとに散らばっていては、聖典《キターブ》としての機能を果す上で支障がある。前にも言いました、ユダヤ教徒やキリスト教徒のように、すでに立派な形の聖典をもっている人たちとの対抗上も都合が悪い。まして、預言者の死後、イスラームが急速に、広い地域にひろがって、一大宗教共同体にまで成長するに至って、聖典の必要はいよいよ切実な問題として意識されるようになってきます。そこで、どうしても散在する啓示の断片を一つに集め、「異本」を整理して、一冊の書物に纏め上げなくてはならなくなってきたのです。

この仕事を本格的な形で行ったのは第三代目の教皇《カリフ》オスマーン(‘Uthmān)でした。方々に散らばって、しかもいろいろな形で保持されてきた啓示の断片——もう少し放っておけば、散逸して、ついにはやがて消滅してしまうおそれのあった断片——を彼は出来るかぎり自分の手元に集め、それを有能な学者たちに命じて編集させました。聖典『コーラン』の編纂、これこそ教皇オスマーンのなしとげた大事業でありまして、これによってイスラーム文化は東洋史の流れの中に、その巨大な第一歩を踏み出したわけです。これを世に「オスマーン本」と呼ぶ。現在、我々が「コーラン」という名で読んでいるものは、西暦七世紀の末に編纂された、この「オスマーン本」なのであります。啓示を受けた当の預言者が夢にも知らなかった、まったく新しい形の『コーラン』で、それはあったのです。

ところでそうなりますと、『コーラン』の著者はいったい誰なのかということが、当然、問題になってきます。初めに私は『コーラン』が、普通、常識的に「本」と呼ぶものとは、大分違ったものだと申しました。今お話したことからもすでにおわかりになったことと思いますが、『コーラン』は著者が誰かという点でも、普通の本とは非常に違っております。

大体、本というものには、それを書いた人、著者がある。あたりまえのことのようですが、それでは『コーラン』の著者は誰なのか、ということになると、大分困難な問題が起こってきます。著者の問題ということになると、『コーラン』は、ある点で、大乗仏教のお経によく似たところがあります。お経にも、それぞれ「著者」に当たるものが一人、あるいは数人いるはずです。けれども、お経の文句はみんなブッダ、仏様の口から出たコトバだということになっている。著者は名を出さない。それがたてまえです。ブッダ自身が、深い三昧境に入って、その境地で、存在世界や人間実存についていろいろ考察し、いろいろなヴィジョンを見る。それをコトバとして発したもの。だから、全部、仏様が言われたコトバだというのです。しかし、いまでは誰でも知っているとおり、大乗仏典は、実は、仏様の死後何百年もたってから、後世の人たちが書いたものであり、ただ自分のヴィジョン、あるいは自分の思想をブッダに仮託して表現したものにすぎません。

ところが『コーラン』は、始めから終りまで、一字一句、正真正銘ムハンマドの口から出たコトバです。この点に注目すると、『コーラン』と仏典との違いがきわだって目につきます。『コーラン』は預言者ムハンマドに仮託されたコトバではなくて、全部、じかに彼自身の口から出たコトバであるからです。

だが、それではムハンマドを『コーラン』の著者とすることができるかというと、そう簡単にもいえない。そこで意見が二つに分かれて鋭く対立します。西洋のイスラーム学者、西洋でイスラームを学問的に研究している、いわゆる東洋学者は、『コーラン』はムハンマドの著書だ、という立場をとる。ということは、つまり、『コーラン』が神のコトバであることを否定するわけです。学問的合理主義の上に立っての発言ですから当然ですが、しかし、『コーラン』が神のコトバの記録ではないとすると、人間ムハンマドのコトバだということにならざるを得ない。『コーラン』に述べられていることは、ムハンマドという一人のアラビア人が自分で考え感じたことをコトバにしたものである、という。要するに、それは啓示そのものの否定です。揚句のはてには、『コーラン』は、人間ムハンマドの異常心理あるいは病的心理の自己表現にすぎないとか、一人の狡猾な男、ムハンマド、が己れの政治的野心をとげるために、冷静に計算して頭から繰り出した作り物だ、というような主張まで出てきます。そこがイスラーム教徒の神経をひどく刺激するのです。

ムハンマドを『コーラン』の著者とする、この西洋の「科学的」考え方に対して、イスラーム側では、勿論、『コーラン』の神的起源説を主張します。『コーラン』は徹頭徹尾、神のコトバ。預言者にせよ誰にせよ、ともかく人間の口にしたコトバではなく、神が一人称で語るコトバ、すなわち啓示(天啓)であり、その内容は神の意志そのものの直接の表現である。あくまで神が語るのであって、人間ムハンマドが語るのではない。但し、神は、預言者という資格での人間ムハンマドの口を通して、人間の言語(具体的にはアラビア語)で人間に語りかける。ただそれだけのことだ、というのです。

ですから、神が語るとはいっても、預言者を媒体とすることによって、いわば一クッション置いた、屈折した形での表現形態です。そこに人間的なものが参与している。しかしこの場合、預言者の役割りは、まったく受動的なのでありまして、少くとも理論的には、何ら積極性の入りこむ余地はない。この意味において、それはやはり神のなまのコトバである、ということになるのです。

預言者自身の意志には関係なく、自分ではどうにもできない不思議な力が彼に臨んで、彼の意識を変質させ、彼を強制して異常なコトバを口走らせる。啓示とは、原則的に、そうしたもの。そのような状態にある時、預言者は己れの心の耳に聞えてくるコトバにジッと聴きいる。まったく受動的、受け身の立場です。しかし、同時に彼の舌はひとりでに動きだして、そのコトバを発声的になぞっていく。止めようと思っても、自分で自分の舌の動きを止めることができない。そんな形で、神は語るのです。『コーラン』は、こういう意味での神のコトバの記録なのです。

こう考えてみますと、ある意味では——というのは、特にイスラーム自体の立場からすれば、ということですが——神が『コーラン』の著者だといえるかもしれません。ただ、それにもまた問題があるのです。イスラーム的立場から見て、神のコトバではあるけれども、神が著者であるとはっきり無条件で言い切れない。なぜかといいますと、イスラームの信仰では、現に我々が手にしているアラビア語の『コーラン』は天にある、神のもとにある原簿そのものではないからです。天にある原簿、永遠の『コーラン』とでも申しましょうか、地上で我々の読むアラビア語の『コーラン』の母体です。これは天上にあるもので、人間は見ることも触れることもできない。イスラームの根本思想からいって、その天上の原簿までがアラビア語で書かれているかどうかは大いに問題なのです。

これぞ(天啓の)書。その文句(まず)完全にととのえられ、次いで次第に解き分けられていったもの。あらゆることに通暁し、何事も見遁すことなきお方(神)のお手もとから下されたもの。

と『コーラン』第一一章、第一節に書かれております。いうところは、すなわち、この書物は天啓の書であって、まず天上で、その文句が完全に書きととのえられたものだ、という。一切の世界過程に通暁した神のもとで、始めから全部完璧にでき上がっている。これが永遠の原簿です。永遠の原簿は歴史を超越したものですが、それが歴史的時間の流れに入り、そこで「次第に解き分けられて」いく。原簿の時間的展開がいわゆる啓示という形をとってムハンマドの預言者的意識に現われる、それがアラビア語の『コーラン』である、というわけです。

そうしますと、イスラーム本来の思想から申しましても、『コーラン』の原簿自体はアラビア語であったはずがない。永遠の書のコトバは永遠のコトバ、現在よく使われる表現法でいいますと、根源語で書かれた書物。永遠の書が成立するのは、アラビア語でもヘブライ語でもない——しかし人間的に展開すれば、アラビア語にもヘブライ語にもなり得る——根源語の次元です。ユダヤ人の場合でもそうですが、これはセム人種の特徴的な考え方です。

永遠の、つまり形而上的な、存在次元に、一切の地上の言語を超えた根源語というのがある。これは神のコトバであって、決してアラビア語のように限定された民族語ではないのです。神はムハンマドだけを預言者にしたわけではない。いろいろな民族にいろいろな預言者を立てている。たとえばモーセもその一人。アブラハムもそうです。イエス・キリストも。(イスラームの考えでは、イエスは神の子ではなくて、ムハンマドに歴史的に先行する一人の預言者です。)そういう預言者たちみんなにアラビア語で啓示を下すわけにいかない。それぞれ違ったコトバで天啓が下っている。それらすべての啓示の源が、さっきからお話している原簿です。「その文句完全にととのえられ」、一冊の本として完全に天でき上がった本となって、神の手元にある。この原簿のコトバは神的根源語であって、何語ともいえない。それが、アラビアの預言者ムハンマドの場合は、アラビア語で「次第に解き分けられ」て『コーラン』が成立した、とこう考えるのです。

しかもムハンマドという人はメッカの人間で、そのコトバはメッカという町の方言です。その上、『イスラーム文化』(岩波書店刊)でもちょっと書いておきましたが、だいたいそのころのメッカの商人コトバです。メッカの商人コトバで原簿ができている道理がない。アラビア語でもその他の何語でもない根源語で書かれたものが、ムハンマドという預言者、一個の歴史的な人物を通すことによって、言語的に限定されて、紀元七世紀の商人的な色彩を帯びたメッカの方言に翻訳された(といってはおかしいが)、とにかく、とぎれとぎれに下された、と考える、その方がむしろ自然だと思います。

こうしてみますと、啓示といっても決して神様だけのひとり芝居ではない。勿論、たてまえからいえば全部神のコトバですが、それと同時に、さきほども申しましたように、人間ムハンマドが参与している。それでなければ原簿がメッカの方言で出てくるはずがない。ですから、神が『コーラン』の著者というわけにもいかない。またムハンマドが著者ということも、イスラームの立場では承認することができない。まあ、そういったところなのです。

『コーラン』の「著者」の問題はこれくらいにして、それでは、でき上がった本としてのこの「オスマーン本」『コーラン』が、内容的にはどんな構成をもっているかということを簡単にお話してみましょう。

翻訳をごらんになれば、すぐおわかりになりますが、『コーラン』は全体が一一四章からなっております。冒頭に非常に短い、たった七節の「開扉」の章というのがある。それをこれからの九回、ご一緒に詳しく読んでみようと思っているのですが、これは一種の祈禱文で、ちょうどキリスト教の「主の祈り」みたいな位置を占めるもの。イスラーム教徒たるものは、誰でも毎日の五回の礼拝ごとに必ずこれを誦まなければならない。毎日、繰り返し誦んでいるので、もうすっかり頭の中にたたきこまれている。それだけでも、短いながら非常に重要な一章です。この一章だけはどんなイスラーム教徒でも、子供の頃から覚えている。おまけに、預言者の「聖伝承《ハディース》」に、全『コーラン』の主旨がこの一章に縮約されている、と言われていますので、その重要性はますます大きくなります。しかし、これを一つの祈禱文と考えれば、『コーラン』のほんとうのテクストは第二章から始まるとも言えましょう。

第二章はいちばん長い章で、二八六節、次の第三章は二〇〇節、等々というふうに、だんだんと章が短くなってきまして、最後の方になると、章とはいっても、せいぜい三節が五節の本当に短いものになってしまう。

この、最後の方の短い章は別として、少し長い章は、主題的に統一がないことが一つの顕著な特徴です。各章ごとに「牝牛」だとか「女」だとか、題だけはついていますけれど、その題が全体を統一しているわけじゃない。どの章を取って見ても、ただいろいろ違った雑然とした内容の文章がきれぎれにつながっていて、それがまた、実にめまぐるしく移っていく。悪くいえば寄せ集めみたいな感じがする。統一がない。どうしてこんなところにこんな文章が出てくるのかというのがわからない場合も少くありません。「オスマーン本」はそういうふうに編纂されているのです。

これは、しかし、さっき申しましたように、預言者ムハンマドがそういうふうに書いたわけではない。彼が預言者として立ち上ってから世を去るまでの約二十年の間、断続的に下された啓示を、それからまた約二十年ばかり後になって、他人が編集したもの。つまり、啓示がムハンマドに下りだした時を始点として、その後だいたい四十年の間にまとまってきたテクストのまとまり方の一つを、「オスマーン本」は代表しているわけです。

預言者の受けた啓示の断片を、どうしてこういう形に整理したのか、本当のところはよくわかりませんが、ただ一つ、非常にはっきりした編纂原則が全体を通じて働いていることはわかる。それは、年代が逆順になっているということです。つまり、現在我々が手にする『コーラン』では、そのいちばん初めの方に置かれている長い章は、ムハンマドが晩年に受けた啓示です。従って、我々が次第に読み進んでいくにつれて、章がだんだん短くなり、我々はだんだん初期の啓示を読む、ということになります。

とはいっても、この年代逆順の並べ方はあくまでだいたいの原則であって、それほど厳密なわけじゃない。もし本当に厳密なら、いちばん最後の二つの章、第一一三章「黎明」と第一一四章「人間」とがいちばん最初の啓示の記録ということになるはずですけれど、そうではない。現に、さっきも申しましたように、「誦め」というコトバで始まる第九六章、あれがいちばん最初の啓示だとされているのですから、「オスマーン本」の最後の章がいちばん最初にムハンマドが受けた啓示というわけにはいきません。でも、だいたいにおいて、原則として、年代が逆順になっているのです。

しかし、この点に関連して、それよりもっとずっと大事なことは、このように啓示の下った年代、あるいは時期、を顧慮して編纂された『コーラン』のテクストには、当然のこととして、一つの発展史があるということです。このテクスト発展史は、大ざっぱにいって、三つの時期に分かれます。すなわち、前期、中期、後期。前期に属する啓示は全部、預言者が最初、メッカで活躍を始めた頃のものでありますので、これをまたメッカ期の啓示とも申します。前期、すなわちメッカ期の啓示は、上記の原則に従って、「オスマーン本」の最後の方に置かれております。岩波文庫本では下巻がそれに当たります。これに対して、後期は彼が西暦六二二年、メッカを棄ててメディナに遷り住んでからの時期で、別名、メディナ期。この時期の啓示は「オスマーン本」の最初の方。岩波文庫本では上巻。そして中期は、勿論、メッカ期の後期からメディナ期の前期にわたる、中間の時期で、岩波文庫本では、だいたい中巻がこの時期の啓示を収めております。

前期、中期、後期、これら三つの時期に属する三群の啓示は、それぞれ実に顕著な特徴を備えておりまして、互いに尖鋭な対立を示します。前期、つまりムハンマドが啓示なるものを受け始めた最初の頃の最も著しい特徴は、文体が緊張していることです。異常な緊迫感がみなぎっている。しかも、その緊迫感が普通の緊迫感ではない。我々にもっと親しみのある現象でいえば、シャーマン（巫者）の口から流れ出すコトバに揺曳する不気味な雰囲気。そこにみなぎる異様な緊迫感。普通の人間が普通の意識状態で感じたり、思ったりすることを表現するコトバではありません。常識的、日常的なコトバのやりとりとは言語行為成立のレベルが違う。いわば、上ずった調子のコトバです。霊感を受けた詩人の文体、あるいは神託を受けた人の神託の文体、俗にいう神がかりの文体です。神がかりとは、人間が自己意識を完全に失って、何か神霊的な力がそのかわりに乗り移ってきて内部空間を占領し、その神霊的な力が、自己意識を失ったその人間の口を通じて、第一人称で話し出す。そういう状態で啓示のコトバは語られるのです。だから、このコンテクストでは、第一人称は決して人間ムハンマドではなくて、神です。ただし、この神は、第一人称でコトバを語りながら、必ず相手を意識している。その相手が「汝」という形で出てくる。それがムハンマドです。『コーラン』前期の啓示は、およそこのような構造をもった神の語りかけなのです。

　当然予想されることですが、こういう状態で発される神言には意味がわからないコトバが非常に多い。字義どおりの意味がわからないというのではありません。文法的にも語彙的にも意味は実にはっきりしているのに、それでいて、なぜここでこんなことが言われているのか、言われなくてはならないのか、それがどうもわからない、そんなコトバに我々は屢〻出合うのです。そして、そういうコトバの積み重ねが、一種独特の晦渋な文体を作りだす。全体がとても暗い、意味的に暗いのです。その暗さから、何か正体不明の深さの感じのようなものが立ち昇ってきて、読む人を不思議な世界に誘いこむ。例はこれから後でたくさん出てきますので、ここではこれくらいにしておきます。

それからもう一つの特徴は誓言、つまり誓いのコトバが方々に、そして特に章の始めに、使われていることです。例えば、「朝」と題する第九三章の第一節。

明けはなつ朝にかけて、
静かに眠る夜にかけて。

これは誓いの言語です。朝と夜にかけて誓う、というのです。

無数に例がありますが、もう一つだけ。「誓う」というコトバがちゃんと出てくる例です。第八四章の一六節。

誓おう、夕空の赫《かがよ》いにかけて、
夜とその帳にかけて、
皎々と照りまさる満月にかけて、

なかなか美しいイマージュじゃないでしょうか。詩的です。その美しいものにかけて私は誓う、という。この誓言で、読む者あるいは聴く人は一挙にシャーマン的世界に曳き入れられてしまう。これからの発言は、日常的な言語の次元ではなくて、非日常的な、巫者特有の呪術的言語の次元で展開するのだということを、この誓言は示します。

まだここでは主題的にはお話いたしませんが、そのころのアラビア砂漠には、「カーヒン」(Kahin)といって、特殊な精神的人間がおりました。いわゆる巫者、つまりシャーマンに当たります。

シャーマンが物を言い出すときに、シャーマン的言語次元の開始のしるしとして、多くの場合、「何々にかけて」と、誓いのコトバを吐く。これと同じシャーマン的発言形式の切り出しが、初期の『コーラン』でそのまま使われているわけでありまして、これが大問題を惹き起こすのです。なぜなら、巫者特有のスタイルを使ったということは、第三者から見ると、結局、イスラームの預言者ムハンマドもシャーマンの一人にすぎないということになってしまう。イスラームにとって、これは一大事です。シャーマンだったら、要するに幽鬼《ジン》に憑かれた男であって、一神教の預言者などというものではあり得ない。しかも幽鬼、精霊のごとき霊体は、そこらに無数にいるのですから、その中のどれかに取り憑かれた男の唱える宗教は一神教ではあり得ない。多神教です。『コーラン』初期の啓示を特徴付けるかに見えるこの危険なシャーマン・スタイル——それがいったいどういう意味をもっているのか。それはなかなか簡単にはご説明できませんので、ここではそのままに残しておきまして、もっと後で、預言現象を主題的に論じるところで説明いたします。

それからもう一つ、この機会にどうしてもちょっと言及しておかなくてはならないスタイル上の特徴があります。それはサジュウ(saj')と呼ばれる一種の押韻散文の形式です。これは『コーラン』全体を通じて保持される表現形式でして、前期だけのものではありませんが、前期、その中でも最初期の表現は、極度に圧縮された文体で、短文が次から次、畳み掛けるように続いていくので、脚韻の繰り返しが実に目立つ。つまりサジュウ体が本当に生きて働いている。

サジュウ体における、この脚韻は、今でいえば句読点です。句読点を打つかわりに脚韻をおいていく。だが、詩ではない、散文です。だけども脚韻で区切っていく。それが初期になればなるほど文章が短い。たった一語とか、二語とか、そんなのでも脚韻で切れている。それが息切れしたような不思議な調子を生み出す。シャーマン的発話法の典型的な形です。

これに対応する内容の方はと申しますと、初期のものはなまなましい終末論的ヴィジョンです。キリスト教やユダヤ教にぜんぜん親しんでいらっしゃらない方には、終末論などといってもあまり実感がないかもしれませんが、終末とは、要するにこの世の終りということです。いま我々が生きているような現世的存在秩序は、一定の時まで続いて、そこで突然、終末が来る。現世的存在が終わって、全存在界がまったく新しい秩序に入る。地下の死者が復活して、神の審判、つまり最後の審判が行われ、そうして新しい存在秩序が始まる。新しい秩序――具体的には地獄と天国です。人間は誰でもこの存在転換を経験しなければならない。それを終末論的経験といいます。

『コーラン』の初期の啓示は、内容的には、この終末の時の形象でみちている。一方、それを表現する言語スタイルは、さっき申しましたように、異常な緊迫感に充ちた短文連鎖のサジュウ体。その劇しく動悸打つリズムがかもし出す何ともいえない異様な雰囲気のなかから、強く激しく浮かび上がってくるイマージュ。すごく強烈な、鮮烈なものです。具体的には、それらはたいてい、身の毛もよだつような地獄の形象です。極度に短い文章が、脚韻の太鼓のリズムに乗って、地獄の光景を描き出す。

ところが、時がたつにつれ、メッカ時代も後のほうになると、この文体の緊張が少しずつ緩んでくる。緩んでくるということは、つまり同じサジュウ体ではあるのですが、それを構成する一つ一つの文章が長くなってくる。矢つぎ早に繰返される脚韻の区切りでグッと詰まっていた文体が、もっとゆるやかな起伏を描く間延びしたスタイルになってくる。いわゆる散文化してくるわけです。

表現スタイルのこの変化に伴って、内容も変わります。あの終末論的な激しいヴィジョンをぶつけたような内容ではなくて、物語的になってきます。例えば、モーセの物語とか、アブラハムの物語とか、イサクとヤコブとか、『旧約聖書』でおなじみの人たちの物語。アダムとイヴの楽園追放説話をはじめ、ノアの箱舟の話も出てきますし、いちばん新しいところでは、イエス・キリストが登場します。母マリアの受胎、イエスの生誕と成長、彼が行う奇蹟の数々、など、ある程度まで『新約聖書』の叙述と合致するが、多くの重要な点で、正統的なキリスト教では到底認承されないようなキリスト物語が展開する。とにかく過去の預言者たちの言行、事蹟を物語的に筋を追って述べる、それが中期の顕著な特徴です。

しかし、時がもっと進みますと、今度は内容が現実的になってきます。後期になるにしたがって、啓示の内容が現実的になる。啓示をこのように現実的なものに変えていった動力としては幾つかのことが考えられますが、何といってもいちばん決定的なのは、初期の終末論的なヴィジョン体験の理論的帰結が表面に出てきたということなのです。

どういうことなのか、ちょっとご説明しましょう。さきほども申しましたように、終末論的ヴィジョンは、激烈なイマージュで地獄と天国を描く。恐ろしい地獄の劫火とか、天国のすばらしい快楽とか。それをヴィジョンのままにしておかないで、それについて反省し考えるようになる。天国や地獄はいったい何のためにあるのか、と。要するに、どんな人が、いま描かれたような天国へ行くのか。どんな人が地獄へ落ちて劫火に焼かれることになるのか、という問題です。そうなると、もう散文的です。ヴィジョンではなくて、頭でいろいろ考える。悪いことをするから地獄へ行く、いいことをするから天国へ行く、という当然の理屈になりまして、これが倫理、道徳に発展する。天国へ行くような人、いまのコトバでいえばいい人間です。地獄へ行くようなのは悪い人間。いい人と悪い人の区別はどこにあるかというと、倫理的な行動にある。そこで倫理的な行動の基準を述べることが『コーラン』の啓示の内容になってくる。

それだけではありません。さらに一歩進んで、それでは、善をなすとは、いったいどういうことかと考える。そうすると、それは神の意志に従うことである、神の意志がいちばん大事だということになります。

この、神の意志を至上のものとするということから律法的思惟が生まれ、それがやがて法律になります。ですから、後期の啓示には法律的な規定がたくさんあります。お前たちはこういうものを食べてはいけない。たとえば豚の肉を食べてはならないとか、姦淫するなかれ、盗むなかれ、など。なぜなら、そういうことをすれば、地獄へ落ちるからなのですが、もう地獄のイマージュなんて忘れてしまって——忘れたわけではないが、第一義的な問題ではなくなって——法規の形で現われてくる。そういう法律の条文のようなものがメディナ期の最後の方には各所に出てきます。もっとも、後世の法律書におけるように、決して体系的に述べられるわけではなく、バラバラに断片的に出てくるだけのことですけれども。

それと同時に、いまのコトバでいうと時事問題に当たるような時局的な性質のものが盛んに論じられるようになる。新聞みたいなものです。ムハンマドがメディナに遷行してから、いろんな事件が彼や信徒の身のまわりに起こりました。そういう事件が信徒にとっては宗教的な大問題でした。それを啓示が評価し判定を下す。勿論、時事問題として論じるわけではありません。あくまで人間論、あるいは人間の神に対する態度というような形で論じられるのですけれど、我々の目からすれば明らかに時事問題の論議なのです。

こう考えてまいりますと『コーラン』には、メッカ時代初期、メッカ時代中期、メッカ時代後期、それからメディナ時代初期、メディナ時代中期、メディナ時代後期というふうに時期的な区分があることがわかります。啓示そのものがそういうふうに展開しているのです。それが、さっきも言いましたように、『コーラン』の「オスマーン本」では、だいたい逆年代的に並べられている。すなわち、後期のものほど先の方に、初期のものほど後の方に。それが現行『コーラン』のテクスト構成です。

ですから、この意味では、『コーラン』のテクストには歴史があるわけです。『コーラン』テクストの内的発展史。但し、これを発展史として考え出した人は、イスラーム教徒ではなくて西洋人でありました。十九世紀の末、ドイツの有名な東洋学者テオドル・ネルデケ(Theodor Nöldeke)が『コーランの歴史』(Geschichte des Qorans)という本を書きました。一八六〇年にゲッチンゲンで出版されまして、これがヨーロッパの近代的イスラーム学の第一歩を劃することになりました。だいたいにおいて、ここから西洋におけるイスラーム研究が学問的に本格的になった、エポック・メーキングな本です。なお二十世紀に入りましてから、F・シュヴァリー(F. Schwally)という人がこの本を新しい材料に基いて改訂しまして、新版を出しました。これを今ではネルデケ、シュヴァリーの『コーランの歴史』といって、みんな読んでいます。イスラームを学問的に研究する人はこれを読まなくては話にならないといわれるほど基本的な書物の一つです。

最初にお話ししましたとおり、『コーラン』には一一四章ありますが、それが年代的にどうなっているか。どれが何年ごろで、どれがその次で、どれがその前か、そういうことがこの本では、章単位でなく、その中の細かい部分部分について実に綿密に、文献学の粋を尽くして決定されています。ネルデケという人の学識は大変なものだったのです。勿論、今から見ればだいぶ問題のところもあるし、間違いもありますが、いちおうこれで『コーラン』の内的歴史というものが、つまり啓示のクロノロジーが、決定されたと言ってよろしいと思います。

とにかくこれでよくわかることは、『コーラン』は、約二十年の歴史的時間的な経過を経た内容をもつテクストなのである、ということです。二十年の歴史。その間に、内容もスタイルも驚くほど変化しています。啓示の内的発展史といいますか。『イスラーム文化』という書物の中で私も書きましたように、『コーラン』は「オスマーン本」として成立したあと、何世紀にもわたって、様々に解釈され、展開していく運命にあったのでして、この『コーラン』解釈の発展史こそイスラーム文化史を形成していくものなのですが、すでにそれ以前に、『コーラン』自身に内的発展史というものがあった。これはおもしろいことだと思います。

時間的テクストとしての『コーラン』の説明は、以上で終わりますが、ここでもう一つ、ぜひ考えておかなければならないことがあります。これは西洋の学者はあまり考慮に入れないことなのですが、『コーラン』はイスラーム教徒にとっては、絶対神聖な書物、ただ神のコトバだけを、しかもそのままに、記録した聖典です。だから毎日誦んでいる。何べんも何べんも、子供のときから繰り返し誦んでいる。始めから終りまで全部暗記している人もたくさんおります。そうなってきますと、我々が『コーラン』を読む場合にも、イスラーム教徒の意識のなかに成立しているテクストということを考えてみなければならない。時間的な発展史を無視した一つの構造、空間的な構造体としての『コーラン』テクストです。共時性、シンクロニシティと言いますか。つまりメッカ時代に出たものであろうが、メディナ時代に出たものであろうが、初期、中期、後期の区別なしに、全部が一つの聖なる構造体として、イスラーム教徒の意識のなかでは生きている。彼らにとってはそれのほうが本当は大事なのです。

だから、西洋的な見方とイスラーム的な見方では、同じ『コーラン』でも非常に違って理解されることにならざるを得ない。個々の章や個々の章句について、これは預言者ムハンマドが、メッカ時代あるいはメディナ時代の、いつ、どこで、どんな事件が起こった時に言った言葉か、なんていうことではなしに、もっと一般的なことを考えるわけです。『コーラン』の特定の個所で言われていることが、イスラームにとって何を意味しているか、どんな意義をもっているか、ということが第一義的な問題になるのです。こういう見方をすると、一つのダイナミックな世界像がそこに生まれてくる。そういう観点から『コーラン』を読んでこそ初めて、イスラーム教徒の宗教意識——あるいはより広く、文化意識——が内的に理解できると思います。ただテクストの歴史を辿るだけでは、イスラームの原点としての『コーラン』のいちばん大切なところを取り逃してしまう。勿論、個々の章句の年代付けも、テクスト理解の一助として大事ですが、それよりも全体をひっくるめて、一つの体系として、共時性において成立する一つの空間的な場として、『コーラン』を読んでみる必要がどうしてもある。それをしないと、イスラームというものの根本的精神は理解できない。そう私は考えます。ですから、これから皆様と『コーラン』を読むに際しても、特にこの点を注意しながら読んでいきたいと思っております。

『コーラン』につきまして、思いつくことをこんな調子でお話していけば、それこそきりがありませんので、『コーラン』という本がどんなものかということは、これでだいたいおわかりいただけたことにしておきましょう。「『コーラン』を読む」と題されたこのセミナーで、我々がこれから読もうとしている対象、『コーラン』というのは、およそ以上ご説明したような書物なのです。

2 「読む」こと

そこで今度は、いちばん最初に立てたプランに従いまして、『コーラン』を読むということと、それはいったいどんなことなのだろうかという、第二の側面の方に注意を向けてみたいと思います。

『コーラン』ばかりではありません。何々を読むということが、今、いろいろなところで行われています。「論語を読む」とか「徒然草を読む」とか、この種の本も次々に書かれています。

何々を読む――何々というのは、とにかく、読むに耐えるものでなくちゃいけない。それでなければ意味をなしません。だから、十中八、九はいわゆる古典です。哲学であれ、文学であれ、宗教であれ、さらには経済学、法律学、自然科学であれ、いろんな領域ですでに古典として位置を確立したものが、古典を読むという形で読まれ始めたわけです。

古典を読む。一冊の本がそこにある。いったい何の意味でそれを読むのか。簡単なように思われるかもしれませんが、実はなかなか簡単じゃない。どう読むかでたいへんに違ってくる。事実、イスラーム自身の歴史的発展の流れのなかでも、『コーラン』という一冊の本をどう読むか、どう読むべきか、で大変な論争が起こり、イスラームが四分五裂して血で血を洗うような争いまで起こっています。ただの古典でなくて、それが聖典であるということになれば、ますます問題は真剣味を帯びてくる。どう読むかということは、イスラーム教徒にとっても実に大変なことだったのです。ましてや、イスラーム教徒ならぬ我々が、我々の伝統的文化パターンとは縁遠いイスラーム文化の典籍を読もうというのですから、問題が起こるのは当然です。

『コーラン』は遥か彼方のアラビアの、遠い昔の本。我々とのあいだには大きな距離がある。第一に時間的な距離。もう一つは空間的な距離がある。今のコトバでいいますと、ライフ・コンテクストがまるで違う。『コーラン』が成立した頃のアラビアの人たちと我々とでは、生きる世界が違うのです。七世紀のアラビア砂漠に生まれた言語テクストとしての『コーラン』を、現在の日本人である我々には、そのまま読んでそのまま理解するということはできない。ライフ・コンテクスト、つまりフッサールがいう「生活世界《レーベンスヴェルト》」がまるで違っているのですから。『コーラン』と我々との間を空間的時間的疎隔がへだてている。その疎隔を越えて我々はこの言語テクストを読まなくてはならない。

だから岩波文庫の『コーラン』をお買いになって、そのままパッと開いて不用意に読めば、どんなことになるかというと、これは理解どころか、始めに申しましたように誤解、あるいは曲解以外の何物も生まれない、というようなことにもなってしまいます。そういうことにならないためには、我々は、これが時間的にも空間的にも非常に違った「生活世界」の所産であるということをよく頭に入れて読まなくてはならない。つまり『コーラン』を成立せしめているライフ・コンテクストそのものに照らして読まなくてはならないのです。

『コーラン』の正しい読み方——入口は幾つもあると思いますが、『コーラン』全体が啓示の記録であるというところから、私としては、「啓示」の意味を探ることを第一歩として考えていきたいと存じます。最近は文化記号学（記号論）とか言語論とかが世に流行しておりますので、そういうものを読んでいらっしゃる方が、この中にもたくさんおられるのではないかと思います。そのような方々なら、すぐおわかりになることでございましょうが、「啓示」とは一種の言語現象です。一見、普通の言語現象とは著しく違った、異常な形のものではありますが、それでも、一定の発話《パロール》行為に基づくれっきとした、まぎれもない言語現象です。言語現象であるからには、啓示といえども言語現象一般の基本的パターンに従います。ただ、通常の場合と少し違うのは、それが相互コミュニケーションでなくて、一方的コミュニケーションであるということだけです。普通のコトバのやりとりでは、AがBに語りかけ、逆に

A ——→ B
アッラー　　預言者

BがAに語り返す――少くともその可能性がある――のですが、啓示の場合は、AがBに語りかけるだけで、逆にBがAに語り返すということはない。その可能性もない。つまり、啓示においては、言語的コミュニケーションが、いわば一方交通なのです。

この一方向的なコミュニケーションにおいて、A(話し手)は、アッラーという名の神、B(聞き手)はムハンマドという名の個人。Aが神である場合、そのコトバを受ける人、B、には特に「預言者」(nabī)という資格が生じるのです。

ここでちょっとご注意しておきますが、アラビア語、特に『コーラン』で「預言者《ナビー》」というのは、文字どおり、神のコトバを預けられた人、の意であって、未来に起こるであろうことを予言する人、つまり普通のいわゆるprophetではありません。神が自ら語りかけることによって、ある特別の人にコトバを預けるという形、それを「預言」といいます。そのコトバの内容としては、遠い過去に起こった事件を述べることもある、現在の事態を描写することもある。未来に関わることもありますが、別に予言するという意味合いはそこにはありません。

ところで、このようにして「預言」が起こった時、イスラームの根本的な考え方によりますと、AのコトバがBに届いて了解され、そのままそこに停止してしまう場合と、Bが、自分の「預かった」Aのコトバをそこでとめてしまわないで、今度は自分自身が新たに言語主体(A_2)となって――といっても、パロールの流れを逆転させて、最初の話し手(A)に向かって語り返すのでは決してなく、どこまでも同一方向に伸ばして――自分がAから受け取って了解したコトバを、他の人々(B_2)に伝達する場合とがある。このような第二次的言語主体としての資格における預言者($B = A_2$)を、イスラームでは特に「使徒《ラスール》」(rasūl)と呼びます。ですから、使徒たる者は必ず預言者でなければならないが、反対に、すべての預言者が必ずしも使徒であるとはかぎらない。預言者ではあっても、使徒ではない人もあるのです。預言者でもあり同時に使徒でもある人、『コーラン』ではモーセやイエス・キリストがその典型的な例。ムハンマドもまたその一人。しかもムハンマドは人類の歴史に現われた「最後の預言者」なのです。最後の預言者だから、勿論、最後の使徒です。従って、ムハンマドの死後は、預言者も使徒も絶対に世に現われない。これが『コーラン』の考え方です。

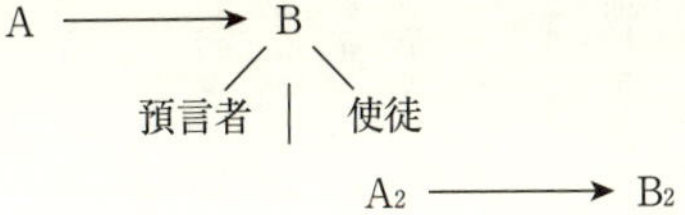

ところでA――たとえそれが神であっても――がBに語りかける、それは言語学的にいえば、先刻申しましたように一つの発話行為(ソスュールのいわゆるパロール parole)です。神が預言者に語りかける度ごとに、そういう発話行為が一つの言語事件として起こる。それが次々に起こっていく。そのような言語事件の積み重ねが、『コーラン』に記録されているわけなのです。

しかし、『コーラン』は、たんなる発話行為の集成であるだけではありません。なぜなら、それらの言語事件が全部文字に書きうつされているからです。つまり個々の発話行為が、近頃のよくいうエクリチュール(écriture)、文字言語、書記言語の次元まで引き上げられている。それがいわゆる「聖典」なのであって、そういう形で我々は『コーラン』に出合うのです。

文字に書かれているというようなことは、ごく些細なこととお考えになるかも知れませんけれど、実は決して些細なことではありません。エクリチュールなるものの独自性が最近非常に強調されるようになりましたので、皆様もご存知かと思いますが、発話《パロール》が文字に書かれ、書記言語《エクリチュール》のレベルに入って一つの言語テクストになると、コトバの性格が急に変わってしまうからです。どう変わるかというと、話し手(A)が聞き手(B)に話しかける、言語的コミュニケーションの直接性がなくなってしまう。それを術語的に「疎隔」と呼ぶのですが、いつ、どこで、どういう人が、どんな心理状態あるいは身体的状態で、どんな状態の人に向かって話しかけるのか、等々の要因で形成される発話行為特有の状況《シチュエーション》がほとんど全部消し去られてしまう。ポール・リクールのいわゆる「状況の脱落」です。

ごく最近まで、我々は言語学で、書かれたコトバを軽視するように教えられてきました。書かれたコトバでなくて、喋られたコトバ——それこそ本当の意味での言語なのだ、と。この立場にもそれ相当の根拠があるのであって、全然間違っているというわけではありませんけれど、とにかく近頃になって、書かれたコトバの言語としての独自性が強調されるようになりました。考えてみれば、当然のことですが、書かれたコトバは、喋られたコトバとぜんぜん違った、それ自体の存在をもっているということがわかってきた。それがエクリチュール論です。

そう考えてみますと、『コーラン』のコトバも、またエクリチュール次元における言語です。エクリチュールとしての『コーラン』は、神がムハンマドに直接話しかけた原初の具体的発話行為の場から一段離れたところで、イスラームの聖典として成立するのです。エクリチュールとしての『コーラン』は、神が預言者に直接語りかけたという具体的な言語行為の場とはまるで違った別の場で展開している。つまり、もとの具体的シチュエーションから切り離されている。もとの発話的状況から切り離されているのですから、誰でもそれを自由に解釈できます。最初の発話の状況に居合わせなかった人々、どんなに時間的空間的にそこから隔ったところにいる人々でも、自由に解釈できる。解釈の自由。現に、二十世紀の日本に生きる我々でも『コーラン』を自由に解釈することができる。それがエクリチュールの次元に入った言語の特権です。現代ドイツの代表的哲学者の一人、ハンス－ゲオルク・ガダマーのような思想家は、ここに解釈の創造性を見る。与えられたテクストを各人が自由に、創造的に解釈できるからこそ、テクストを読むことによって人は自分の意識の地平を拡大していくことができるのだ、というのです。

たしかにそれはそうですが、この解釈の自由は、悪くすれば勝手な解釈ということにもなる。具体的状況の制約を取り除いたが最後、コトバは誰でも勝手に解釈できる。大変危険なものです。そして事実、『コーラン』に淵源し徹底的に『コーラン』に依拠するイスラーム文化は、いい意味でも悪い意味でも、『コーラン』を自由に解釈し、それを積重ねることによって成長してきたのであります。『コーラン』解釈学としてのイスラーム文化――。非常に興味深い、かつ現代性をもった問題ですけれど、いまは時間がありませんし、それに、この問題については私は『イスラーム文化』の中でかなり詳しく論じましたので、ここではこれ以上深入りすることを控えておきます。

今回のこのセミナーでは、私は『コーラン』解釈を、いま申しました創造的解釈とは逆の方向に進めてみたいと考えています。つまり、エクリチュールとして与えられている『コーラン』のテクストを、もとの状況《シチュエーション》まで引き戻して、神が預言者に親しく語りかけるという具体的な発話行為《パロール》の状況において、『コーラン』のコトバをまず理解する。そして、そのような原初的テクスト了解の上で、さらにもう一歩進んでその奥にあるものを探ってみたい。神(A)が語り、ムハンマド(B)がそれを了解する、その第一次的言語コミュニケーションの底に伏在し、それを下から支えている根源的世界了解、存在感覚、気分的世界像、とでも呼ぶべきものを探り出してみようというのです。アラビア語の原テクストを読まずに、不完全な日本語訳を使うこのセミナーで、一体そんなことができるのか。成功、不成功のほどは私自身にもわかりませんが、とにかく、それを目標にしながら、これから皆様とご一緒に『コーラン』を読んでいこうと考えております。

第二講　神の顕現

このあいだはコーランを読むという主題について、それの二つの側面をお話いたしました。まず第一に、読む対象である『コーラン』とは、いったいどんな性質の書物なのか、ということ。『コーラン』は、一見ごくふつうの一冊の本ですけれど、その内的構成において非常に特殊なものであるということは、ほぼおわかりいただけたことと思います。

むしろ面倒なのは、第二の点、つまり、最後にちょっと急いでお話しした言語的側面の方だろうと考えます。我々のこれから読もうとしているものは『コーラン』ですけれど、それでは、『コーラン』を読む、というのは、そもそも何をすることなのかという問題です。

このあいだ簡単に説明しましたような内容、構成をもった一冊の本、『コーラン』という本が、いま我々の目の前にある。この本を我々が読む。人により、また目的によって、いろいろ違う読み方があることは勿論です。私自身はどう読むか。私の読み方は、だいたいにおいて現象記述的に読む、とでも申しましょうか。『コーラン』にかぎらず、すべて時間空間的に距りのある古典を読む場合、少くとも第一次的操作としては、現象記述的な態度で読まなければならない、と私は思っております。現象記述的などと申しますと、なんだか面倒なことのように聞えるかも知れませんが、わかりやすくいえば、すべて『コーラン』に書かれていることを、そのまま現象的所与として受けとっていくということです。

もっとも、別に私だけがそういう読み方をしているわけではありません。ヨーロッパやアメリカのイスラーム学者も、近頃はだいたいそういう読み方をする傾向になってきました。簡単に申しますと、『コーラン』に、なになにと書いてあれば、それがそう書かれていることは事実なのであって、そのまま受けとめるしかないと、こういうわけです。十九世紀の後半まで、西洋ではそうじゃなかった。これは実は、西洋のイスラーム学の内部に起こった著しい変化なのです。それにお気づきになるとならないでは、西洋のイスラーム観というものを評価なさるときに、非常な違いが出てきます。

例えば、「ムハンマド(昔流にいえばマホメット)は神の使徒なり」という『コーラン』の命題がある。これは『コーラン』における一切の発言の、大前提です。ムハンマドは神の使徒なり、という。『コーラン』の、つまりイスラームの、宗教性を窮極的に決定するいちばん大事な命題であって、宗教文化としての全イスラームがその上に乗っかっている。この言葉は『コーラン』の至るところで繰り返されているし、毎日五回の礼拝に、信徒を呼び集める時に、召喚者《ムアッジン》はミナレットの上から大声で、「私はムハンマドが神の使徒であることを証言します」と繰り返す。アラビア語でいえば、Muḥammad^{un} rasūl^{u} Allāh。イスラーム教徒が毎日繰り返し唱え、かつ聞く大事な、根本的な命題、基礎的な命題です。ムハンマドは神の使徒である、と。

十九世紀後半までの西洋の人はこの命題をどう読んだか。読む態度ですね。非常に特徴的なことは、彼らがこの命題を読むに際して、まず問題にしたのは、それが真か偽か、ということだった、ということです。真か偽か。ムハンマドは預言者であり、神の使徒であると『コーラン』は主張しているが、それは本当なのか、嘘なのか。勿論、答えは、嘘だ、ということになる。一事が万事、この調子で『コーラン』を読んでいたのです。

何世紀にもわたってヨーロッパでイスラームについて書かれてきた本を読んでみると、本当に驚きます。この命題は偽である、などと、そんなおだやかな言い方じゃない。もっと下品な、悪意むきだしの言葉が使われます。ムハンマドは大山師、詐欺漢、嘘つき。神の使徒どころかサタンの使徒、悪魔の手先。そうでなければ、テンカンもち、自己催眠にかかった下劣な男、精神病患者、等々。はなはだ感情的な表現ですけれど、その意味するところは、結局、ムハンマドが神の使徒であるということの否定、つまりこの命題は偽だということです。この命題に限らず、『コーラン』のすべての命題、すべての発言について、それが真か偽かということが、彼らヨーロッパのイスラームに関心ある人々の中心的問題だったのです。真か偽か、それを決めなければならない。それが関心の的だった。

ところが、十九世紀も半ばすぎる頃になりますと、『コーラン』を取扱う態度が目に見えて変わってくるのです。それには、西洋諸国がイスラーム諸国と、政治的に、経済的に密接な関係に入ってくるということもありましょうけれども、このような態度転換を促すのに与って重要な、そして大変面白い働きをした人として、カーライルという人の存在を無視することはできません。カーライルの『英雄崇拝論』(On Heroes and Hero-worship)が出版されたのは、一八四四年だったと思います。ともかく十九世紀の中頃です。『英雄たちと英雄崇拝について』と題するこの本。今でも読まれているかどうか私はぜんぜん知りませんが、私どもが中学生のころは大変な人気でして、非常に難しいのにみんなよく読んだものです。読んで大いに感激した。だが、私たちだけじゃない。西洋でもこの本に感激し、その影響を受けた人が大変多かったのです。その影響で、ものを見るみんなの目、ものを評価する仕方がだいぶ変わってきた。

この『英雄崇拝論』のなかに「マホメット」という大きな章がありまして、ムハンマドをアラビア砂漠の生んだ一人の偉大な英雄として描いています。『コーラン』は、とカーライルは言います、何とも退屈でかなわない本だ、退屈で読み切れるものじゃない。だが、とカーライルは続けます、ムハンマドという人間は決して嘘つきや山師などではない、実に真摯な精神界の英雄なのだ、と。そういう確信がカーライルのなかにあったのです。それが表に情熱的に出てくる。その情熱的確信の発露が強く人の心をゆり動かします。だから、ムハンマドについての彼のこの発言は非常な影響を及ぼしました。『コーラン』を見るヨーロッパの人々の目が大分変わってきたのです。

ところで、そうなりますと、ムハンマドは神の使徒であるという『コーラン』の命題の意義も必然的に変わってきます。真であるか偽であるかという問題から、関心の焦点が次第にずれてくるのです。つまり、ムハンマド自身が、私は神の使徒であると断言した、そのコトバの源、このコトバはいったいどこから出てくるのか、そういう関心になってくるのです。そのコトバ問題の在り場が移る、と言ったらいいかも知れません。要するに、この命題は真であるか偽であるか、ではなくて、それよりも、この命題は当時のアラビア半島の社会的・文化的状況とどんなつながりをもっていたか、とかまたムハンマドをして「私は神の使徒だ」と言わしめた彼の意識は、いったいどんな構造をもっているのか、というようなことが主要な問題になってくるのです。カーライルにとっては退屈でたまらなかった『コーラン』が、そうなると、きわめて特異な一つの宗教的体験の記録として、大変面白い本になってくる。宗教心理学の貴重な基礎資料にもなる。その他、いろいろな方向に向かって展開の可能性が出てきます。

しかし、そんなふうに、『コーラン』をいろいろな方向に解釈学的に展開させる以前に、それらすべての出発点として、まず『コーラン』がどういうことを言っているのか、何を言おうとしているのか、を確定する基礎解釈学的操作が行われなくてはならない。それを私は、私流に、『コーラン』の現象記述的読み方と呼ぶことにしています。

3 『コーラン』の解釈学

今申しましたような意味での、『コーラン』の読み方、一切の価値評価や第二次的解釈以前の、いわばなまの形で『コーラン』のテクストを基礎的に解釈するということは、ただ書いてあることをそのまま事実として頂戴して読んでいくことかというと、そんな簡単なことじゃない。私が基礎解釈という言葉を使っていることからも既に明らかであるように、そこには意味論のかなり複雑な問題が含まれております。『コーラン』を読む、とは、この言語テクストの意味を了解するということですが、意味といっても様々です。どんな次元で成立するどんな意味を、どんなふうに了解するのかということがはっきりしていなくてはならない。実はこのあいだ、最後の方で少し説明し始めたのですが、時間が足りなくなってしまって、すごく急ぎましたので、よくおわかりにならなかったかも知れません。私にとって、そしてまた、これから何回も私につき合ってくださる皆様方にとっても大事なことなので、ちょっと説明を補足しておきたいと思います。

この前申しましたように、『コーラン』はひとつの言語テキスト、書かれた文書。つまり、近頃はやりの言い方をすれば、エクリチュール(écriture)の次元にまで引き上げられた言語作品ということです。エクリチュールというのは、要するに「書かれた言語」のことですけれど、例えば、ロラン・バルトなんかの著書を読んでいらっしゃる方だったらすぐおわかりになるはずですが、たんに書かれたコトバというだけのことでなしに、それはある特殊な意味合いをもっているのです。言語なるものを研究し考察するに当たってともすれば、話されたコトバ、いわゆる音声言語、に圧倒的比重をかける傾向のあった従来の言語学の主流的見解に対抗して、書かれた言語を、音声言語とならんで、しかもそれとはぜんぜんちがった一種独特のコトバの現成次元として認めようとする傾向が、最近、特に記号学、テクスト理論、解釈学などの新しい学問分野で仕事をしている人たちの間に現われ始めたことは、皆様ご存知のとおりです。

しかし、何も特別な学問的立場を取らなくとも、書かれた文章が一つのきわめて特殊な世界をなしているということは、誰でもちょっと考えてみればわかります。文字に書きとめられたテクストの内部的意味空間は、音声言語の線条的流れが作り出す世界とは、まるで構造の違う世界なのです。そうはいっても、しかし、書記言語の次元は、勿論、本性上、音声言語の存立を予想しています。もっとくだいて言いますと、話されたコトバというものが先ずあって、それがエクリチュールの次元に移される。少くともコトバとしてはそれが原則的な形です。

我々の当面の主題である『コーラン』の場合にも、そこに二つの違う言語次元が実現していることに注意しなければなりません。すなわち、エクリチュール、書かれたコトバの次元における『コーラン』と、話されたコトバの次元における『コーラン』と。その二つの『コーラン』の相互関係が問題なのです。

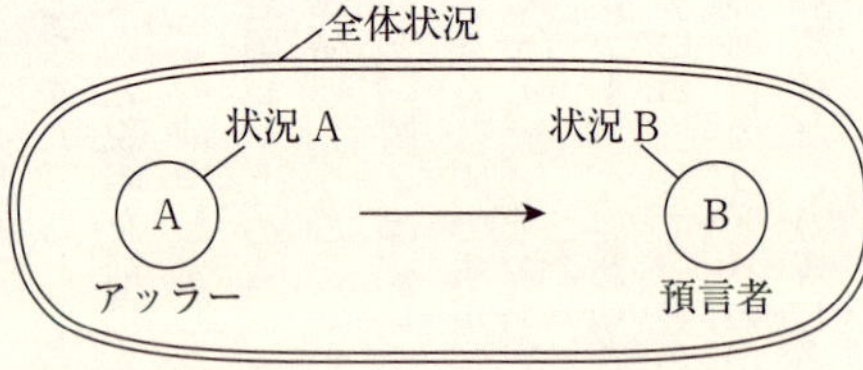

先ず、話されたコトバの次元における『コーラン』について考えてみましょう。このあいだちょっと申しました、誰かが誰かに喋る。『コーラン』の場合には、終始一貫して神が預言者にしゃべる。Bは預言者でAは神《アッラー》。神が預言者に語りかける。この場合は、AとBと

がたまたま非常に特殊なので、何かとても異常なケースのように見えますが、A、Bの特殊性を別にして純形態的に考えれば、これはきわめてありふれた、つまり、最も原初的な発話現象の基礎構造をあらわすものにすぎません。

ところで、すべてこのような発話現象の第一の特徴は、それが状況的だということです。状況的、つまり、具体的シチュエーションによって、部分的にも全体的にも、完全に条件づけられ限局されている、ということです。どんなことがそこに起きるのか。

AがBに向かってある時、ある場所で何かをいう。例えば「神は慈悲深い」と言ったとしましょう。仮定上、これは具体的な発話行為なのですから、当然、AもBもともに肉体的、心理的、精神的に、その時その場のあり方に規定され、条件づけられている。極端にいえば、朝、何を食べたかとか天気はどんなか、どんな気分なのか、虫のいどころがいいか悪いか、等々、AとBそれぞれにいろんな状況があるのです。AとBとをめぐって、違う二つの状況が成立している。Bには Bの状況、Aには Aの状況が。しかも、AとB、二人の現在の個体的な事態だけではない。身分、家庭、所属する団体などはもとより、時間的には祖先までさかのぼる複雑な要因がそこに働いています。流れている血、下賤な血で生まれたのと高貴な血で生まれたのでは、人間がだいぶちがう。そういうことすべてが寄り集まってA、Bそれぞれの「状況」が出来上るのです。そんな複雑な状況に規定されたAが、それに劣らず複雑な別の状況に規定されたBに向かって「神は慈悲深い」と言う。そして、そういう違ったそれぞれのシチュエーションをもったAとBが話し合うということの言語的コミュニケーションの事態において、また一つの、両方を含んだ全体的シチュエーションが出来てくる。

そこで、かりに、今申しましたようなシチュエーションの規定を受けたAとBという二人の人が出合ったとして、AがBに向かって「神は慈悲深い」と言ったと考えてごらんなさい。聞き手であるBは、自分のシチュエーションによって、このコトバをいろいろな意味に取る。Bは今ひどい不幸に見舞われて悲惨な状態にある、そしてAは生来親切な人間であり、しかもたまたまBにたいして好意的である、と仮定してみましょう。そんな状況において、AがBに向かって「神は慈悲深い」と言う。どんな意味でこのコトバをBが受けとるか、始めからだいたいのところは想像がつきましょう。例えば、今はお前は不幸のドン底にいるけれど、神は慈悲深い方だから、やがては救い出してくださるだろうという慰め、励ましの意味とか、あるいは、Aがもっと宗教的な人間だったら、お前は今、不幸のドン底にいるけれども、本当はこれは有難い神の試練なのだ、とか。この第二の場合は、『旧約聖書』の「ヨブ記」みたいなシチュエーションになります。Bはヨブのような人。そのBにたいして、Aはこう言いたいのです。お前が今なめつつある苦しみは神の試練なんだ、だからむしろ進んでこの苦しみを受けなければいけない、人を不幸に突き落とすことに神の慈悲の底知れぬ深さが出ているのだ、と。たとえAの方ではそういうつもりで「神は慈悲深い」と言ったのではなくとも、Bの方でそれをそういうふうに受けとるかも知れない。具体的意味の成立は、A、Bそれぞれの、そして二人の間主観的シチュエーションがからんでいるだけに、なかなか複雑です。だから、状況によっては、この同じコトバが痛烈な皮肉を意味するものとして働くこともあり得る。なるほど神様は慈悲深いお方だねえ、見ろ、お前をこんなひどい目に遭わしているじゃないか、というような意味で。要するにAの意図はAの意図で、Bと対面するAのシチュエーションから出てくるし、それを受けとるBはBで、Aのコトバをどんな意味にとるかということがB自身のシチュエーションによって決まってくる。同じことをもう少し術語的表現を使って、発話《パロール》行為の状況拘束的性格とでもいったらいいかも知れません。

　ところが、そのような発話行為で実際に言われ了解されたコトバがエクリチュールの次元に移されたらどうなるか。エクリチュールになると、そういうシチュエーション的なものが脱落してしまう、少くともある程度まで、というより、原則的にはほとんどすっかり。特にパロールとエクリチュールが空間的、時間的に隔たればますますです。そして、「神は慈悲深くおわします」という命題が、純粋に一つの命題として、それ自身で立ち現われてくる。

　元来、AがBに向かって実際に「神は慈悲深い」というコトバを吐く、それは一つの瞬間的な出来事です。AがBに「神は慈悲深い」と言う。そのコトバははかなく消える。パロールとしてのコトバは、それ自体においては、実にはかないものです。永続するものじゃない。ところがエクリチュールになると、その同じコトバが永続性を帯びる。パロールの次元でそれに纏綿していたシチュエーション的なものが落ちて、「神は慈悲深い」は純粋命題に変質する、――あるいは、純粋命題に近くなる。こんどはそういうふうに純粋命題になったものを、パロール的にこのコトバを聞いたBという個人とはちがった人、時代的にも空間的にも隔った人が、まったく新しい別の状況で、自分流に読んで了解する。そこで解釈学(Hermeneutik)というものが成立するのです。つまり、エクリチュールは解釈学的な世界なのです。最初のAが最初のBに語りかける場合には、Bは特定の人だった。『コーラン』の場合でいうと預言者ムハンマドです。ところがエクリチュールになると、この聴き手のBが無限定、あるいは不定になってくる。誰でもいい。空間的にも時間的にも何百年もあとの人が、この「神は慈悲深い」という『コーラン』のコトバを読むことができる。そしてそれを自分の立場から解釈することができるのです。

このあいだもちょっと名前を出しましたガダマーという人、現代ドイツ屈指の解釈学の大家ですが、この方が言われるには、人間は誰でもそれぞれ内的地平というものをもっている。人の意識には「地平」(Horizont)なるものがあって、そういう「地平」で、世界を見ている。あらゆる事物、事態の意味は「地平」によって規定される。すべて意味の把握というものは、人が現におかれている状況のただ中からの、地平的解釈でしかありえない、というようなことを主張しています。これはハイデッガーの実存哲学的解釈学の原理をガダマーが発展させたものにすぎませんが、ともかくも、そういう解釈を一人一人が自分の内的地平からやっているわけですし、また本当に実のある解釈はそうでなければならない、ということになる。それはたしかにそのとおりだと私も思います。

こんな次第で、エクリチュールの次元では、「神は慈悲深い」という命題にしても、それをAがBに、ある時ある場所で言ったという具体的なシチュエーションをすっかり離脱して、例えば二十世紀のフランスの人が、自分のフランス的な、二十世紀的な地平から解釈する。

この種の解釈は空間的にもどこまでも広がってきます。『コーラン』が日本で読まれるなんていうのはそのいい例です。『コーラン』が日本で読まれることになるだろうとは、ムハンマドも彼のまわりのアラビア人たちも予想だにしなかったことに違いありません。空間的ばかりではありません、勿論、時間的にだってそうです。どこまでも続いて展開していく。同じ一つの『コーラン』を——イスラーム世界だけに限って見ても——例えば八世紀のバクダッドの人は八世紀のバクダッドの人なりに読む。十世紀のエジプト、カイロの人は十世紀のカイロの人なりに読む。そしてイスラームみたいに広がりの範囲が大きい場合には、いろんな違った文化をもった民族がこの多元的解釈作業に参与してきます。ペルシア人（イラン人）、トルコ人、北アフリカのベルベル人、等々。その人たちが全部それぞれ自分たちの内的地平で『コーラン』を解釈する。それがイスラーム文化史というものなのです。

ついでながら、私は『イスラーム文化』のなかで、イスラーム文化は根本的に解釈学的な性格をもった文化であって、要するに『コーラン』解釈学がそのすべてなのだということを強調いたしました。それはこういう意味だったのです。『コーラン』をいろんな人がいろんなふうに、自分自分の地平で解釈するから、新しいものが出てくる。次々に新しく解釈されていくうちに、七世紀のアラビア砂漠で、最初に神（A）がムハンマド（B）に語り給うた時の原初性とはまるで違ったものが出来上ってしまう。そのようにして出てきたものの積み重ねがイスラーム文化なのです。それがいろんな方向に分かれて、学問でも、神学とか法学とか文法学とかレトリックとか、複雑に分岐し屈曲した、実に多彩な解釈学的文化が創られていく。みんなが自分の性向、関心、自分の地平に従って『コーラン』を解釈する。そこにイスラーム文化が出来てくる。そういうふうになるんですね。その調子でいけば、我々二十世紀末のこの現代の世界に生きている日本人が『コーラン』を読む場合には、日本人独特の地平で『コーラン』を解釈することになるでしょう。それは、ある意味では、非常に有意義なことであるかも知れません。今まで日本人は『コーラン』という書物をあまり読んではこなかった。それをここで読んで、自分の了解したものを日本人としての意識のなかに摂取して、それで自分の内的地平をひとまわり広くすることもできるはずです。これはそれ自体で意味のあることだと思います。

しかし、私がこのセミナーで、これから皆様とご一緒にやろうと思っていることは、同じ解釈でも、今お話したような文化形成的解釈ではないのです。なぜなら、そういうふうに最初のシチュエーションを離脱した形でいったん成立したエクリチュールを、シチュエーション抜きでどこまでも追っていくとなると、『コーラン』の直接的テクストからだんだん遠く離れて、悪くすれば勝手気儘な解釈になってしまうおそれがたぶんにある。まして、アラビア語を母国語とするわけでもなく、イスラーム教徒でもない我々がそれをやるとすれば、ますます原典曲解の危険は大きくなります。ガダマー流の解釈学的見地からすれば、そこからクリエイティヴな新解釈が出てくる可能性もあるわけでしょうけれど、今のドイツ人がドイツの古典やギリシア・ラテンの作品を創造的に解釈するのと、我々日本人がアラビアの古典を解釈するのとでは、まるで事情が違います。具体的状況を離脱したエクリチュールとしての『コーラン』をいきなりそのまま読んで解釈しようとしても、それは無理です。だから私はそういう自由な創造的解釈の逆の方向へいってみたいと思っているのです。

逆の方向と申しますのは、エクリチュールとして与えられているこの『コーラン』のテクストを読んで、その一つ一つの文章を、いちばん原初的な言語次元、つまりAがBに喋ったというパロール、の次元まで引き戻してみる。もとへ戻して、そこに再現されるパロール的状況性の中に身をおいて、そこから一々の文の意味を理解していく。そういう解釈操作が、どうしても、先ず第一に必要だと思うのです。

この操作が一体何を意味しているかといいますと、結局『コーラン』のリアリティとの同時代性を我々が自分の中に、文献学的に再構成するということです。つまり、『コーラン』自身が内蔵する『コーラン』的な地平を、我々が自分の中に、いわば人工的に作ってみる。そうすると、神(A)がムハンマド(B)に話しかけたその時に、ムハンマドがそのコトバをどんな意味に了解したか、あるいはそのコトバをムハンマド(A_2)から伝えられて聞いたそのときのアラブ(B_2)が、どんな意味でそれを了解したかがわかってくる。脱シチュエーション的な『コーラン』のコトバを、シチュエーションに根源的に制約されたもとの姿に一度戻してみようとするわけです。

しかし、また考えてみると、書かれたコトバを、もともとの話されたコトバの次元へ戻すだけじゃ足りないと私は思います。大変長たらしくなってしまいますけれども、ついでですから最後まで言ってしまいましょう。ある具体的状況において、ある個人Aがある個人Bに語りかけるという、いわゆる発話行為《パロール》が実際に生起するためには、AとB両者に共通する言語記号のコードがなければならない。私はそれを「内的言語」と呼びたいと思いますが、普通、言語学ではラング(langue)といっています。ラングとは、例えば日本語とか、フランス語とか、スペイン語とか、アラビア語とか、そういう言語記号の体系です。言語学をやっていらっしゃる方はご存知でしょう。コードとして組織化された記号の体系。そういうものがあるからこそ、例えばアラビア語を話すAはアラビア語を解するBに向かって、有意味的に、Allāh raḥmān と言うことができる。Aがたまたま日本人であるなら、日本語と呼ばれる記号体系の指示に基づいて、ほぼこれと同じ意味を「神は慈悲深い」という文で表現するでしょう。

ところで、言語記号のコードとか体系などといいますと、なんだか非常にすっきり整理された組織体みたいな感じですが、実はこれはごく表面の事態であって、ちょっとその深みに入ってみると、たちまち渾沌として捉えどころのないものにつき当たってしまう。下意識的領域に拡がる「意味」の次元がそこにあるからです。

意味といっても、勿論、なかには概念的に明確な、輪郭のはっきりしたものもたくさんあります。例えば「花」とか、「机」とか、「人」とか。だが、それらとならんで、まだ分明な意味になり切っていないもの、コトバできっちり固定されていないが、しかし今にもコトバを生み出しそうになっている、つまり本格的な意味になりそうな状態にある、半意味体とでもいうべきものが無数にあって、それらがからみ合いながら、全体が不断に揺れ動いている。

要するに、人間の言語意識の深層領域には、もうコトバで固定されてしまった意味と、それから、自分を表現してくれるコトバを手探りしつつあるような、いわば現に生みの苦しみをなめつつあるとでもいえるような、意味の可能体とが混在しているわけで、それらが縦横無尽に錯綜する糸で結ばれて連鎖をなしているのです。

日本の連歌、俳諧の付合の技法などに極端にまで押し進められた形で現われていますように、意味の連鎖関係というものは実に不思議なものです。一人が句を出す(前句)と、その次の番に当たる人がそれにつながる句を付けていく(付句)。前句と付句とは意味的につながっているのですけれど、そのつながりの屈曲が実に微妙で面白い。連歌の出来ていく過程を見ていると完全にでき上った意味ばかりじゃなくて、半分出来かけた意味みたいなものが、一座の人たちの間主観的意識の底にあって、それが不思議な連鎖の流動体をなして働いている有様がよくわかる。といっても、決して日本の連歌、継句だけに特有な事態なのではありません。いつでもどこでも、人間の言語があるかぎり、その意味構造はそうしたものなのです。

このような意味聯関のつくり出す下意識的領域を私は仮りに潜在的意味空間とか言語アラヤ識とか呼んでいるのですが、そのような意味空間というものが我々の意識の深部にある。それが、普通、ラングという名で知られている言語記号の体系の意味論的底辺です。いちいちの発話がすべてそれの発現なのです。例えば、「神は慈悲深い」という文を誰かが言う。それと同時に、「神」と「慈悲深い」という二つの語を十重二十重に取り囲んでいる複雑な意味連鎖が発動して、この命題の論理的意味を微妙に色付ける。だから日本人の言う「神は慈悲深い」とアラビア人のAllāh raḥmānとでは、まるで違った意味になってしまうのです。表面に出ているコトバの底には、いつもこういう不思議なドロドロした流動体的な意味エネルギーみたいなものがひそんでいて、それが強力に働いている。どんな命題にもそれが働いている。そのまま直接には表現されていないけれども、間接的に(しかし強力に)表現されている、一種の存在感覚、あるいは原初的な世界像といったらいいかと思います。『コーラン』をそういう観点から見てみると、一つ一つの発話の底に、ある非常に特殊な存在感覚が伏在していることに気付きます。世界全体、および世界内の事物に向けられた特別な視点といいますか、世界の根源的了解といいますか。とにかく、下意識的意味聯関の名状し難い作用が感じられるのです。これは『コーラン』の個々の文章を全部寄せ集めても、それだけでは決して出てこない何かです。『コーラン』の個々の文は、前にも申しましたように、神(A)と預言者(B)それぞれの、そして両者の相互関係の、シチュエーションに縛られたコトバなのですが、そういう個々の発話としてのコトバは断片的、切れぎれで、有機的全体性に欠けています。個々の文だけ見ていても、その底にひそんでいる全体的な了解、全体的な世界了解はわからない。だけども、そういう全体的な意味聯関が底にあるからこそ、Allāh raḥmānという言葉が、アラビア語独特の、あるいはもっと狭くしぼって、『コーラン』のコンテクストの中でなくては成り立たないような特別の意味をもって現われてくるのです。我々日本人が「神は慈悲深い」と言うのと、『コーラン』の時代のアラビア人がAllāh raḥmānと言うのとでは、内容が非常に違う。たとえAllāh raḥmānを日本語に訳すとなれば、「神は慈悲深い」(あるいはそれに類する文)としなければならないにしても、です。『コーラン』を読む、と正面切っていうからには、そこのところがはっきりわからなくてはやりがいがないことになってしまいます。アラビア語で読まないで日本語で読むのだから無理だ、とおっしゃるかも知れないけれども、それを敢えて私はやってみようと思っているのです。

「神は慈悲深い」というような一見ごく簡単な文でも、それを支えている下意識的意味聯関のあり方によって、まるで意味するものは違ってくる。『コーラン』を正しく了解するためには、この全体的意味の下部構造までいかなくてはだめなのです。ハイデッガーなどのいわゆる「世界《ヴェルト》」がそこにあります。

「世界」といっても、勿論、常識的な意味での世界じゃありません。人間が実存的、体験的に了解している自分の存在の地平ですね、そういうものを「世界」という。そういう世界が現出してくる源泉としての根源的意味聯関が人間の下意識の薄暗いところにひそんでいて、それがいちいちの発話に出てくるのです。ポール・リクール(P. Ricœur)という現代フランスの哲学者が、人間だけが、状況ばかりでなくて、一つの世界をもっていると言っています。人間だけが状況《シチュアシオン》だけでなくて、世界《モンド》をもっている、と。人間だけだというんです、あらゆる存在者のなかで、自分の状況をもっているだけじゃなくて、一つの世界をもっているのは。その世界とは、今お話したような「世界」のことを指しているのだ、と私は思います。

もしそうだとすると、人が喋るいちいちの文は断片的だけれども、そのどれにも必ずそこに「世界」全体が働いていると考えなくてはならない。本当は文だけじゃありません、個々の単語でも同じことです。例えばアッラー(Allāh)という語、これを日本語で「神」と訳す。しかし「アッラー」を「神」という日本語に移しただけでは足りないのです。アッラーという語の意味を、いわば下から支えているアラビア語の全体的意味聯関を考える必要がある。なぜなら、そのような全体的意味聯関のエネルギーが瞬間的に結晶して、アッラーという語になってそこに出ているからです。リクール的意味での「世界」がそこに働いている、といってもいいかも知れません。ですから「アッラー」という語一つでも、これを「神」と訳しただけですましているわけにはまいりません。アラビア語の全体的意味聯関と日本語の全体的意味聯関がまったく違うのですから。複雑に錯綜する意味聯関の網目のなかに正しく位置付けて見て、アッラーという語の意味がはじめて正しく了解されるのです。アッラーという語が全体的意味構造体のなかで占めている位置によって、すなわち、その周囲をとりまくほかの語の意味との関係において、この語の了解の仕方が決まってくる、ということです。こうして見ると、アラビア人が、あるいは『コーラン』が、アッラーという語で理解する意味は、我々日本人が神とか神様とかいったりする場合の意味とは非常に異ったものであるはずです。これは翻訳で外国の古典を読むことにひそんでいる危険な陥穽だと思います。翻訳で読むと、どうしてもすべての語を日本人の意味聯関で読んでしまう。つまりアッラーが日本人の普通に考える神様になってしまうのです。なにも翻訳の意義を否定しようというわけではありません。ただ、よほど注意して読まないと原テクストの意味が見失われる危険がある、と言いたいのです。

こういう次第で、私がこれからやってみようとしている『コーラン』の読み方は、エクリチュールの次元で与えられている『コーラン』のテクストをパロールの次元に引き戻す作業から始まります。すなわち書かれたコトバを話されたコトバの濃密な状況性のなかに引き戻すことが『コーラン』解釈の第一段。次に、パロールの底に働いている下意識的意味聯関まで掘り下げていく。そうした意味掘り下げの操作を通じて、そこに『コーラン』特有の世界観、あるいは『コーラン』的な存在感覚のようなものを浮かび上がらせようというわけです。気分的には、それは漠然たる存在感覚であるかも知れませんが、本当は一つの複雑な意味聯関的全体構造なのです。それを把握しておいて、その上で『コーラン』を読んでみると、普通に何の準備もなしに読む『コーラン』とはまるで別物のようになって現われてくる。一つ一つの文の意味するところがぜんぜんちがったものに読めてくるのです。そういうことをやってみようと思っています。大変前置きが長くなってしまいました。さっそく『コーラン』を開いて読み始めることにいたしましょう。

4　「開扉」の章

今までにお話ししてきたことで、私が『コーラン』をどんな態度で、どんな視点から、読もうとしているか、だいたいのところはおわかり願えたと思います。とにかく、そういうことにしておきまして、テクストを読んでまいります。

但し、テクストを読むと申しましても、これからあと八回、この限られた時間内では、全部をただ通読することすらむずかしい。ましてや、先刻ご説明したような原則でやるとなると、実際に読むことのできるのはきわめて少量でしかありません。ですから、無理に多くを望んで散漫になってしまうよりも、むしろいっそのこと、始めからごく短い、しかし完全に纏まりのある、一章を綿密に読むことにしたほうがましだと思います。そこで今回のセミナーでは、第一章「開扉」の章、を選ぶことにいたしました。

これは全体で七節、ごらんのとおり印刷すればたった七行のごく短い章です。

開　扉——メッカ啓示、全七節

慈悲ふかく慈愛あまねきアッラーの御名《みな》において……

一　讃《たた》えあれ、アッラー、万世《よろずよ》の主、
二　慈悲ふかく慈愛あまねき御神《おんかみ》、
三　審《さば》きの日の主宰者《しゅさいしゃ》。
四　汝《なんじ》をこそ我らはあがめまつる、汝にこそ救いを求めまつる。
五　願わくば我らを導いて正しき道を辿《たど》らしめ給え、

六　汝の御怒りを蒙《こうむ》る人々や、踏みまよう人々の道ではなく、
七　汝の嘉《よみ》し給う人々の道を歩《あゆ》ましめ給え。

短いけれども、実に重要な一章なのです。それと申しますのは、預言者ムハンマド自身のコトバとして伝えられているもの(「ハディース」つまりムハンマドの言行録)に、次のようなことが明言されているからです。すなわち、世界中のすべての啓示の書(『旧約聖書』とか『新約聖書』とか、その他、今までに人類に下されたすべての啓示の書)に含まれていることのエッセンスは、残りなくこの『コーラン』に含まれており、しかも『コーラン』自体のエッセンスは、この「開扉」の章に残りなく含まれている、というのです。だから『コーラン』のなかでも、この七行はイスラーム教徒にとって特に大切なコトバだ、ということになる。結局、これだけ読んでいれば、少くとも宗教的には『コーラン』全部を読んだだけの効果があるわけなのですから。とにかく、そういうふうに考えられております。

前にもちょっと申し上げたと思いますけれど、イスラームでは日に五回の正規の礼拝があります。近頃はテレビや報道写真なんかでよくごらんになるでしょう。みんながひれ伏して、メッカのほうに向かって、礼拝する。「開扉」の章は、この正規の礼拝に使われるお祈りのテクストです。信仰深いイスラーム教徒なら、日に五回必ず礼拝しますから、そして一回ごとに必ずこれを読誦しなければなりませんから、このテクストの文句はもう心のなかにしみ込んでいるのです。アラブでない人たち、アラビア語をほとんどまったく知らない人たちで

も、これを暗記していないようなイスラーム教徒は、まずいないと思います。誰だって知らない人はいない。それほど大事なものです。思想的にも、文化的にも、それが絶大な重要性をもっていることは、この一事をもってしてもよくおわかりになりましょう。

ところが、それほどの重みをもつ「開扉」の章、ちょっとごらんになると実に簡単なもの。わざわざ先生に意味を説明してもらう必要なんかありはしない。単純明瞭、まさに読んで字のごとし。これほどやさしい文章はちょっとないでしょう、普通に大人の読む文章では。

これから八回にわたってこれを皆様とご一緒に読んでいくわけですが、読み進むにつれて、最初の印象とはまるきり違った「世界」が次第に顕現してくるのできっとびっくりなさると思います。コトバの表面下にひそんでいる意味聯関が、日本語の意味聯関で生きている我々にとっては、実に異質のものであるからです。とにかく、そういうふうに読んでみようと思います。

いちばん始めに申しましたように、このセミナーでは原則として、『コーラン』を日本語で読むことになっていますが、幸いこの章は非常に短いですから、アラビア語原文もローマ字で書いて、簡単なご説明を加えながらやっていきます。それでは、先ず表題から、

開扉の章――メッカ啓示、全七節

「開扉」(Fātiḥah)、全『コーラン』の入り口、扉を開くコトバで、メッカ期、すなわち初

期の啓示に属し、全体が七節からなる、ということ。なにもわざわざ全七節といってもらわなくとも、七節であることはあまりにも明白ですけれど、これは一種の形式です。が、ただそれだけではありません。七という数には、イスラームでは、非常に象徴的な意味があるのです。例えば七つの天といいまして、天は第一天から第七天まであります。ここでは別に読みませんけれども、『コーラン』の第二章、第二七節をごらんになると、七つの天が出てきます。それから地獄には七つの門がある。これは第一五章、第四四節に出てきます。それから、地上に現存する海洋のほかに加えるべき海の数を数えるとすると、七つ加えられる、と申します。それは第三一章、第二六節。それにだいいち、この「開扉」の章を「七つ」という名前で呼んでいるところがあるのです。ちょっとテクストを読んでみましょう、第一五章、第八七節です。

　我らは汝に、繰り返し繰り返し唱えるべき七つ、ならびに偉大なクルアーンを授け与えたではないか。

「我らは汝に……」「我ら」というのは例によって神の自称。『コーラン』で神が一人称で語り出す時は、たいていは複数で「我ら」と言います。アラビア語の修辞学で尊厳の複数といわれる語法です。すなわち、「我、神は汝、ムハンマドに、繰り返し繰り返し唱えるべき七つを授け与えた」とある。「七つ」というのは、今我々が手にするオスマーン本の第一、「開扉」の章のことです。七節からなっているから「七つ」という。これをもって見るに、「開扉」の章は、オスマーン本が編纂されて、その巻頭に置かれることによって重要性を得たというようなものではなくて、始めから全『コーラン』を通じて特に大事だったのだ、ということがわかります。「繰り返し繰り返し唱えるべき七つ、ならびに偉大なクルアーン（全体）を」というのですから。『コーラン』全体なら、当然この章も入っているわけですが、それを特にとり出して「七つ」と呼んでいる。それがいかに重要視されていたか、推察するにかたくありません。

5　神の顔

慈悲ふかく慈愛あまねきアッラーの御名において
Bi-ism^{i} Allāh^{i} al-raḥmān^{i} al-raḥīm[(i)].

アラビア語でal-というのは、だいたい英語のtheに当たる定冠詞。名詞が限定されている時は、その名詞にかかる形容詞にも定冠詞がつきます。だから「慈悲ふかく慈愛あまねきアッラー」Allāh al-raḥmān al-raḥīm という。アッラーは勿論唯一絶対の神ですから限定されています。Allāh^{i}の右肩のところにある小さなiは「の」という意味を表わす格変化の語尾で、「アッラーの」ということ。ismは「名前」。bi-は「にかけて」、「において」、前置詞です。ism^{i}の右肩のiは「の」という意味ではなくて、この前置詞による、いわゆる格支配。すべて前置詞は「所有格」を支配するのです。だから全体で、「慈悲ふかく慈愛あまねきアッラーの名前にかけて」、あるいは「名前において」ということになります。

文法上の意味は以上のとおりですが、その内実をご説明するとなると、なかなか大変です。先ず第一に「アッラーの御名において」というところから始めましょう。アッラーの名前にかけて、発言する、という、これはおごそかな誓いのコトバ。これから自分の言おうとしていることが厳粛な発言であることの表明です。衿を正してものをいうのです。衿を正す時にイスラーム教徒はいつでも「ビスミッラー」(Bi-ism^{i} Allāh) と言います。ものを言う時でも、何かをする時でも、「ビスミッラー」です。神の、アッラーの、名においてこれから私は申します、これから私は何かをやります、という気持。いいかげんなコトバのやり取りや行為の世界を離れて、厳粛な宗教的世界に、これから入っていくのです。

「アッラーの御名」はアッラーという名という意味。アッラーという名前、であって、アッラーがもっている名前ではないのです。つまり、ここでは名前が実体と区別されていない。名前、すなわち、そのもの、なのです。

名前というコトバをお聞きになって、いったいどういうことを皆様お感じになるでしょうか。古代社会、日本でも何でも昔の人間の生き方を、特に民俗学的に研究していらっしゃる方はよくご存知だと思います、ものの名前を口にするということがいかに重大な行為であるか。名前というのは霊的実体なのです。今日では、もう名前なんて符牒みたいなものですから、どなたでも、例えば私のことを平気で「井筒さん」などとお呼びになる。本当はそう気易く呼ばれては困るんです。これが古代社会ならば、名をじかに口にすると、それが相手にグサッと刺さってしまう。名には、元来、呪術的な力があるからです。恐ろしいものなんです。ですから、やたらに人の名を呼ぶことはできない。神の名となればますますです。ところがイスラームでは、アッラーという名を堂々と出す。これは非常に変わった、アラブ的ないき方です。アラビアでは、イスラーム以前から——その頃は多神教時代ですが——一々の神をその名で呼ぶことが習慣でした。古代社会としては、非常に珍しいことです。普通は神の名を口にしたりすると、その場でその神様が出てきてしまうから、危くてしかたがない。サタンというコトバを発音したら、本当にサタンが現われてきた、などということが西洋の昔話などにもあるでしょう、あれです。とても危険なのです。それればかりではありません。イスラームの神は、神学的に、九十九の名をもつとされていますが、「アッラー」はそのなかでも特に「最大の名」(ism aʻẓam)として知られている。最大の名、つまり最大の呪力をもつ名であって、それを口にするのは容易ならざることであるはずです。だから、イスラームと兄弟姉妹の関係にあるユダヤ教などでは、聖書を読むときに神の本当の名前をそのまま発音しません。ヘブライ語で神の名前はYHWHという四子音で書き表わされていますが、母音を挿入して読むとYaHWeHヤハヴェ(日本ではエホバ)となるわけですが、ユダヤ人が『旧約聖書』を読誦する場合、これを絶対に口にしない。テクストにはYHWHと書いてあっても、それをヤハヴェとは読まないで、その代わりにadōnai「我が主《しゅ》」とか、もっと後世になるとha-shēmなどと読みます。ha-はアラビア語のal-と同じく定冠詞、shēmは「名前」。だから「ハッ・シェーム」は、例えば英語でいうとthe Nameに当たる、つまりヤハヴェという名前を発音する代わりに「お名前」というわけです。このほかに『旧約』にはelōhīm という語がよく使われていますが、エローヒームは「神」を意味する普通名詞で、神の名前(固有名詞)ではありませんから無害です。とにかく、神の本当の名はタブーなのです。

ところがイスラームでは神の名はタブーではありません。タブーどころか、「アッラー」をはじめとして、九十九の神の名を事あるごとに口にすることにこそ、深い宗教的意義を認めるのです。元来、Allāh という語は、言語的には、al-ilāh の詰まったもので、al- は、さっきも申しましたように定冠詞。ilāh は、ちょっとごらんになればおわかりになると思いますが、ヘブライ語の elōhīm と同じ語源の、「神」を意味する普通名詞。それに定冠詞をつけたal-ilāh が詰まって Allāh になったのですから、文字どおりに訳せば the-God というところでしょうか。要するにヘブライ語の elōhīm と同一の文法的次元に成立する普通名詞の限定形にすぎません。だが実は、アラビア語で Allāh といいますと、elōhīm にあたらないで YaH-WeH に該当するのです、その意味上の価値からいうと。ですから、ユダヤ教的にいえば、恐ろしくて、とうてい普通は口に出せない名前なのです。それをイスラームでは、反対に、至るところで口にする。そこにイスラームという宗教の一つの特徴ある性格が認められます。

「アッラーの御名において」――『コーラン』の各章は、この一句をもって始まる。それがいかに厳粛なものであるか、今お話したことで、ほぼおわかり願えると思います。しかし、この一句、簡単のようで、なかなか意味が摑みがたい。『コーラン』は各章の冒頭に置かれるこのコトバで、いったい何を言おうとしているのでしょうか。その点を少し考えてみましょう。

本来、神は絶対不可知です。Deus absconditus というコトバがありますが、「隠れた神」、神そのものは絶対に姿を見せぬ、幽玄の極、「玄のまた玄」です。考えようとしても、手がかりも何もありはしません。取り付く島もない。そういう側面において、神は絶対超越者です。これを「隠れた神」という。ところが、この「隠れた神」は、また自らを現わす神でもあるのです。Deus revelatus、文字通り、覆いを取り去られた神、自己顕現する神。但し、現われるとか顕現するとかいっても、イスラームの考えからすると、視覚的に姿を見せるというわけではありません。ちょっとパラドクシカルに聞えるかも知れませんが、不可視的に姿を現わすのです。そして、不可視的に姿を現わすその現われ方が名なのです。名前を通じて自らを現わす。人は神を、ちょうど事物を見るように、目で見ることはできないが、名前を聞くことによって、その名の指示する意味を手がかりとして、本来不可知な神になんとなく近付く、とでもいったらいいでしょうか。この意味で、神の名は、神が自らを人に現わす霊的な姿形なのです。

ところで今我々が問題にしている『コーラン』のテクストでは、神に「慈悲ふかく慈愛あまねき」という二つの形容詞がついておりますが、それもまた、一つ一つが神の名です。つまり、神の名が三つ並んでいる。アッラー、慈悲ふかく、慈愛あまねき、と。そのなかで、アッラーというのが、前にも申しましたように、最大の名、最高の名。この名前が出てきて、はじめて人間が神に近づくすべができる。それによって、人と神との間に根源的なコミュニケーションが開かれる。神が人に語りかけ、人がまた神を憶い、神に祈る。名を通じてそういうことができるようになるのです。

　アッラーという名前の以前は絶対不可知の神、取り付く島もない神です。その絶対不可知不可測の神が、アッラーという自分の名前を明かす、それによって神と人との間にコミュニケーションの道ができる。神の自己顕現の始まりです。自己顕現はさらに続いて、次の段階でアッラーという名が二つの反対の方向に分岐します。そして、この二つの方向に展開しつつ、神は自らの九十九の名を明かすのです。イスラームでは九十九の神の名を立てるということは、前に申しました。この九十九の神名は二つの系統に分かれる。一方はジャマール(jamāl)、他方をジャラール(jalāl)といいます。ちょっと申しそえておきますが、ジャマール、ジャラールというのは神の名ではありません、名前の系統、つまり神の自己顕現の相対立する二つの方向です。ジャマール系統の名前とジャラール系統の名前と、合わせて九十九。但し、「アッラー」という名はそのいずれの系統にも属さない。両方を一つに集約する綜合的な名前です。

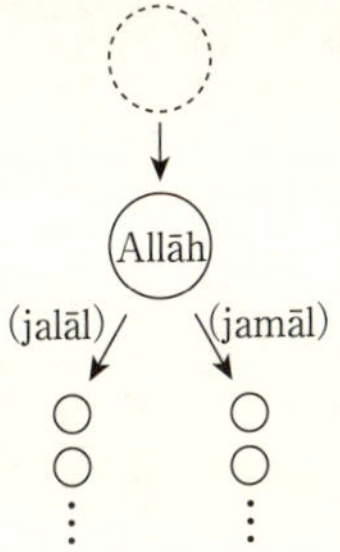

　ジャマールはアラビア語で「美」「美しさ」ということ、ジャラールは「威厳」とか「尊厳」とか「峻厳」とかいう意

味です。神の名前がこの二系統に分かれるのです。「美しさ」「やさしさ」「愛」「慈悲」など、親しみやすい性質を表わすのがジャマール系の名。これに反して、「恐ろしさ」とか「怒り」とか「復讐」とか、神の暗い側面を表わすのがジャラール系の名。それらが具体的にどんなものであるのか、これからだんだんお話してまいりますが、その前に神の名ということでもう一つだけ考えておかなくてはならないことがあります。

神に九十九の違う名前があるということは、イスラーム的に申しますと、神は九十九の顔をもっているということです。イスラームでは「神の顔」(wajh Allāh)という大変イマージュに富んだ表現をよく使います。思想史的にも重要な役割りを果す考え方の一つです。『コーラン』にも、例えば、第二八章、第八八節で、

アッラーとならべて他の神を拝んではならぬ。もともと、ほかに神はない。すべてのものは滅び去り、ただ(滅びぬは)その御顔のみ。一切の摂理はその御手にあり、お前たちもいずれはお側に連れ戻されて行く。

と言われております。「ただ(滅びぬは)その御顔のみ」と。神の顔とは神の名ということ。この世に存在する一切のものは、うたかたのごとく現われては消えるはかないもの。ただアッラーという名のみは永遠不滅だ、というのです。綜合的神名アッラーが絶対に滅びないものであるからには、勿論、それの限定相である九十九の神名も滅びない。「ただ滅びぬは神の御顔のみ」とはそういう意味なのです。

「顔」――ラテン語のペルソーナ(persona)という語をご存知ですか。ラテン語の persona

は、英語などで person とか personal とかいう語のもとです。これは今では、普通、人格という意味で使いますが、もともとは「お面」、演劇の舞台で役者がつけて出てくるマスクのことです。日本でも能面というのがありますが、役者の本当の顔を隠して、その人を劇の役柄に変貌させる作られた顔です。但し神の場合には、本当の顔というのはない。強いて本当の顔を考えるとすれば、無の顔なのです。だから、神が人間に見せるものは仮面でしかあり得ない。示された仮面をとおして、その彼方に、人は神の姿をわずかに垣間見る。その仮面、が名前なのです。

神は人間に、その場その場で、いろいろ違った顔を見せる。つまり神には幾つも違った名がある。ここで、名とは、鏡に映った神の顔です。鏡面上の神の映像は神のかげであって、神そのものではありません。しかしまた逆に、神そのものは、元来、無であるゆえに、鏡に映さなければ誰にも見ることができないのです。そういう意味での神のかげ、神の名を、さっき申しましたように、ジャマール系統とジャラール系統の二種に大別するのです。ジャマール系統の名前としては、今我々が問題にしている「慈悲ぶかい」、「慈愛あまねき」などが典型的なものですが、そのほか「(人間を)愛する」とか「穏やかな」とか「(人間を)正しく導いてくださる」とか、いろいろな名前があります。これと対照的に、ジャラール系の名前は、みな恐ろしい名前です。仏教絵画や彫刻の不動明王の憤怒相などを憶い合わせてごらんになると、その意味がよくおわかりになりましょう。ちょっとテキストを読んでみましょうか。

第五章、第九八節。

知れよ汝ら、アッラーはその罰の烈しいことを。またアッラーのあくまでも気がやさしくて情深くおわすことを。

「汝ら」というのは、預言者ムハンマドに従う信徒たちに向かって神が語りかける言葉。「知れよ汝ら、アッラーはその罰の烈しいことを」。罰が烈しい、つまり人の犯した罪をどこまでも追求して仮借なく「罰する者」というのは神のジャラール系統の名前の一つです。しかしその同じ神があくまでも「気がやさしくて情深くおわします」。「気がやさしい」、「情深い」、これはジャマール系統の二つの名前です。「罰の烈しい」というジャラール系の名前と、それとすぐならんで「やさしい」、「情深い」というジャマール系統の名前が兼ね備わっている。春風駘蕩たる穏やかな側面と粛殺たる秋のごとき烈しい、厳しい側面とが表裏一体をなしている。それがイスラームの神の自己顕現の基本的パターンなのです。

しかし、我々普通の日本人の常識から見て、なかなか受け入れ難いのは、なんといっても、ジャラール系統を代表する復讐の神という考え方だと思います。復讐の神、「復讐者」という神の名。これは実に恐ろしい。

『コーラン』第三章、第三節。

もしアッラーの下さる神兆に不信の態度を取るような者があれば、いまに厳しい罰に合うであろうぞ。アッラーはその権能限りなく、恐ろしい復讐の神におわします。

復讐の神、これは『旧約聖書』に親しんでいらっしゃる方には、別になんということもないことかも知れませんが、私には、始めのうち、相当なショックでした。近頃よくみんなが口にする異文化ショックというものでしょうか。

私が『旧約』を知ったのは、青山学院の中等部に入学した時でした。青山学院は、偶然にも、キリスト教の学校でした。私はそこで、生まれてはじめてキリスト教というものにふれたのです。宗教といえば禅ぐらいしか知らなかったんですから。そんな私の心に、聖書の世界は実に不思議な、異様な世界として映りました。ひどく反発したものです、なんていやな世界なんだろうと思って。だけど、そのうちに、むしろ好奇心をそそわれて、面白くなってきたんです。とにかく、好き嫌いは別として、キリスト教というものがなんとなく気分的にわかってきた。その点で私はこの学校に感謝しています。後年、『旧約聖書』を読んだり、イスラームを研究したりする時に、中学時代に学んだことがどんなに役に立ったかわかりません。

ところが、それとまったく同じ神観がイスラームにも強烈に出ています。復讐の神、イスラームの神もジャラール系統においては、まさしく復讐する神だったのです。復讐の神、怒りの神、処刑者、審判官、その他、恐ろしい名前がたくさんあります。みんな『旧約』と同じです。

ここで、もう一度、はじめの文句に戻ってみましょう。「慈悲ふかく慈愛あまねきアッラーの御名において……」(Bi-ism^{i} Allāh^{i} al-raḥmān^{i} al-raḥīm(i)) 今までの説明でおわかりになったと思いますが、ここに神の三つの名前が挙げられています。先ず第一が「アッラー」。前に申しましたとおり、これは綜合的な神名と呼ばれているものです。イスラーム学の重要な術語ですが、綜合的な名前(ism jāmiʻ)、「ジャーミウ」すなわち、(すべての他の名を)集めている、いちばん含むところの多い、最高位の名前ということです。まだいかなる限定も受けていない、絶対不可知の神そのものが人間に姿を現わしてくる、その最初の名前、神そのものの第一自己限定です。この綜合的名前が第二次的に限定されて、ジャラールとジャマールに分かれる。すぐ気が付くことは、「慈悲ふかく」「慈愛あまねき」は二つともジャマール系統の名であって、ジャラール系の名はここには出ていない、ということです。つまり、祝福のコトバだけしか出ていない。刑罰者だとか復讐者だとかいう危険な名前は裏側にそっと秘されている。とにかく人間にしてみれば、神様がジャラール系の名で現われずに、できることなら「慈悲ふかく慈愛あまねき」お顔だけを見せてくれたほうが有難い、そんな気持もあるでしょう。とかく人間はムシがいい。

次に、「慈悲ふかく慈愛あまねき」という私の訳ですが、実はこれがとても厄介な問題をはらんでいるのです。「慈悲ふかく」の原語 raḥmān も、「慈愛あまねき」の原語 raḥīm も、ともに語根 R. H. M. から派生した形容詞で、同じ語根から、raḥm という名詞も出てきます。ラフムとは「慈悲」とか「慈愛」とかいう意味です。

ところで、私の訳では「慈悲ふかく慈愛あまねき」となっておりますが、これは日本語の口調上、そのほうがいいと思ってそうしたのでして、正確な意味を表わすためには、順序をむしろ逆にしなければなりません――「慈愛あまねく慈悲ふかき」というふうに。もっとも、いずれにしても大ざっぱな対応にすぎませんけれど。どちらかといえば、ラフマーン(raḥmān)が「慈愛あまねき」のほうで、ラヒーム(raḥīm)が「慈悲ふかき」に該当する、ということです。

そもそも、ラフマーンと呼ばれる性質に現われてくる慈悲心は、無償の慈悲なのでして、こちらの側に別にそれに値する特殊な事情がないのに、神が慈悲をかけてくださる場合なのです。何かいいことをしたから、あるいは哀れな状態にあるから、神様が慈悲をかけてくださるというのじゃない。あらゆるものに差別なく、動機なしに、慈悲をほどこす。そういうのがラフマーンです。仏教でいえば、菩薩の慈悲のようなものと考えればいいでしょう。菩薩は、自分自身はもう充分涅槃に入れるだけの修業ができているのに、世の中にたった一人でも救われない人がいるかぎりは、自分だけが悟り、涅槃に入ることはしない、と頑張っているといわれております。万人に対する無償の慈悲。この意味で菩薩はラフマーンです。

これに反して、ラヒームにおいて働く慈悲心は、無償ではなくて、何か慈悲に値することが人間の側にあって、それに対して与えられる慈悲なのです。慈悲をかけられる相手は当然それに値する状態になくてはいけないんですから、慈悲をかけるほうでは、それが一種の義務になる。慈悲であれ何であれ、神が人間にたいして義務を負うというのは、信仰的には大変な問題ですが、そういう考えがイスラームには始めからあって、後世やかましい論議を生みます。が、それはとにかくとして、どうしても慈悲をかけずにはおれないような状態に相手がいる、そういう場合にその特定の人に、特定の形で慈悲をかける。それがラヒームの慈悲です。慈悲という精神的エネルギーが、四方八方に拡散しないで、ただ一点に集中するのですから、当然、深くなる。一般に誰でもかまわないから慈悲をかけてやるというのとは違います。特定の人間に、特定の時、特定の状況にあるその特定性に照らして、それに見合った形と量の慈悲を与える、それがラヒームの慈悲です。水平にどこまでも拡がっていく第一の慈悲にたいして、これはいわば垂直に深まる線的な慈悲と考えることができると思います。第一の、ラフマーンの慈悲、無償、無限定の慈悲のほうは、哲学的に考えますと、存在的あるいは存在論的慈悲ということになりましょう。神の慈悲をそんなふうに考えることは、『コーラン』に淵源するイスラーム思想の大きな特徴です。

存在の広がりが、すなわち神の慈悲の広がりである、という見方。もっとイスラーム的に申しますと、神が慈悲を示す、それは神が世界を創造するということなのです。この慈悲は何物をも差別しない。悪いものも善いものも、虫けらも人間も、みんな創り出す、それが世界というものです。全存在世界が神の慈悲の現われとして、ここでは構想されます。要するに、存在そのものが慈悲なのですから。そういう意味で存在的な慈悲がラフマーンの慈悲なのです。

ラヒームのほうはそれとは違います、ラフマーン的慈愛の働きで創り出された世界のなかに、いろいろ異る性質をもった人々がいる。それらの性質あるいは状況のなかで、特にそれに値するものがある時に、その特定の人に特定の慈悲がかけられる、それがラヒームの慈悲。

神の慈悲にそういう二つの面があるというわけです。それが「慈悲ふかく慈愛あまねきアッラーの御名において……」という一句の意味です。

とにかく、いちばん大事なことは、イスラーム的な考え方は、存在そのものが慈悲であるということ、はじめのラフマーンによって。我々みんながここにこうやって存在しているということそのものが神の慈悲なのであって、善人であろうと悪人であろうと、区別がない。ところがラヒームの場合には区別が立てられます。ラヒームに働く慈悲は、本性上、差別的慈悲なのであって、誰れ彼れなしに受けられるものではありません。例えば、善人が苦境に立たされた場合とか、信仰深い人が宗教心から善行にはげんだ場合とか。極悪人がいくらひどい目にあっていても、それにたいしてラヒーム的慈悲は働きません。もっとも、善人悪人といっても、何が善であり、何が悪であるかは神のみの知り給うところ。世間が善人と認める人、かならずしも神の目から見て善人とはかぎりませんし、悪人についても同様であって、そう簡単にはいきません。その上、本当に正しい善い人でも、苦しむばかりで一向に神の慈悲が受けられない(ように見える)、『旧約』のヨブのような場合もあり、また悪人なればこそ、善人よりももっと神の慈悲に値するというような場合もある。ラヒームの慈悲の構造は力動的で、多角的です。

しかし、この神の倫理の問題を、ここでこれ以上追求するつもりはありません。ただ、神の慈悲(あるいは慈愛)に、ラフマーンの慈悲とラヒームの慈悲という二つの違った側面があること、そしてその二つが「慈悲ふかく慈愛あまねきアッラーの御名において」という冒頭の一句にはっきり出てくることがおわかりいただければ充分です。すぐ次の句に進みましょう。

讃えあれ、アッラー、万世の主

これは、ごらんのとおり、この「開扉」の章の第一句です。今晩はもう遅くなりましたから、このつぎやりますけれども、原文だけ書いておきましょう。「万世の主」というのはあとにして、

al-ḥamdᵘ li-Allāhⁱ

ハムドゥ ḥamd とは「称讃」ということ。Allāh は勿論、アッラー。li- は「……のために」ということ。このような場合、アラビア語のシンタクスでは、英語の be 動詞に当たるものは必要とされません。これで完全な独立文です。全体で「讃えあれ、アッラーに」と訳します。『コーラン』の英訳などでもよく Praise be to God. とか、God be praised. とか訳されています。「神は讃えられてあれ」ということです。私もそういう意味で「讃えあれ、アッラー」と訳しました。口調がいいからそうしたのですけれど、厳密にいうと、この訳は文法的には正しくありません。この文の本当の文法的な意味は、称讃というものは(al-ḥamdᵘ)、神のものである(li-Allāhⁱ)、ということです。称讃というのは神に属する、称讃は、本来、神だけに属する、神だけのものだ、という意味の叙述文です、祈願文ではないのです。

それでは、こういうふうに正確に叙述文として理解した場合、この一句はどんな意味を表わすのでしょうか。幾つかの違った意味に取れます。その一つは、真の、正しい称讃はただ神だけのものだという意味。神だけ、神のみが真の称讃に値する、という主張です。普通、人間は何か気に入ったことがあると、すぐ「素晴らしい」とか「美しい」とかいって、褒めたたえる。しかし、そんなものは、本当に褒めるに値するものではない、というのです。そうではなくて、神だけが称讃に値する。本当の称讃――定冠詞 al- がついているでしょう、al-ḥamd^{u} と。この場合、定冠詞は「真の」、「唯一の」という意味を表わします――本当の称讃は神だけに属する、つまり、神だけが称讃に値する。それが一つの意味です。

もう一つの意味は、すべての称讃は神のものである、ということ。この場合の定冠詞は、およそ称讃なるものはすべて、ということです。人が何を現実に褒めようとも、それは実は神を褒めているのだ、という考えがそこにあります。例えば、一輪の花が咲いている、とても美しい、私はそれを褒める、ああ、きれいな花だなと褒める。私は花を褒めているつもりです。だけど、『コーラン』にいわせれば、そうじゃないのです。私は、自分では眼前に咲く花を褒めているつもりだけれども、本当は神を褒めている。一切の称讃は、つまり、誰がどんなところで何を褒めようと、褒められているものは実際は、アッラーなのだ、という意味です。宗教的になかなか深みのある意味ではありませんか。世界中のすべてのものが、それぞれに、それぞれの仕方で神を讃えていることになるわけですから。

先刻、私は、『コーラン』の世界観によると、存在そのものが、すなわち神の慈悲なのだと申しましたけれども、同じことを人間の側からいえば、存在することそのものが神の讃美なのです。これはこのつぎもっと詳しくお話しなければならない事柄なのですが、存在と讃美の関係こそイスラームの思想的枢軸です。イスラームという宗教は、結局、神讃美の宗教だといって過言でないと思います。神にたいする宇宙的な讃美。すべてのものが、どこでどんなことをしていようとも、それで神を讃美している。悪いことをしている者も、悪いことをしているという形で神を讃美している。存在することが讃美なのですから当然です。そして、もし存在することがそのまま神の讃美であるならば、一切のものは、神を常住不断に讃美している、ということもまた真理でなくてはなりません。神の讃美は絶えることがない。神にたいする万有の讃美は、全宇宙で、宇宙的な広がりで、しかも不断に展開していく。そうなりますと、いちばんの問題は、この存在即称讃としてのこの「称讃」が、いったい何を具体的には意味するかということでありましょう。次回、それを主題的にお話したいと考えております。今日はこのへんで。

第三講　神の讃美

このあいだは「開扉」の章を読み始めたのですが、その前に、言語テクストの読み方について ちょっとお喋りいたしました。今日は、このあいだお話したことの主要点を復習しながら、そこに提起される幾つかの問題について少し考えを深めてみたいと思います。

先ず、私は、『コーラン』を読むということは一種の解釈学的操作である、と申しました。解釈学とかテクスト理論とかいうものは、いわば現在流行の学問ですから、理論的に追求しだしたら際限なく複雑な問題が起こってきます。難しくしようと思えばいくらでも難しくなる。それをかなり簡略に、やさしくお話したつもりなのですが、おわかりいただけたでしょうか。

『コーラン』を読むという、このセミナーの直接の目的からいえば、解釈学の理論など、それほど詳しくやる必要はないとお考えになる方もいらっしゃるでしょう。それは私にもよくわかっているのに、なぜこんなことをいつまでもくだくだ言っているのかと申しますと、せっかく『コーラン』を皆様とごいっしょに読んでも、私達が、いったいどういう態度で読んでいるのかということを本当に頭にしっかりとめておいていただかないと、結局、時間の無駄使いになってしまうのではないか、心配だからなのです。このセミナーでは、「開扉」の章の七行を読むだけですから、残りは全部ご自分で独立にお読みになるということになる。

その場合に、ある一つの視点といいますか、ただ漫然と読むのじゃなくて、あるひとつの切り込み方をする、そういう読書技術みたいなものを、できれば学んでいただきたいと思うのです。

そこで、結局は繰り返しになってしまうかも知れませんけれど、もう一回だけ簡単に筋書きを申しますと、だいたいこういうことになるのです。我々が何かものをいう、実際の言語的コミュニケーションです。話し手(A)がいて、聞き手(B)がいて、AがBに語りかける、それに応じて今度はBがAに向かってものをいう。これがコミュニケーションのいちばん原初的な、基本的な構造です。コトバのこの次元を言語学では発話行為《パロール》という。解釈学的に見て、パロールの一つの大きな特徴は、それが具体的シチュエーションできっちり決められているということです。

ところが、このシチュエーションで根本的に限定された発話行為としてコトバが働きだすためには、それを下から支えている、シチュエーションを離脱した記号体系というものがなくてはならない。この記号体系をソスュール系の言語学ではラング(langue)と呼ぶ。具体的には、日本語とかアラビア語とかいうのがそれです。

ところが、そのラングのシステムの、つまり記号体系の底辺部には流動的でとらえがたい意味聯関とでもいうべきものがある、と私は考えます。唯識哲学の術語を援用して、私はそれを「言語アラヤ識」と呼ぶことにしているのです。明確に一定の語でもって、例えば「ハナ」とか「ウックシイ」とかいう語で指示されている意味結晶体は勿論のこと、これからコトバになってこようとしている、つまり結晶しかけの意味の可能体のようなものが、たくさん我々の意識の深みにある。ラング形式の要因として、正式にいわば登録された意味結晶体と、まだ正式には登録されてはいないけれど、なんとなくその存在が感じられる固まりかけの意味、そういう無数の意味と出来かけの意味、半固まりの意味が縦横無尽につながって、至るところで無数の群をなしている。大小様々な意味の文《あや》をなしている。しかも、それらの意味の群は静止的、固定的ではなくて、常に揺れ動いている。互いに結びつほぐれつしながら発展している。だからこそ、例えばアラビア語の「アッラー」という語を簡単に「神」と訳して、そのまま日本語の言語アラヤ識から理解したりすると、大変な歪みが出てくるのです。それぞれの下意識的意味聯関がまるで違っているのですから。

意識の底に揺れ動いているこの意味聯関は、一々の発話行為に現われてきて、決定的な働きをします。このあいだも、「神は慈悲ふかい」という文を例にしてちょっと申しました。Allāh raḥmān. ——こんな単純明解そうな文でも、パロールの具体的なシチュエーションによって刻々に意味が変わる。そのほかに——あるいは、それ以前に——さっきからお話している意味聯関による色付けということも考えなくてはならないのです。

アラビア語の Allāh raḥmān. を日本語で「神は慈悲ふかい」と翻訳したとすると、一見、まったく同一の意味であるかのように思われるかもしれませんけれど、この文の主語と述語、それぞれの曳きずっている意味聯関を考えるとまるで違ってきます。「アッラー」という語の意味をめぐって、言語アラヤ識的次元で形成される多くの他の意味との結びつき。無数の意味、半意味が、「アッラー」を中心点として縦横無尽に結びついている。その全体が「アッラー」の意味なのです。日本語の「神」という語に結びつき、また互いに結びついている意味聯関と、それとはぜんぜん違います。ですから「アッラー」=「神」というわけにはいかないのです。

述語の raḥmān にしても同じことです。「アッラー」を主にして見ると、「ラフマーン」は「アッラー」の意味聯関の一項ですが、「ラフマーン」の方を主にして見ると、今度は「アッラー」がそれの意味聯関の一項になる。そして「ラフマーン」には「ラフマーン」独特の意味聯関があるのです。だから、当然、「ラフマーン」と日本語の「慈悲ふかい」とでは意味が違う。従って、「アッラー」を主語とし、「ラフマーン」を述語として出来上るアラビア語の文、Allāh raḥmān. は、日本語の「神は慈悲ふかい」という文では表わせない意味をもってくるわけです。それを「神は慈悲ふかい」と訳して理解したつもりになっても、意味のとり方に、どうしても、歪みが出てきます。いわゆるニュアンスが違うわけです。ニュアンスの違いとは、我々が常識的に考えているより、もっともっと深いもの、根深いものです。根源的に意味のとり方が違うのです。言語意識の底にひそんでいる意味聯関の構造が全体的に関わってくるもので、それはあるからです。

私は『コーラン』に限らず、一般に古典的言語テクストを解釈する方法として、常々、意味論的解釈学と自分で呼んでいるものを提唱しているのですが、どういうことをやりたいのかといいますと、今申しました意味聯関の深みから発話行為の表面に現われ出てくる意味を把え分析する方法というものを学問的に確立してみたいと思っているのです。『コーラン』を読む場合でも、テクストの上で、例えばAllāh raḥmān. という文があっても、それを簡単に日本語に移して「神は慈悲ふかい」として解釈して、もうそれで意味がわかったというのじゃなしに、アラビア語のもとの意味聯関では、「アッラー」はそれを取り囲む他のいろいろな意味とどんなふうに結びついているのか、また「ラフマーン」の方はどうなっているのか、それを先ず調べた上で、そこから出発してAllāh raḥmān. という文の意味を解釈する。たとえそれが日本語で「神は慈悲ふかい」と訳されていても、この日本語の文を、アラビア語の意味聯関構造に照らして解釈する。それを私は意味論的解釈学と称しているわけです。つまり、下意識的の意味聯関構造を少しも考えないで、ただ表面の字義対応で解釈した場合に出てくるはずの意味の歪み、理解の歪みをできるだけ取り去っていく操作、あるいは学問的な作業、そういうものを考えている。無論、はじめから翻訳を使うのですから、この作業には限界があることはわかっていますが、とにかく、少くともそういう態度で、『コーラン』を読んでいこうというわけなのです。

この前は、「開扉」の章をちょっと読み始めました。もう一度最初から、要点をかい摘んで読みなおしましょう。先ず本文の前に置かれている誓言、「慈悲ふかく慈愛あまねきアッラーの御名において」(Bi-ism^{i} Allāh^{i} al-raḥmān^{i} al-raḥīm$^{(i)}$) このあいだ、かなり詳しくお話しました。いちばん大事なのは、raḥmān と raḥīm との区別をはっきり知ることです。第一の「ラフマーン」のほうは、「あまねく万物に慈悲をかける、あらゆるものに無差別的に、例外なしに慈悲を及ぼすところの」という意味だ、と申しました。誰にでも、何にでも、悪くいえば手あたりしだいに慈悲をかけてしまう神。そういう側面における神をal-raḥmān と呼ぶ。

これに対して第二の「ラヒーム」のほうは、たとえばA、B、Cという三人の人がいるとすれば、その三人の性質がどうであるか、何をしたか、どんな状態にいるか、など全部勘定に入れて、それぞれにちがった形、ちがった量、ちがった性質の慈悲をかけるのですね。そういう側面における神を al-raḥīm と呼ぶ。ですから、Allāh al-raḥmān al-raḥīm とは、そういう二つの根本的性質を備えた神、アッラーということになります。

ところで、「ラフマーン」も「ラヒーム」も、文法的には「アッラー」にかかる形容詞です。形容詞ですけれど、『コーラン』特有の宗教的言述のコンテクストでは、形容詞ではなくて、神の名なのです。ですから、ここでは「アッラー」、「ラフマーン」、「ラヒーム」というと、違った神の名が三つ並んだことになる。

『コーラン』第一七章、第一一〇節をご覧下さい。

言って聞かせるがよい、「アッラーと喚んで祈ろうが、ラフマーンと喚んで祈ろうが、どちらの名で喚んだところで、要するに最高の名前はすべて神のもの」と。

「言って聞かせるがよい」、これは神が預言者ムハンマドに「言え」と命令しているのです。

みんなに次のように告示するがよい。すなわち、「アッラーと喚んで祈ろうが、ラフマーンと喚んで祈ろうが、どちらの名で喚んだところで、要するに最高の名前はすべて神のもの」と。つまり、神には「アッラー」という名もあるし、「ラフマーン」という名もあるし、まだそのほかにいろいろ名前はあるけれど、それらのなかのどの名で呼んでも同じことだ、要するにみんな神の名前なのだから、ということです。「ラフマーン」が、『コーラン』では「アッラー」とならぶもう一つの神名であることが、これでよくわかります。

「ラフマーン」や「ラヒーム」が、たんに神を修飾する形容詞ではなくて、神の名である、ということは、またそれらが『コーラン』的世界観において、尋常ならざる重みをもっているということでもあります。一般に古代社会における名の重さについては、このあいだ詳しくお話しました。名前が、今日の我々の考えているような、そんななまやさしいものじゃないということ。人間の名前や物の名ですらそうなのですから、神の名に至っては大変な重さがある。『旧約聖書』の有名なモーセの十戒を皆様ご存知でしょう。モーセの十戒、その第三番目は、まさに神の名についての戒めです。「出エジプト記」の第二〇章に出てきます。シナイ山上でモーセが受ける十戒のなかの第三番目。こう書いてあります。

汝の神エホバの名をみだりに口にあぐべからず、エホバは己れの名を口にあぐるものを罪せではおかざるべし。

「汝の神エホバの名をみだりに口にあぐべからず」。もしみだりにエホバの名を口にするものがあったら、神は必ず罰するであろう、と。十戒の三番目に置かれるくらいなのですから、どんなに重大なことであるかわかります、神の名前をあげるということが。

ただ、ここでは「エホバの名をみだりに口にあぐべからず」といわれております。「みだりに」、原語では「ラッシャーウ」(la-shāwʼ)。shāwʼは、ヘブライ語で「空虚さ」とか「意味のなさ」とかいうこと。la-は「のために」という意味の前置詞。だからla-shāwʼとは、「意味ないことのために」、「やたらに」ということです。むやみやたらに神の名、ヤハヴェを口にしてはいけない。

だが、それじゃ、むやみやたらでなければいいのか、有意味なら口にしてもいいのか、ということになるでしょう。だいいちこの文章、Lōʼ tissāʼ eth-shēm-Yahweh elōhē-khā「汝の神エホバの名を口にすべからず」と書いてあります。「エホバの名」(shēm Yahweh)というふうに、ちゃんとエホバ(ヤハヴェ)の名が挙げられております。ですから、モーセが十戒を授けられた頃は、ヤハヴェという名は口にされていたに相違ありません。だいいち、この第三戒に出ているのですから、ヤハヴェという名をあだおろそかに口にしてはいけない、と。だから、むやみやたらにでなければ、口にしていいことになっていたわけです。それが、ユダヤ人特有の敬虔的秘密主義とでもいいますか、神の名を秘す、ヤハヴェという名を隠して口にしないように、だんだん、なっていくのです。とにかく、後世のユダヤ人は、みだりに口にすべからずというこの禁止を極端にもっていくのです。

イスラーム教徒が神の名を口にすることに関してこれと正反対の方向に進んだことは、この前、申しました。モーセ十戒の第三戒に該当する禁令は『コーラン』にはありません。それどころか、信徒は、常にアッラーを念じ、アッラーの名を口に唱えることを求められるのです。だから、イスラーム教徒は、その日常生活において、いわば朝から晩まで、アッラーの名を口にする。アッラー、何でもアッラーです。口にしなければいけない。勿論、むやみやたらに口にするわけではないが、はたから見れば、まるでむやみやたら、であるかのように、しょっちゅうアッラーの名を口にするのです。

イスラームの神秘主義、スーフィズムのいろいろな修行の方法のなかで圧倒的に重要なものが、アッラーの名の不断の繰り返しであるということも、この点で興味深い事実だと思います。アッラー・アッラー・アッラーと、どこまでもどこまでも、一心不乱に繰り返していく。ちょうど日本でいう念仏みたいなものです。アッラー・アッラーと喚び続けているうちに、一種の忘我脱魂状態に入っていくという修行方法です。これは極端な場合ですけれど、ごく普通の生活でも、アッラーという神の名をあくまで表に出す、それがイスラームのいき方です。この点、ユダヤ教徒のいき方とは正反対。とにかく、イスラーム教徒、アラブにとって、アッラーの名を口にすることは誰憚るところもないのです。

神の名、アッラーにせよ、ラフマンにせよ、ラヒームにせよ、神の名が、イスラームにとって、なぜそんなに大切なのか。それは、このあいだもちょっと申しましたが、神がその名をもって出てくるということは、神が存在の次元に姿を現わしたということであるからです。「隠れた神」、絶対不可知、不可視、不可触、絶対超越、人間とのあいだには絶対的な断絶を置く神が、自らを現わして「現われた神」になる、そしてそれによって、神と人との間の本源的断絶がある意味で架橋される、その重要な橋の役をするものが神の名なのです。人間の喚びかけに応じて、神がその名前の一つを通じて姿を現わす。名を通じて神が人に語りかけてくる、それが啓示です。

ところで神にはたくさんの名前がありまして、九十九だともいい、限りない数だとも申しますが、そのなかでも比類を絶した偉大さをもつ、いちばん原初的な、最高の名前が「アッラー」なのです。そのほかの名はどれも、無限定な神の限定相にすぎません。そしてそのことは、九十九にしろそれ以上にしろ、とにかく名前の数だけ、いろいろ違った形で人間に交渉できる、人間と人格的に関係し得るということを意味します。例えば、「ラフマーン」という名の場合は、慈悲の広さという角度から神は人間に交渉してくる。それとは逆に、このあいだ申しました復讐、嫉み、怒り、などを表わす名前の場合には、そういう暗い側面から人間に交渉する神。神が人間に関わってくる関わり方が、名前ごとに限定されている。すべての名前は限定なのです。ところが、まったく何の限定もないものがただ一つだけある。それが「アッラー」という名前です。「アッラー」という名前だけは、神を全然限定しない。それは、反対側から見ると、「アッラー」は、可能なかぎりのあらゆる名前を綜合した名前である、ということです。「綜合的神名」(ism jāmiʿ)という概念については、先週、簡単にご説明しましたが、今日はそれに直接関わるテクストをちょっと読んでみましょう。第五九章、第二四節。

これぞこれアッラー、万有を創造し、創始し、形成するお方。あらゆる最高の美名を一身に集め給う。

ここで、「あらゆる最高の美名」とは、神の名のことです、「ラフマーン」とか「ラヒーム」とか。アッラーはそのような「最高の美名」を一身に集めた神である、という。つまり、「アッラー」はあらゆる神名を渾然未分の状態で包含する綜合的な神名だ、というのです。綜合的名前などといいますと、今日の人の耳には、たかだか、最高度に普遍的な意味を表わす、抽象名詞の一種みたいなものと響くでしょうけれど、イスラーム教徒にとっては決してそうじゃない。このあいだからいっておりますように、霊的実在としての名前。すべての名を一つに集め、全体を内に含む根源的な名前なのです。だからその他の名は、すべて部分的な名前ということになる。

「アッラー」という綜合的神名がいわば内部分裂して部分的神名になる。この内部分裂の過程が二つの対立する方向をとり、その結果、神名がジャマール系とジャラール系に分かれるということは、このあいだご説明したとおりです。『コーラン』を読む目的のためには、あの程度のことがおわかりいただければ、それで充分だと思いますので、これ以上この問題は追求いたしません。ただ、ここでご注意願いたいのは、神名にかぎらず一般に、ものの名前が、『コーラン』的コンテクストにおいては、重要な存在論的関わりをもっているということです。

イスラームばかりではなくて、広く『旧約』なども含めて、セム民族的な宗教感覚では

——古代社会では、どこでもそうかも知れませんが——名があるということは存在するということなのです。何かが特定の名をもっているということは、そのものが存在するということ。従って、ものの名を知ることは、そのものを自由に処理する力をもつことです。だからこそ、みんな名前をできるだけ隠すのですね。名前を知られたら大変なことになる。

とにかく、名があるということは、存在するということ。逆にいうと、名前がないものは存在しない。そういう存在論的な重みが名前にはあるのです。だから、また、ある人があるものの名前を知ってしまったが最後、その人はその名ざされたものの支配者になるのです。テクストをご覧下さい。岩波文庫『コーラン』第二章、第二八節。

さてお前（ムハンマド）の主《しゅ》（アッラー）が天使らに向って「わしは今から地上に（わが経綸《けいりん》の）代理者（アダムのこと）を設置しようと思う」と告げ給うた時、一同（それに抗議して）言った、「地上に悪をはたらき、流血の災《わざわい》を惹き起すような者を汝はわざわざ作り給うのか。我らがこうして汝の讃美を声高らかに唱《とな》え、汝を聖なるかな聖なるかなと讃えまつっておりますのに」と。（アッラーはそれに）答えて言い給うに、「まことに、わしは汝らの知らぬことをも知っておる」と。かくて（アッラーは、ひそかに）アーダム（人間の始祖アダム）にすべてのものの名前を教えた後に、それらのものを天使らに示し、「さあ汝らこれらのものの名前をわしに言って見よ、もし汝らの言葉が嘘でないならば、」と言い給うた。天使たちは「ああ勿体《もったい》ない、畏れおおい。我らはもともと汝が教えて下さったものだけしか存じませぬ。まことに汝こそは至高の智者、至高の賢者にまします」と言うばかり。（この様子を見給うてアッラーは）「これ、アーダム、あの者ども（天使たちを指す）にものの名前を教えてやるがよい」と言い給う。そこで彼がみなにものの名前を教えてやると、（アッラーは）言い給うた、「どうじゃ、わしの言った通りではないか。わしは天と地の秘儀に通暁《つうぎょう》し、汝らが外にあらわすことでも、隠しておることでも、何でもみな知っておる、と。」

著しく物語的な一節ですが、これがイスラーム思想史的には非常に重要な個所なのです。聖典における物語性の意義については、後で別の主題としてお話しします。

さて、この物語は、天地創造の昔に遡ります。天地および天使たちは既に創造されたけれども、まだ人間は創られていなかった遠い昔のこと。いよいよ人類を創造しようと心を決められた時、アッラーは天使らに向かって、こう言われた、「わしは今から地上にわが代理者を設置しようと思う」と。具体的には、人類の始祖アダム（アラビア語ではアーダム）のことですが、それを神はここで「わが代理者」と呼んでいる。要するに、人間は地上における神の「代理者」（khalīfah）として始めから構想されているのです。神の地上経綸の代理者、人間。そこにイスラームの政治思想の源がある。しかし、この問題は我々が現に論じていることと直接関係がありませんので、ここでは素通りすることにいたしましょう。とにかく、神がそういう意図を洩らされると、天使たちが一斉に抗議したというのですね。神よ、そんなことをどうして思いつかれたのですか。人間というものは、一旦創られたら、どこまでも「地上に悪をはたらき、流血の災を惹き起すような」やつではありませんか。（さすがに天使は先見の明があった、といいましょうか。）そんな悪いものを、神よ、「汝はわざわざ創り給うのか。」

我ら天使だけでたくさんではないですか、こうやって我らが、不断に「汝の讚美を声高らかに唱えておりますものを」と。

だが、アッラーは天使らのこの抗議には耳をかさず、アダムを創り給うた。（ついでですが、人間は泥から創られた。聖書と同じです。これに反して天使は火を材料にして創られた、といわれています。イスラームの神話です。）そして、創り出されたそのアーダムに神がしたいちばん重要なことは何であったかというと、あらゆる事物の名前を教えることだったのです。ものの名を知っている、ものを名で呼ぶことができる、つまり言語をもっている、それを『コーラン』は人間の本質として認めた、ということになりましょう。

「アッラーはアーダムにすべてのものの名前を教えた」と。そのあとで神様は天使らに向かって、お前たち、そんな偉そうな口をきいているが、もし本当にそれほど偉いのなら、ものの名前を言ってみるがよい、と言われた。そうしたら、天使たちは、もうそれだけで参ってしまった。そりゃそうでしょう、アダムだけにそっと耳うちして教えたんですから、天使たちは知りっこない。それで兜をぬいでしまった。それを見て、アッラーはアダムに向かって、あの連中に「ものの名前を教えてやるがよい」、そういってアダム、つまり人間を天使よりも一段上に上げてくださったという。ですから、イスラームの思想では、人間のほうが天使より、少くともこの一点において、一段位が高いのです。

この人間創造説話の主眼点は、ものの名を知ることの大事さです。神はアダムだけに、つまり人間だけに、あらゆる事物の名前を教えた。人間だけがすべてのものの名前を知っている存在者なのですね。天使ですら、人間から教えてもらって、やっとものの名前を知るに至った、という。それは、要するに、人間だけが、天地間の一切の事物を神に代わって支配し得る存在である、ということであって、これこそ、人間が「神の代理者」である所以なのです。

以上のように考えてみますと、単純素朴で、一見子供っぽくも思われかねない『コーラン』の人間創造説話が、実は、一つの重大な言語哲学的思想の萌芽を含んでいることがわかります。ものに名前があるということは、ものが存在するということ――それがこの思想の中心軸です。いかなるものも、名づけられてはじめて存在する。名のないものは存在しないと同じ。『コーラン』だけの考え方ではありません。例えば古代バビロニアの宇宙創造神話のなかでも、天地創造以前というかわりに、「天地がまだ名づけられていなかった頃」という表現が使われています。「天地がまだ名づけられていなかった頃」、すなわち天地が創造される以前ということなのです。明らかに、「名づけられる」ということと「創造」ということが同義的になっている。セム人の世界では一般にそうです。

「神の Fiat」というのを皆様ご存知でしょう。ラテン語の Fiat――「あれかし」「あれ」。『旧約聖書』の「創世記」以来、世に有名な表現です。「神、光あれといえば光ありき」。「光あれ」、「光あれかし」、それが Fiat ですね。つまり、名を与えられれば、直ちにそのものが存在するのです。これとまったく同じ考え方が『コーラン』にもはっきり認められます。

第一六章、第四二節。

我ら(神の自称)何事かを欲するときは、ただ一言、これに「在《あ》れ」と言いさえすれば、忽ちそれは在る。

神がただ一言「在れ」(kun)と言えば、そのとおりに在る。つまり、名前を与えればそのものは存在界に入ってくる。神のコトバの創造力、『コーラン』では非常に大切な思想です。神の kun、すなわち Fiat ——「あれかし」——というコトバによって存在を引き起こすという思想から、存在世界の動向を決定する神の自由意志という考えが出てくるのです。

この調子でやっていきますと、神学に深入りしてしまいそうですから、あまり詳しいことはお話ししませんが、運命主義という世界観、あるいは人生観、がある。世にいう fatalism、盲目的運命主義。何が起こり、何がどうなっていくか、すべてははじめから、自然の本性そのものによって決定されていて、人間がどんなにあがいてもどうなるものでもない。そういうニヒリスティックな考え方がありますね。もう何がどうやっても動かしようがない、運命ですべてが決まっているのだというのです。この考え方は、イスラーム以前の古代アラビア——これを普通、歴史家は「ジャーヒリーヤ」(jāhilīyah)期、つまり「無道時代」と呼んでいるのですが——では支配的な哲学だったのです。これを「ダフル」(dahr)信仰といいます。イスラームが起こる前のアラビア砂漠の人々の大部分を支配していた強固な、古い世界観です。「ダフル」は無道時代の詩にたくさん出てきまして、ほとんど人格化されています。人格化されてはいるが、機械的にしか働かない運命です。これは鉄のような規定性をもっていて、絶対にその動きを変えることができない。『コーラン』にも反映しています。第四五章、第二三節。

「どうせこの世は一生かぎり。生きて死ぬ、ただそれだけのこと。『時』がわしらを滅ぼすまでのこと」などと彼らは言う。実は、なにもわかってはおらぬ。ただ当てずっぽうを言っているだけ。

ここで「彼ら」というのは、頑強にイスラームに抵抗して、どうしてもアッラーを信じようとはしない人々のこと。彼らのこのような反イスラーム的態度には、また彼らなりの言い分があるのです。「どうせこの世は一生かぎりだ。生きて死ぬ、ただそれだけのこと。『時』がわしらを滅ぼすまでのこと」というのがそれです。ここに「時」と訳してあります dahr は、たしかに一種の「時」には違いありませんが、しかし単なる時間という意味ではない。運命的な時です。運命的にすべてを決定し、すべてを窮極的には破壊してしまう「時」です。イスラーム以前のアラブだけではなくて、古代セム人一般の民衆的信仰がそうだったのです。

ところが、これに対してメソポタミアにセム人が侵入してくる以前に、シュメール(スメル)人と呼ばれる一民族が強大な文化を作っておりました。世にいう、古代メソポタミアのシュメール文化です。このシュメール文化を特徴づける一つの重要な思想は、今お話した機械的運命主義に反対だったことです。つまり、運命ですべてがはじめから決定されているのではなくて、神の創造的な力というものがある。神のこの創造的エネルギーが凝集し、コトバになって発現すると、それが何でも自由に動かせる、存在しないものも存在にもたらせるし、ある方向に決まっているように見えるものを、すきな方向に変えることもできる、という考え方です。だから、シュメール人のあいだでは、コトバの力というものが非常に大事になってくる。

もともと、こうした考え方はセム的ではないのですが、それがアブラハムを通じてイスラエルに入ってくる。なんだか大変大ざっぱな言い方で恐縮ですが、大筋をいえばそんなところだと思います。そうすると、いままでとぜんぜん違う、異質の、非セム的な考えがセム人の世界に入ってくるわけです。運命が事物事象の動向を機械的に決めているのではなくて、宇宙は神のコトバによって自由に動かされるものだ、という考え方です。神の創造性、しかもそれがコトバを通じて発揮される。この思想をアラブのあいだで代表しているのが預言者ムハンマド、それを表面に押し出しているのが『コーラン』なのです。つまり、運命ではなくて神の意志、自由。ものが創造され、創造されたものがどんなふうに存在し、進展していくか、すべて神の意志によるものであって、運命ではない。ここで新しい宗教的世界が開けるのです。イスラームは、だから、この点ではアブラハム的な宗教系統に属します。

アブラハム的な宗教系統については、これからもお話するつもりですが、ここで是非注意しておかなくてはならないことは、この宗教が神のコトバによる創造ということを考えたということなのです。神のコトバによる創造。神が「光あれ」といえば「光ありき」という思想。これが、つまり、神の意志による存在の自由創造。そして自由変更という思想のもとになる。これはイスラーム的な思想の根本です。

それにしても、なぜ私がこんなことを長々とお話したのかと申しますと、ただただコトバの重要性、ものの名を知り、ものの名を呼ぶことの重大さを皆様にわかっていただきたいからなのです。もう何遍も繰り返したことですが、ものを名づけることはものを存在させるということであり、ものの名を知るということは、そのものを支配してそれを自由に動かせるということです。神の名を知り、神の名を口にすることの、いかに重大なことであるか、これでよくおわかりになりましょう。「慈悲ふかく慈愛あまねきアッラーの名にかけて」という誓言の意義も、以上のように考えてはじめて正しく了解できるのです。

6　存在、すなわち讃美

神の名ということに、ずいぶん時間をかけてしまいました。先に進むことにいたしましょう。

讃えあれ、アッラー、万世《よろずよ》の主
al-ḥamd^{u} li-Allāh^{i} rabb^{i} al-ʻālamīn (a)

このあいだは、この一句の最初の部分を読み始めたのでした。そして al-ḥamd^{u} li-Allāh^{i} が、正確には、「アッラーに讃えあれ」という祈願文ではなくて、「(まことの)讃美はすべてアッラーに帰属するものである」という叙述文であるということもお話しました。

さっき、少し読みましたが、もう一度テキストをお開きください。第五九章、第二四節。

これぞこれアッラー、万有を創造し、創始し、形成するお方。あらゆる最高の美名を一身に集め給う。天にあるもの、地にあるもの、すべて声たからかに讃美し奉る。ああ限りなく偉大、限りなく賢い御神よ。

「天にあるもの、地にあるもの、すべて声たからかに讃美し奉る」という。これが ḥamd^{u} なのです。あらゆるものが讃美している。「あらゆる最高の美名を一身に集め給う」アッラーを。さきほど詳しくご説明した「綜合的な名」として、アッラーがここに出てきます。それにすぐ続いて「讃美」という語。名と讃美、この結び付きが意味深長なのです。今まで申し上げてきたことでおわかりになると思いますが。神の名とは、姿を現わした神です。姿を現わした神に対して讃美を捧げるのです。

ところで、このあいだ、「讃美は本来的に神のものである」という叙述文に、大別して二つの主な意味がある、と申しました。本当の意味での称讃、讃えはただ神だけのもの、神だけが真の称讃に値する。ほかのものは褒めるに値しない、神だけを褒めるべきだ、というのが一つの意味。もう一つの意味は、それとは違って、称讃はすべて神のもの、つまり、人が何を褒めようと、それは、結局、神を褒めていることになるのだ、ということ。この第二の意味は次の章句にはっきり出ています。第六四章、第一節。

天にあるもの、地にあるもの、みな声たからかにアッラーを讃えまつる。一切を統べ治め、(天地の)讃美を一身に集め給う御神よ。

「天地(のあらゆるもの)の讃美を一身に集め給う御神」、つまり、どんなものが、どんなところで、何をどんなふうに讃美しようと、それが全部神のところへいってしまう、ということです。この考え方は、後世、イスラームのプラトニズムに結びつきます。特にペルシア(イラン)で。

　絶世の美女がここにいる。一人の男が夢中になって恋し、憧れている。つまり彼女の美しさを讃えている。だが、本当はその女性を讃えているのではない。美しいその女の人を通じて美そのものを讃えているのだ、というプラトニズム。ペルシアの文学によく出てくるテーマです。すべて世の中にある美、美しいもの、それが透き通しになって、その向こうに本当の、永遠の美のイデアが見えてくる。そして窮極的には、この美の理念が神と一致してしまう。イスラーム的に言えば、すべての美しいものの奥底に神が見えてくるのです。美の権化であるような神の姿が。そういうふうにだんだん進んでいく。すべての部分的な、相対的な美を通じて絶対的な美を観想するという『饗宴』篇のプラトニズムです。それが『コーラン』のこの al-ḥamd^{u} li-Allāh^{i} という言葉にも出ていると見ることは、決して解釈の行き過ぎではないと思います。

　いずれにしても、本当の意味での称讃というものは神だけのものであるということと、もう一つは、何を、どこで、誰が、どんなふうに称讃しようとも、称讃に値するものを称讃しているのであるかぎり、それはそのものを称讃しているのではなくて、実は神を称讃し、神を崇めているのだ、ということなのでして、これはイスラーム哲学的に考えると、一切の事物は存在することそれ自体によって神を讃美しているという考え方になる。そこまでは『コーラン』では明言していないけれど、『コーラン』の解釈学としてのイスラーム思想では、どうしてもそういうことになるのです。一切の事物は存在するそのことによって、ただそこにあるということによって、神を讃美しているのである、と。

『コーラン』第五九章、第一節。

天にあるもの、地にあるもの、声たからかにアッラーに讃美の謳《うた》を捧げまつる。ああ、全能全知の御神よ。

さっき読んだのと同じことですが、こういう意味の章句が、『コーラン』のなかには無数に繰り返されております。

第一七章、第四六節。

七つの天も大地も、またそこに在《あ》る一切のものも、ひたすらに讃美の声を揚げている。いかなるものといえども、その栄光を讃美せぬはない。ただお前たちにはそういう讃美の意味がわからないだけのこと。

これは皮肉といえば皮肉にも聞えますが、普通の人間には、一切の存在者が存在することによって神を讃美しているのだということがわからない、わからない者はもう仕方がない。しかし、わかってもわからなくても、本当は神の栄光を讃美せぬものはないのだ、ということです。

第五七章、第一―三節。

天にあるもの、地にあるもの、すべて声たからかにアッラーを讃えまつる。ああその力限りなくその智限りなき御神よ。

天と地を統べ治め、(万物に)生を与え、死を与え給う。ああ全能の御神よ。

彼(アッラー)こそは最初なるもの、最後なるもの。外なるもの、内なるもの。ああ全知なる御神よ。

ありとあらゆるものが神を讃えている。もちろん天使も讃えている。天使の例はあまりたくさんありますから、いちいち挙げるまでもないほどですが、ここではほんの見本として一つだけ。第四〇章、第七節。

玉座を担《にな》う(天使)たち、玉座を取り巻く(天使)たちは、みな声そろえて主の栄光を讃え、心から主を信じ、かつ信者らのために罪の赦しを請う。

讃美は、第一次的には内的態度であり、それのいちばん直接の外的表現が「声をあげる」ことなのですが、身体的な表現形態としては「跪《ひざまず》く《サラート》」動作を第一に置く。この身体的讃美動作が典礼化されて、あの誰でも知っている礼拝の特徴的な形態となるのです。

第二二章、第一八節。

汝(ムハンマド)は気がつかなかったか、アッラーにたいし奉って、天にあるもの、地に

あるもの、太陽も月も星々も、山々も樹木も動物も、みなあのように御前《ごぜん》に跪いている
ことを。

人間はもとより、生あるもの、生なきもの、すべてが神の御前に跪く。跪くことによって神を讃美している。では、なぜ跪くことによって讃美を表わすのか。イスラームの特徴的な考えがここによく現われているのでして、すべてのものは神の下僕であるということの象徴的表現として跪く。跪くことが、内的な神讃美の象徴形態なのです。日々五回の正規の礼拝で、イスラーム教徒の大群集が地面に跪いている、異様に印象鮮烈な光景を映像でご覧になったことがおありだと思います。勿論、跪く行為には、宗教的にいろいろな意味がありますが、『コーラン』的に考えた場合、それの第一義は神を讃えるということなのです。

しかし、跪く行為だけが讃美の表現形態じゃない。本当は、誰が何をしても、何をどのようにやっても、人間が、あるいはもっと一般的に事物が自然に動いているかぎり、いや、ただ存在しているだけで、神を讃美している。それが『コーラン』の考え方です。だから、あらゆるものが、それぞれのやり方で、アッラーを讃美しているということになる。

第二四章、第四一節。

汝(ムハンマド)気がつかなかったか、天にあるもの地にあるもの、羽を張って飛ぶ鳥たちまで、あれ、あのようにアッラーを讃えまつっていることを。みんなそれぞれに、(アッラー)に祈り、(アッラー)を讃えるすべを心得ている。

空を飛ぶ鳥にとっては、飛ぶことが、すなわち、神讃美の形なのです。ちょうど人間にとっ

て跪く動作がそれであったように。こうして、宇宙にあるすべてのものが、それぞれ己れ独特のやり方で神を讃美している。象徴的には、すべてのものが「讃美の声をあげている」といってもいい。別に本当に声を出さなくともかまわない。あらゆるもの、生あるもの、生なきもの、すべての「声」がたからかに響きわたっている。宇宙をどよもす万物の神讃美の声。これは『コーラン』の基本的な存在感覚です。『コーラン』を読む信仰厚いイスラーム教徒の意識のなか、彼らの意識空間のなかでは、常住不断に神への讃美の声が響いているのです。

こういう『コーラン』の世界像はドストエフスキー的な世界を憶わせます。あのスラヴ的な熱狂的神讃美、それがまた『コーラン』の世界でもあるのです。イスラーム教徒の宗教意識は神讃美の意識。そして彼らの宗教的実存の世界は神の讃美の世界。しかも、その讃美たるや、まことに熱狂的な、まさにドストエフスキーに見られるような、熱狂的な神の讃美「ホザナ！」なのです。

『コーラン』を根本的に特徴づける存在感覚の一つの重要な要素として、存在即讃美ということがある。これは『コーラン』の宗教性なるものの本質構造を理解する上で非常に大切なことです。あらゆるものが、天にあるもの、地にあるもの、すべてがただそこにあるということで神を讃美している、という。この存在感覚は、『旧約聖書』、わけても「詩篇」の世界にも充満しております。例えば、「詩篇」第六六篇の次の一節。（昔の訳ですから、少し言葉つきは古いですけれど。）

全地よ、神にむかいて歓《よろこ》びよばわれ。その名《みな》の栄光をうたえ、その頌美《ほまれ》をさかえしめよ。

……全地は汝を拝みて、うたい、名《みな》をほめうたわん。

これはまるで『コーラン』そのままじゃないですか。「全地」、すなわち、地上に存在するあらゆるものが神を「ほめうたって」いる。さきほども申しましたように、それは本当に声を出しているということではありません。現実に声を出していても、いなくても、存在するということ自体が、象徴的には、神を「ほめうたって」いることになるのです。

ですから、『コーラン』の存在感覚によりますと、アッラーに対する人間の、あるいは全存在者の、最も優れたあり方は、いちばんよく神を讃美するような仕方で存在することです。美しくあることによって神を讃美する。善をなすこと、善であること、によって神を讃美する。すべてのものは、もともと、根源的に美しく、善く、創られているのです。だから自然のままで存在すれば、存在が即讃美になるはずです。ところが、実際の現実はそうじゃない。存在が讃美にならないような形で存在している者がいっぱいいる。己れの自然に背いているわけです。それが『コーラン』の考える根源的悪です。そしてこの根源的悪は、全存在世界のなかで、悪魔と人間だけに特有の性質です。なぜそんなことになるのでしょう。

元来、イスラームの世界観は、さっき言いましたように、非常にドストエフスキー的であって、神、創造主に対する讃美の感覚に満ち満ちた世界です。何を見、何を聞いても神を讃美する。存在すること、自分がここにあること、がそのまま神讃美になりきるところまで行く。イスラームは徹底的に神讃美の宗教だ、と私はさっき申しました。しかし、この意味で、全宇宙のあらゆるものが、存在することによって神を讃美していることは事実ではあるけれども、人間の場合には、自分が神を讃美しているということ、そしてなぜ讃美するのかということも、ちゃんと意識している。人間以外の存在者は、(天使と悪魔は別として)現に神を讃美していながらそのことを知らない。意識していない。ただ存在しているかぎり、神を讃美せざるをえないだけのこと。天使は、ほかの生物や無生物とは違ってたしかに意識はしているけれども、その神讃美は彼らの自由意志によるものではない。つまり、彼らは己れの本性に強制されて讃美している。存在することが即讃美である以上、天使といえども存在するかぎり、いやでも応でも神を讃美せざるをえない、というわけです。天使のような高位の存在者にしてそのとおりであるとするならば、その他一切のもの、動物、鳥獣、事物などに至ってはなおのことです。

ところが、ひとり人間だけが、己れが神を讃美しているということを知っており、なぜ讃美するか知っているばかりでなくて、――それだけなら、天使も同じことです――讃美しないこともできるのです。原則からいえば、存在している以上、どうしても神を讃美せざるをえないはずなのに、存在しておりながらしかも讃美しないということがあり得る。人間は、この点で、深刻に矛盾的存在なのです。『コーラン』は人間をこのように見ている。これも、実にドストエフスキー的です。存在即讃美なのですから、人間は他の生物たちと同じく、本来、神を讃美するようにできているのだけれども、それをあえて拒否することができる。ここから人間における自由意志の、祝福と悲劇とが同時に起こってきます。ですから、信仰するというのは、イスラーム的にいうと、神が本当に心から、自由意志で讃美できるということです。が、その同じ自由意志で、人は讃美を拒否し、そうすることによって、無信仰、反宗教、反信仰にはしることもできるのです。

こうして、神讃美のコンテクストから、いろいろなものが『コーラン』の世界に生起してきます。つまり、神讃美の場としての『コーラン』の世界は、内的に複雑に屈曲した構造をもつに至るのです。この基本構造のなかで、イスラーム思想、イスラーム文化、宗教としてのイスラーム、信仰としてのイスラームは様々に色づけられていきます。

今、私は『コーラン』は神讃美の理解の仕方において、著しくドストエフスキー的だと申しました。特に、人間が讃美を拒否できる世界であるという点で。けれど、『コーラン』にはドストエフスキーと違うところが一つあります。どういうことかといいますと、『コーラン』の場合には、地獄に落ちた連中は、もはや神を讃美することができないということです。奈落の底から神を讃美する。悪人が、極悪非道の人間が、地獄のまっただなかに落ちても、炎々たる劫火の中からまだ神に向かって手をさし伸べ、神を讃美するという、実にしつこい讃美ですね。ドストエフスキー的人間の、それが特徴です。ところが、『コーラン』にはそういうことはない。地獄に落ちた人間はもうおしまいです。ぜんぜん讃美する手はなくなってしまう。天国に行ったものだけが、心ゆくまで神を讃美する。地獄に落ちた者は神を讃美できない。それほどまでに徹底的に呪われてしまうのです。それがドストエフスキー的な信仰の世界との相違点です。私はここで、ドストエフスキー論をやるつもりはぜんぜんないから、これ以上は申しませんけれど、それがどんなに実存哲学的に深い意味のあることか、皆様にもおわかりになると思います。とにかく『コーラン』は、神讃美としての信仰をそこまでもっていってはいない。これは信仰の深浅の問題ではなくて、見方が違うのです。『コーラン』の見方では、地獄・天国、善・悪がはっきり分かれてしまう。神を讃美するかしないか、讃美できるかできないかということで、それが決まるのです。それほど讃美というものが大事なのです。

これは、今までイスラームの宗教性を論じた人々の見落としてきた非常に重要なことではないかと私は思います。存在が即讃美であること、しかもそれにも拘らず人間には讃美を拒否する自由があるということ、そして最後に、地獄に落ちた人はもはや絶対に讃美する能力を取り戻すことができないということ、これが『コーラン』的宗教の一つの中心点です。それを見落とすと、宗教としてのイスラームの性格を深く理解することができない。そう私は思います。

7　神の生ける徴《しるし》

では、自由意志によって讃美を拒否できる人間が、あえて己れの実存的決断によって神を讃美する、その根拠はどこにあるのか。それは、『コーラン』的世界像においては、一切の存在者、一切の事物が神の「徴《しるし》」だからです。原語では「アーヤ」(āyah、複数 āyāt)。「アーヤ」とは、「しるし」とか「記号」とかいう意味。一切の事物が『コーラン』的な世界観においては、生ける神の「しるし」として、深い象徴性を帯びてくるのです。

この「しるし」という考えは、実は、イスラームだけではなくて、イスラエル人にも、それからその他のセム民族にも通じる一つの大きな特徴です。日本でも、よく証拠とか、証拠固めとか何とか申しますが、それは特殊な場合であって、何でもかでも「しるし」を求めるわけではない。ところが、セム人は「しるし」を求める。それがセム人の一つの特徴といわれています。

但し、普通のセム人の場合、「しるし」といいますと、それは奇蹟のことです。つまり日常どこでも見かけるような平凡な事物は「しるし」ではないのです。例えば、花が咲いている、そんなのは「しるし」ではない。ただ、ありきたりの花が咲いているだけでは「しるし」にはならない。世にも不思議な花が不思議な形で咲いてはじめて「しるし」としての価値をもつ。「しるし」とは要するに超自然的出来事、奇蹟、のことなのです。

奇蹟を求める心。キリスト教の方はご存知でしょう、「邪しまなる世は徴《しるし》を求む」とイエス・キリストが嘆いているのを。奇蹟を見なければ、信じられない。奇蹟を見せてくれれば信じよう、という。極めてセム的なメンタリティです。

「邪しまなる世は徴しを求める」、邪曲な人々は奇蹟を求めてやまない。『コーラン』も同じようなことを言っています。これがセム人全般に共通の特徴的な性向であるとすれば、当然のことですが、事実、イスラームがアラビアに起こった時、預言者ムハンマドの喚びかけに接したアラブたちは、新宗教受諾の第一条件として、先ず「しるし」を求めたのでした。奇蹟を見せてくれ、そうすれば、お前のコトバを信じよう、といったわけです。イスラームの逢着した、それがそもそも最初の大難関であったのです。

ムハンマドと奇蹟。同じ神の預言者でも、モーセとイエス・キリストについては、『コーラン』は奇蹟をおおっぴらに認めています。モーセとイエス・キリストは奇蹟を行った預言者なのです。前にも一度申しましたが、『コーラン』ではキリストは神でもないし「神の子」でもない。ただの預言者です。この点ではムハンマドとまったく同資格の一個の人間。ただ、その顕著な特徴は、奇蹟を行うことができた預言者である、ということです。モーセもそうです。

ところが、ムハンマド自身は奇蹟を行うことはしなかった。できないとは彼は言いませんでした。けれど、彼は奇蹟は行わなかった。誰が何といっても頑として奇蹟を示そうとはしなかった。そこなんです、敵対者たちが彼を攻めたてたのは。やってみろ、できやしないんだ。できるなら、ここで一つ奇蹟を見せるがいい、そうしたら信じてやる、と。こういうわけです。ムハンマドにとっては、これは相当に痛かったに違いありません。

『コーラン』第二〇章、第一三三節。

「(もしムハンマドが本当に、彼の言うように預言者であるのなら、)なぜ彼は神様のお手元からお徴《しるし》を戴いて来ないんだろ」などとみなが言っている。なんたることか、あれほどはっきりしたお徴が以前の啓典（『旧約聖書』、『新約聖書』など）の中に現われているのに。ちょっと困ったようにも響く、あいまいな返事ですね。とにかく、ムハンマドが預言者であることを否定しようとする批判者たちが、さかんにこうやって彼を攻めたてる。「徴」を示さない——示すことができない——ということで、ムハンマドは猛烈に非難される。これに対して、ムハンマドはどうしたかといいますと、「徴《しるし》」(āyah)という語の意味を変えたのです。ムハンマドが、というより、『コーラン』が、というべきかも知れませんが。

āyahとは、その頃のアラブの言語意識では、「奇蹟」という意味でした。しかし、『コーラン』においては、この語は奇蹟ではなくて、もっとずっと広い意味での「しるし」を意味します。シンボル、象徴的記号、と考えたらいいでしょう。「あらゆるものはシンボルである」とゲーテが言った、あの「シンボル」です。もっとも、すべてのものがシンボルだといっても、何のシンボルなのかということは、さまざまに解釈できますし、何のシンボルかということによって、「すべてのものはシンボルである」ということの意味がいろいろ変わってきます。『コーラン』の場合には、このゲーテの命題は、「すべてのものは、生ける神の実在性とその営みのしるしである」という意味に理解されます。

こうして、『コーラン』の世界観は一種の存在象徴主義になります。あらゆるものが、神の実在とその偉大な働きの暗号です。例えば、一輪の花がそこに咲いている。普通一般のセム人にとって、またムハンマドに敵対するアラブにとって、それは決して奇蹟ではない、従って「しるし」ではない。だが、ムハンマドにとっては、それこそが、「しるし」なのです。

奇蹟というふつうの概念には当たらないけれど、「しるし」ではある。神が存在し、神が生きて働いているということの「しるし」なのです。神が生きて働いているからこそ花が咲く。花が咲くのを見たら、そこに神の営みを見なくてはいけない、というのがムハンマドの立場なのです。つまり、そういう意味に、「しるし」という語を理解するわけでして、これが『コーラン』の、また非常に重要な思想の一つになっていきます。

『コーラン』第四一章、第五三節。

我ら(神的一人称)はあの者どもに我らの徴《しるし》を見せてやろうぞ、遠い空の彼方にも、彼ら自身の中にも。

これは大変有名なコトバで、あらゆるところに引用されています。遠い地平線の彼方にも、そして人間の内部にも、あらゆるところに神の「アーヤ」を見せてやろう。つまり、一切のものは神の「しるし」だ、ということ。もし奇蹟と呼びたいなら、それが奇蹟だ、というのです。

同じく第五一章、第二〇―二一節。

確乎たる信仰もった人々には、この地上にさまざまな徴がある。それからお前たち自身の中にも。お前たち、それが見えないのか。

「お前たち自身の中にも」という。これは昔の註釈書にいろいろに解釈されています。体の中、人間の内部、いったい何を意味しているのか。体の中の腸だとか、胃だとか、肺だとか、そういう器官だという人もいますし、心の中の動きだという人もいる。どっちにとってもいいと思います。要するに、人間の内外にしるしが満ち満ちている、ということです。人間の生きている世界は神の無数の「しるし」からなっている。何の「しるし」かというと、生ける神がその裏で働いているという「しるし」なのです。だからこそ、讃美するだけの価値がある。というより、讃美しなければならないのです。

「徴《アーヤ》」は『コーラン』の意味論的構造を左右する決定的に重要なコトバ、いわゆる鍵言葉《キー・ワード》であって、これについては、まだいろいろお話すべきことが残っています。しかしお喋りしているうちに、もう時間が来てしまいました。この続きは次回に廻すことにしましょう。

第四講　神の創造と審き

このあいだから神の讃美ということをお話ししているのですが、この調子でいったら、この第一章みたいに短い文でもいつ終わるかわからないと心配なさる方もいらっしゃるだろうと思います。しかし、見方によっては、はじめに申しましたように、預言者ムハンマド自身が、『コーラン』全部ここに凝集されている、いや『コーラン』だけではなくて、世に伝わる啓示の書物一切のエッセンスがここに入っているのだと言っているのですから、仕方ない。それに、表面的な意味だけなら読めばすぐ誰でもわかるようなこんな簡単で短い数個の文章を深く読んでいくということも、ひとつの読むことの練習じゃないでしょうか。どこまでいけるかわかりませんが、ともかくもこの「開扉」の章を、このまま読み続けてまいりたいと思います。

そこで、まだ依然として、第一節の「讃えあれ、アッラー、万世の主」al-ḥamd^{u} li-Allāh^{i} rabb^{i} al ʻālamīn$^{(a)}$というところに停滞しております。

8　イスラームの人間観

このあいだお話ししました、宗教的世界としての『コーラン』の世界は、全体的に神讃美の世界だと。天地に万物の神を讃える声が高まる、全宇宙が神讃美の声に鳴り響く。あらゆるものが、例外なしに、絶えまなく神を褒めたたえている。どういうことかというと、万物がそこにある、すなわち存在する、というまさにそのことによって神を讃えている。つまり存在すなわち神の讃美なのであるということを、私は前回お話しました。

存在即神の讃美という、この考え方が『コーラン』を理解するうえに非常に大事なことなのです。存在というものにたいする、これはきわめて『コーラン』的なアプローチです。これとは逆のアプローチもないわけではない。それについてはこれからあとで詳しくお話いたしますが、『コーラン』は、第一次的には明るい面から世界にアプローチしようとしている。存在することが、すなわち神を讃美することである、という根源的な存在感覚がそういう形で表現されるのです。では、なぜ存在することが神を讃美するかというと、なによりもまず、何かが存在するということは、それが神に創造されたということだからであって、それゆえに、すべての存在者は己れの存在の事実そのものによって神の創造の業を讃えることになるのです。そしてそれはさらに、神の創造行為の底にある神の意図を讃えることでもある。

こうして、このあいだ読んだテキストにもはっきり出ていますように、存在するだけで、それがもうそのまま神を讃美することなのですから、逆にいえば、神を讃えていない存在者というようなものはあり得ない。ありとあらゆるものが、例外なしに、神を讃えている、存在するかぎり。ところが、一つだけ特殊な存在者がそこにある、それが人間です。本当は人間だけではなくて、サタンもそうなのですけれども、サタンのことはあとまわしにして、人間だけが例外だということにしておきましょう。

どこがそんなに変わっているのかというと、人間には自意識なるものがある。だから、神を讃えたにしても、人間は意識的に神を讃える。これに反して、ほかのものは無意識的に、つまり讃美していることを意識しないで讃美している。言い換えれば、結局、ただ存在しているということです。人間以外のものは、すべてそのまま存在している、自然にそこにある。投げ出されて、そこに転っているみたいなものです。ただ存在しているだけなんだけれども、存在することがすなわち讃美することだから、讃美しているのですね。なぜ神を讃美するのかとか、現に自分は神を讃美しつつあるのだとか、讃美しなければならないのだ、などという自覚はまったくなしに、ただそこにある。ただそこにあることによって、自然に神を讃美しているということなのです。ところが人間だけは自意識をもっていて、同じく神を讃美するにしても、それを自分で意識している、あるいは、少くとも、意識することができる。『コーラン』では意識なんてコトバは使っていませんけれど、この考えが全篇を通じて働いている。そして、それが『コーラン』の思想の非常に大切なポイントになってくるのです。

現代の——といっても、もう少し古くさくなりましたけれど——サルトルの哲学、ご存知でしょう。彼の実存主義的存在論の基底にある「即自《アン・ソワ》」、「対自《プル・ソワ》」の区別。今でこそこんなのは誰でも知っていて、ちっとも珍しくありませんが、私ども古い人間は戦後はじめてサルトルが輸入されて読んだ時、感激したものです、これは面白いと思って。プル・ソワは対自存在、アン・ソワは即自存在。人間だけがプル・ソワ、対自であって、すべて他のものは即自だ、という。即自的に存在している。ただあるだけ。

ところが、対自となると、内部的構造そのもののなかに対立がある。自分のなかに弁証法を抱いているというか、自分の内面に亀裂があり、自分と自分のあいだに隔たりがあって、そこに空白ができている。空虚があるために意識というものが出てくる。ほかの事物は、もうべったりなのですね。なかが詰まっている。例えば、木なら木というものは、もうべったり詰まっていて、内部に隙間がない。勿論、存在論的にです。物理的には隙間があるかも知れませんが、存在論的に隙間がない、べったりなのです。ですから意識なんてものが出てくる空間が自分のなかにないのです。ところがプル・ソワ、つまり人間、の場合には距離がある。自分のなかに空白地帯がある。空虚、すなわち無があるから、そこで自分を意識する。

そうなると、『コーラン』で考えてみると、存在そのものが、すべてただちに、そのまま神讃美だというけれども、それはアン・ソワ、即自態の存在者にだけ当てはまるのであって、プル・ソワには当てはまらない。プル・ソワ、対自的な存在、自分を意識している存在、自分のなかに無を抱き、自分と自分とのあいだに割れ目があるようなひねくれものにおいては、存在即讃美ではないのです。存在するだけでなくて、その上に何かしなければならない。

アン・ソワとは、要するに人間以外の一切の事物のことですが、『コーラン』の場合には、この意味での一切の事物というもののなかには、面白いことに天使も入るのです。天使たちも、木や石や山なんかと同じように、その意味ではアン・ソワなのです。天使の内部構造には実存的亀裂がない。天使も自意識をもってはいないのです、『コーラン』の考え方では。

『コーラン』がはっきりそういっているわけではありませんよ、だけれども、『コーラン』を読んでみれば、そういうことになる。天使は、勿論、大変高貴な——神に近い——存在だけれど、自意識という内的分裂をもっていない点では、ものと同じです。

それはどういうことかというと、天使たちは、自分の素質、天性のそのままで存在しているということです。その枠を出られないのですね。だから、もし存在が讃美であるならば、彼らは讃美せざるをえないように存在しているのです。サルトル的にいえば実存的自由がない。あるいは自由から免れている、といったほうがいいかも知れません。

実存的自由から免れたものは幸福です。何も考えないでいい。何ごとも思い煩わず、何にも惑わず、です。ただ原初的な「無垢《イノサンス》」の世界に遊んでいる。だから、考えようによっては、この上もなく幸福なのです。アン・ソワ特有の幸福。これに反して、プル・ソワは悲劇的です。少くとも、そう無条件に幸福じゃない。自分の内部に空虚があり、自分が二つに割れていて、ひねくれていますから、自分の本性に強制されるということがない。本性が讃美であっても讃美しないでいいのです。つまり、本性に背く自由がある。

この本性に背く自由、存在即讃美というこの全存在的大原則に背く立場、それを人間よりもっと尖鋭な形で代表するものが、『コーラン』の世界では、サタンなのです。

サタン——英語のSatan(セイタン)、よく「大悪魔」とか「魔王」などと訳されている——これをアラビア語ではShaiṭān(シェイターン)といいます。序でながら、この語は綴りの上ではshaiṭānと書きますけれども、古典アラビア語の発音ではシェイと読む。シェイターンといったほうが発音が近い。発音のことはここではどうでもいいとして、とにかくこれが『コーラン』では、存在の本性に背く実存的自由のシンボルなのです。

人間も、この意味では、サタンの一族です。つまり本性に背く自由がある。だから、自然のまま、神につくられたまま、の姿でありさえすれば、もうそこに存在するだけで神を讃美することになるはずなのですが、実際はプル・ソワであるために、自然に背くことができる。自由といえば自由だし、苦しいといえば苦しいことなのです。サタン的存在の悲劇とでもいったらいいでしょうか。

要するに、人間は、そのプル・ソワ性、すなわちサタン性のおかげで、存在即讃美でないような、自然のままでない、歪んだ形で存在することを自ら選びうるのです。自分で自分の生き方を選ぶことができる。そこに人間の自由もあるし、悲劇性もある。

神を讃美することが本性でしょう。それなのに、讃美することをあえて御免蒙るのですね。それがちょっと面白い。自分だけは失礼するという。サルトル的でもあるし、それよりもっと典型的にドストエフスキー的な考え方です。『コーラン』も人間をそういうふうに見ている。

現に今、我々が読んでいる「開扉」の章の六―七節――あとでもっと詳しく読む個所ですが――「汝の御怒りを蒙る人々や、踏みまよう人々の道ではなく、汝の嘉し給う人々の道を歩ましめ給え」とあり、その前に、「願わくば我らを導いて正しき道を辿らしめ給え」とあります。ここで「正しき道」というのは、原文のアラビア語を直訳すると「まっすぐな道」

ということ。「一直線の道を辿らしめ給え」。「まっすぐな道」とは、今いったようなアン・ソワ的な生き方のことです。勿論、人間がアン・ソワであるはずはない。だから草や木や石みたいな本当のアン・ソワになりたいというわけじゃない。ただ、本来的にはプル・ソワでありながら、しかもアン・ソワ的に存在したいというのです。自意識的に自己分裂した存在、プル・ソワ、ではあるのだけれども、それをアン・ソワ的に、つまり原初的「無垢《イノサンス》」状態のなかで、イノサンスを享受しながら神を讃美したい、存在即讃美であるような形で存在したい、という。それが正しい道、まっすぐな道を辿らしめたまえ、という願いのコトバの意味するところなのです。

従って、六節と七節の「汝の御怒りを蒙る人々や、踏みまよう人々の道」というのは、曲がった道、つまり、存在即讃美でないような道なのですね。曲がった道。そういう道に私たちを陥れないで、存在即讃美であるような自然のままの、アン・ソワ的存在の道を歩ましめ給えというのがこの二節の意味なのです。

だから、ここで言われている「神の御怒りを蒙った人々や踏みまよう人々」は、神を讃美できない人たちを意味します。神を讃美できないような、曲がった不自然な形で存在している人々。さっきから使っている用語法でいえば、プル・ソワ性、対自性が、エゴという形で強烈に働いている人間です。『コーラン』的見地からすれば、プル・ソワ性そのものが悪だというわけじゃない。対自存在であればこそ「人間」なのですから。ただ、それがエゴとして固まった形で神に対して発揮される時、悪になるのです。

エゴ、自我、が暴力的な力を発揮している人々、そういう人たちは、『コーラン』によれば、エゴの小さな灯をともして、それで全世界を照らし出そうとしている人々です。『コーラン』の見方からすれば、実に惨めな人たちなのですね。ま、エゴイストといえばそれだけですけれども、普通のエゴイストというのともちょっと違うところがある。プル・ソワ的な性質が極端なところまで行ってしまった人たちなのですね。自分の本性にどうしても背かざるをえないような、ひねくれた性質をもっている。だから神に背く。そういう人間の惨めなエゴ中心的な生き方を印象ぶかい比喩で『コーラン』は描いています。例えば、第二章、第一五節。

彼ら(こういう迷った人たちのこと)は(アッラーの)御導きを売りとばして、それ(その金)で迷妄を買い込んだ人々。だが彼らもこの商売では損をした。

これは『イスラーム文化』のなかで、説明しておきましたので、ここではもういわないつもりですが、『コーラン』の一つの特徴は商人のコトバを使うということです。商人のコトバを使い商人的なものの考え方をする。『イスラーム文化』を読んでくだされぱおわかりになると思いますが、これが日本なんかでは、始めからもう間違いのもとになっているのです。『コーラン』＝ムハンマド＝イスラーム＝砂漠というわけで。砂漠といえばベドウィンでしょう。だからイスラーム研究するためにベドウィンを研究しにいく人がいるのですね。全然意味がないとか悪いとは申しませんが、ベドウィンを研究してそれでイスラームを研究しようと思ったら大間違いです。もともと、ベドウィンに反対だからこそイスラームが起こったのですから。どう反対したのかというと、商人的精神で反対したのです。商売の道、商人。だから宗教にいたるところで商売のコトバが出てくる。これは単なる比喩なんてものじゃないのです。ものの考え方そのものが商人的なのです。

今ここに引用した一節の最初に出てくる「彼ら」とは、こういう人たち、つまり、神を存在即讃美的に讃美できないような人々。神のせっかくの導きを売りとばして、そのお金で迷妄を買い込んだ連中で、これは商売としては、大変な損だというのです。目算どおりには行きはしなかった。得はできなかった、と『コーラン』、わけても後期の啓示においては、商人コトバが実に生々と働いている。ということは、すなわち商人的メンタリティーが生きている、ということです。

それはともかくとして、そういう連中の生活態度を、『コーラン』は鮮かな比喩で描いています。さっきの引用文の続きです。第二六節。

彼らを譬えてみようならば、せっかく火を点《とも》してあたりがぽッと明るくなった、と思う途端にアッラーその火を消し給えば、暗闇のなかにとり残されて目の見えぬ男のようなもの。

ロウソクに火をつけた、あるいはマッチを点した。やれありがたや、これで何とか道を迷わず行けるわいと思うと、神様がその火を消してしまう。そこで暗闇に目が見えなくなって、慌てふためく。「つんぼで、唖で、めくらだから、もうひっ返そうにも由がない」。ここで「せっかく火を点してあたりがぽッと明るくなった」というのは、エゴの認識能力のことです。つまり、プル・ソワですね。対自的存在の特徴的な在り方です。

ところで、この比喩ひとつにしても、我々現代人が受ける感じと、『コーラン』が啓示された頃のアラブの感じかたとでは、そこに大変な違いがあることに注意しなければなりません。まず、荒漠たる砂漠の夜の闇を想像していただかなければならない。荒漠たる砂漠の夜の闇――なかなかロマンチックだ、なんてお考えになっては困る。そんな詩的なものじゃないんです。闇といったって、われわれがふつう経験するものとは、それこそ段が違う闇なのですね。底知れぬ闇が際限なく続いていく。そのなかでマッチ一本すっている。そのマッチ一本の光で、つまり自分の知恵ですね、エゴの灯火、そんなもので夜の砂漠が歩けると思ったら大間違いなのです。それなのに、その火まで消されてしまう。せっかくすったマッチが消えてしまう。一寸先も見えなくなる、その恐怖。そういう感覚が、皆さんお読みになるときに出てくると、『コーラン』というのは、案外面白いもんだということになる、文学的にも。

そういう『コーラン』の面白さについても、これからいろいろ指摘してお話していこうと思っているのですが、ただ漠然と読んだのでは、面白くもないし、それにだいいち言われていることの意味が実感的に摑めない。火を消すとか、火をつけるとかいう表現にしても、砂漠の夜の闇を、せめて想像的に実感した上でないと本当には理解されません。そうやってはじめて、この比喩が言おうとしているもの、つまり人間の知性とか知恵とかいう、エゴの発出する光のいかに情ないものか、いかに頼りにならないものかがわかってくるのです。そして哲学的に言えば、それがプル・ソワの実態であることとも。

そのような人々には、神はジャマールではなくて、ジャラール系の名を通じて自己開示する。もう何遍もお話したので、耳にタコができてしまったかもしれませんが、これが非常に大事なところなのです。ジャマールは「美」、ジャラールは「威厳」とか「威勢」とか「威光」とか。この二系統の名が神にあるということは、要するに神には明暗二つの面があるということです。この前、お話しましたね、ジャマールは神の優しい明るい、おだやかな面。「慈悲」とか「愛」とか「慰め」とか、そういう柔和な面がジャマール。反対に、「罰する」「嫉妬する」「怒る」「審判する」「罪を裁く」など、そういう暗い、烈しい、恐ろしい性質がジャラール。神にたいする宗教的・倫理的態度において、迷った人、人生の砂漠で道を見失ってしまった人に向かって、神はジャラール的な面を示す。神はジャラール的な顔でそのような人間に臨む。だから、そういう人間はおっかなびっくりで砂漠を歩く。隙を狙ってちょこっと何かするというわけ。それが『コーラン』に現われる、そういう人間の表象です。これもなかなか面白い。いま読んだところの続きをちょっとごらんください。同じ個所の一八節から一九節にかけて。「また(別の言葉で譬えるなら)」という語り出し、つまり、譬え方がここで変わる。さっきのは、プル・ソワ性の惨めさの譬えでしたね。エゴを中心として廻転する知性とか、知恵とかいうものが、いかに情ないものであるか、ということ。今度のは、そこから一歩進んで、そのような人間に神がジャラール的な顔を見せる、そうするとどんなことになるか、ということが描かれてるのです。

一天にわかにかき曇って暗雲たれこめ、あたりは真の闇、雷鳴殷々ととどろき、電光閃々と輝くとき、その鳴動の激しさに、死の恐怖にかられて思わず指を両の耳につっこむ連中のようなもの。だがアッラーは不信仰者どもを全部ぐるりと取りかこんで逃げもかくれもさせはせぬ。（こんな連中はどうするかというと、）稲妻の閃きに彼らの目は危く眩まんばかり。ぱっと明るく照らすごとにちょっと歩き、暗く消えれば立留る。だがもしアッラーがその気になり給えば、彼らの耳も目も一度に奪っておしまいになるぞ。

稲妻の光が空にひらめき、一瞬足もとが明るく照らし出される。その一瞬の明るみを利用して、悪人どもはちょこっと歩く。だが、忽ち光は消え、あたりはまた闇の底に沈み、彼らは足がすくんで歩けなくなってしまう。それがこういう連中の人生のシンボリックな提示なのです。なかなかうまい形象的描写だと思います。正しい行き方なんか全然できない。隙を狙ってちょこっと何かする、それも、たいてい悪いことばかりする。そういう人たちに向かって、神はジャラール的な面、つまり憤怒相を示す。怒りの神、復讐の神です。人間が己れのエゴを頼りにして、プル・ソワ的に徹底して生きたら、すべてこんなふうにジャラール的状況のなかに陥ちこんでしまう、というのです。それを、この比喩的描写はよく表わしています。

9 『コーラン』の存在感覚

こういう哀れな人々は別として、なぜ、本来的には、存在即讃美といえるまでに、神の讃美が人間の存在そのもののなかに織り込まれているのか、つまり、なぜ自然のまま、『コーラン』に書かれてあるままに、まっすぐな道をいくならば、神を讃美せずにはいられない、あるいはいられないはずなのかというと、それは、前にもちょっと申しましたように、人間にとって一切の事物事象、この世界のあらゆるもの、この世界そのもの、自然界の動向、あらゆるものが神の「徴《しるし》」だからなのです。このあいだ書きましたね、アーヤ、āyah(複数はāyāt)。世界はアーヤートに満ちているのです。すべての存在が徴として深い象徴性を帯びて現われてくる。もっと現代的な言い方をするなら、存在世界を一つの記号体系として読む、と言ったらいいでしょう。すべてのもの、事象、事件、事態、あらゆるものが記号性をもつ世界。そして、世界をそのようなテクストとして読むことができるということは、人間だけに許された特権なのです。

当然のことながら、ここで徴とは、第一次的には神のジャマール的な側面を表わすものが多い。神のやさしさ、神の慈悲、慈愛、など。多い、というよりは、ほとんどすべてのものがそうなのです。それがプル・ソワの特権です。プル・ソワはものを意識し反省することができる。反省してみてつくづくありがたいと思う。そのありがたさの気持が讃美の声となるのですね。そういう意味で、『コーラン』の立場からすると、この世に存在しているいっさいの事物は、神の「恵み」ニアマ(ni'mah)だ、ということになる。キリスト教的にいえば恩寵とか、聖寵とかいう。神の恩寵、神の恵みなのです、いっさいのものが。第二章、第一五八—一五九節に、この意味での神の恵みの総合的な叙述がありますから、ちょっと読んでみましょうか。

　汝らの神は唯一なる神。そのほかに神は絶対にない。慈悲深く、慈愛あまねき御神。

「慈悲深く、慈愛あまねき」というのは、もう皆様おわかりのとおり、ジャマール系の神名です。続いて、

　まことに、天と地の創造の裡に、夜と昼との交替の裡に、

これがみんな徴だという。天地が創造されたという事実、あるいはつくられた天地ということ、それから昼と夜が交替するということ。

　人々に益なす荷を積んで海原を逝く舟の裡に、

舟が荷物を遠い国々に運搬していく、それも神の恵み、すなわちアーヤだという。

　そしてまた(と、こんどは自然界に目を移して)アッラーが空から水を降らせて、枯死した大地を蘇生させ、そこにあらゆる種類のけだものを播き散らす(けだものがその雨の水で生きる)、その雨の裡に(神のジャマールの徴を見る。もっとも、我々の考えている雨とはだいぶちがう。砂漠の雨ですから、大変な生命の源です。)風の吹き変りの裡に(風が変る、春の風になると雨が降ってくる)、天と地の間にあって賦役する雲の裡に(雲が天と地のあいだにあって

雨をもってくる。そういう役を果している)、頭の働く人ならば(神の)徴を読みとることができるはず。

要するに、自然界全部が、そして自然の運行が、神のアーヤだというわけです。そのほかに、もう無数に例がありまして、一々読んでいたらキリがない。例えば、空とぶ鳥が羽を動かす、それが神のジャマールの徴。そのテクストはここでは読みませんが、第六七章、第一九節、第一六章、第八一節、など。

また、昼と夜の規則正しい交替というのが非常に重要なこととして感じられたらしい。例えば、第一〇章、第五—六節。おひまがおありでしたらあとでお読みください。なかには大変詩的な描写もあります。一つだけ読んでみましょう。第七八章、第六—一六節まで。これはメッカ初期の啓示ですから、後期のものにくらべると表現が形象的具体性をもっています。

我らが大地を揺籃としてやったのではないか。(神が大地を、人間のために揺籃のように安らかな場所として用意した。それを一つのアーヤと考える。)

山々を杭にしてやったではないか。(山々でもってぴったり固定したという、テントを張るときのイマージュなのですね。)

汝らを男女の番《つがい》に創り、

夜々の眠りを汝らの憩いとなし、

夜の闇を衣となし、

真昼(の光り)を生活《くらし》のよすがとしてやったではないか。(昼間働いて夜は休む、そういうふうにして働けるようにしたのもアーヤだという。）

また汝らの頭上にがっしりと七層（の天）を打ち建て、
赫々たる灯火を設け、
雨雲から沛然と雨を降らせて、
穀類、草木を萌え立たせ、
木々繁る果樹園を作ってもやった。

と、いうようなわけで、つまり、自然の創造、天地創造、自然の働き、そういうものがすべてアーヤであるということを指摘しているのです。この調子で、『コーラン』のいたるところにアーヤが列挙してある。すべてのものがアーヤであり、神の恵みであるということ、それが倦まずに繰り返し繰り返し述べられて、『コーラン』の最も基本的な存在感覚を形成する。存在というものに、そんなふうにアプローチしていくのです。その線を逸脱するとイスラーム的世界ではなくなってしまう。

我々でもよく天の恵みとかなんとか言いますけれど、我々の場合は、どうもこの種の感覚は鈍い。何かいいことでもあると、神仏の加護、有難いなどと感じることもないわけではないが、『コーラン』の立場から見ればその程度では本当の有難さじゃない。『コーラン』的な世界の場合には、もう何を見、何を聞いても、ありとあらゆる事物、事象についてそれがしみじみ深い喜びとして経験される本源的な実存感覚でなければならないのです。存在そのものが神の恵みだということ、存在そのものが神のアーヤだということ、そして、それがみんな神のジャマール的側面の徴なのであるということが、『コーラン』の本源的な実存感覚であって、それをはっきりつかまないと『コーラン』は読めないし、イスラームを宗教的に理解することもできないのです。

この実存感覚の底には神の世界創造という思想があるということに注意しなくてはなりません。神は万有の創造主。何のために創造したのか。天地間の一切のものを、何の目的もなしに、一時の戯れにつくりだしたのではなくて、人間の生存のために役立たせようとして創造したのだというのです。その例も非常に多いので、ここでは読まないでおきますが、例えば第一六章、第五―一七節などをお読みになると、いかにいろいろなものが人間のために役立つようにつくられているかということが書いてあります。これは、存在世界の創造が神のジャマール的な側面の発露だということです。だからこそ「慈悲深き慈愛あまねき」（ラフマン、ラヒーム）なのです。世界というものを、あるいは存在というものをそんなふうに見ていく。そういう見方をしないと、『コーラン』は理解できないし、イスラームも理解できない。イスラーム文化に入っていくのには、どうしてもそれをつかまなくちゃいけない。存在が恵みであるということ。恵みが神の無限の創造性の源であること。従って全存在世界が、神の創造の業のしるしであるということ。それから転じて、存在することがすなわち讃美であるということ。神の恵みを感じる感じ方が限りなく深いからこそ、つまり、存在のアーヤ性を己れの実在そのもののなかに痛感するからこそ、讃美するということになる。この考え方を極限まで押し進めていくと、存在することが、そのまま神の讃美であるということになるのです。

しかし、こう申しますと、それは神のジャマール的な面だけで、ジャラール的な面はどうなるかという問題が、当然、起こってくると思います。これについては、あまりはっきり論じた人が今までいないようですが、実は神のこのもう一つの顔、否定的な暗い側面、これもやはりアーヤなのです。アーヤ、しるし、が、神の働き、神の創造的本性そのものの現われであるならば、ジャマールだけではなくて、ジャラールを示すアーヤも世の中にたくさんあるはずです。つまり、神の威光、神の峻厳さ、恐ろしさ、支配力などを示すもの、すべてアーヤです。ジャマール的側面を中心に立てて考えるなら、ジャラール的側面のアーヤは否定的アーヤと呼んでもいいと思います。

けれど、実際上、『コーラン』では、否定的なアーヤはあまりあげていない。いちばん典型的な形で出てくるのは、人が遺跡の前に立ったときの感覚です。

その頃のアラビア砂漠のなかには、至るところに大小様々な古代民族の遺跡があったらしい。その遺跡をさし示しながら、これこそ神のアーヤではないか、と『コーラン』は言う。遺跡とは滅び去った過去の民族の生存の跡。なぜ滅び去ったのか。神の命令に従わなかったからである、悪い人間が滅びたのです。例えば、第三〇章、第八節をちょっとごらんください。

一体彼ら（信仰のない人たち）方々旅して歩いて、昔の人々の哀れな末路を眺めたこともないのか。(眺めたことがあるならば、反省してもよさそうなものに、ということ。それらの昔の人々は)いずれも彼らよりはるかに腕力のある人々で(腕っぷしの強い、つまり健康な人間で、古代人は健康だったと思っているのですね)、地を掘りおこして(耕作し)、今の人々よりはるかに栄えていたものであったが。まごうかたない神の徴《しるし》を携えて使徒がやって来ても(信じようとはしなかった)。別に、アッラーが彼らを苛め給うたわけではない。結局彼らが、われとわが身に害《あだ》なしただけのこと。それで、悪いことした彼らの最後も酷いものになっただけのこと。

砂漠のなかに遺跡が残っている。砂漠のなかに、雨に打たれ風に吹きさらされて遺跡がある。これを見て、それこそ神の怒りのしるしだといっているのです。つまり、神のジャラール的側面の現われをそこに見ている。古代に栄えた健康な、すばらしい古代文明の人々が、哀れにも滅び去って、今はひと塊りの石になって残っている。その末路、それを神のジャラール的側面のアーヤと『コーラン』は見ている。

ここでぜひとも注意しておいていただきたいことが一つあります。いま読んだ文章ですが、「まごうかたない神の徴《しるし》を携えて」という、このしるしとは、ジャマール的なしるしなのです。ジャラールのほうではなくて、ジャマールです。神のジャマール的なしるしを携えて使徒がやってきても、信じようとはしなかったという。これがジャラールについての『コーラン』の考え方の重大な特徴です。つまり、神のジャマール的なアーヤを認めない人々の哀れな末路を、ここでジャラールのアーヤと考えている。せっかくジャマール的なアーヤを示されても、それを認めようとはしなかった人々。そういう人々の哀れな末路が、すなわち神のジャラールのアーヤなのです。神の威光、威勢、怒り、復讐、正義、支配力など、神のジャラール的側面が、そういう形で示されるのです。

このことはいったい何を意味しているのか。『コーラン』的世界像においては、ジャラールよりもジャマールのほうが第一次的なはたらきをなしているということです。つまり、ジャラールはジャマールに比して第二次的な位置におかれている。それはどういうことかというと、『コーラン』によれば、世界は根源的に祝福されている。ただ、存在そのものに関わる世界のその根源的祝福性を認めまいとする人々、拒否する人々に、神は恐ろしい罰を与える。それがジャラール的なアーヤとなって、世界のいたるところに見られるというのです。

ですから、黙っていれば、何もしなければ、ジャラールは出てこない。ジャマールだけが出てくる。それが『コーラン』の思想のいちばん大事なところ。要するに、『コーラン』の世界観ではジャマールが主なのです。世界は祝福されており、世界は恵まれており、恵みに満ちており、そしてそれに対する正しい人々の讃美に満ちている世界であるべきなのです。つまり、世界は明るいのです。神が明かるい面だけを見せる、光の世界です、本来的には。ただ、そこに闇の世界がないことはない。光の裏に闇があるように、ジャマールのかげにジャラールがある。この光と闇の共在がどんな形で現われるかというと、直接そのまま、ジャマールとジャラールがならんで出てくるのじゃなくて、人間がジャマールを認めない場合にかぎってジャラールが出てくる。神には美の側面と威厳の側面とがあるけれども、それらがいっしょに現われるわけではなくて、人間が美の側面を、行動的に、あるいは思想的に否定するような場合にかぎって、威厳の側面が出てくるというわけです。

だから結局、『コーラン』は原則的にジャマールを第一においている。自然のままならば、神はジャマール的な側面しか示さないはずです。ただ、人間の、さっき申しましたね、プル・ソワ性が、ジャマールを神がいくら見せても、そのしるしを認めないばかりか、あえてそれに背き、それを無視し拒否して生きる。そこにはじめて、神はジャラール的側面を現わすのです。

『コーラン』第五章、第三節。

……悪事をはたらいてはならぬ。アッラーを懼《おそ》れかしこみまつれ。まことに、アッラーの罰ひとたび下れば、恐ろしい。

悪事をはたらいてはならない、ということは、いままでお話してきたことによってもうおわかりになるとおり、自然のままでおれということなのです。自然のまま、ただひたむきにまっすぐな道を行けということ。曲がるなということです。曲がると、神がジャラールの側面を見せるぞ、という。ジャラールの側面を見せるとは、具体的には神の怒りが罰として下ってくるということです。

以上、ジャラールとジャマールの順位という問題を、長々とお話しましたけれど、実際、『コーラン』を理解する上でこれは非常に大事なことなのです。神がジャラール的な顔を見せたら、それは恐ろしい。人間はふるえ上がってしまう。天地終末の日、最後の審判の日、その決定的な時点で神はジャラール的な側面を見せるのです。けれど、その時がきたらもう遅い。アーヤも役に立たなくなってしまう。というより、もうアーヤなんていうものはどこにもないのです。アーヤじゃなくて、じかにジャラールが出てきてしまう。アーヤとは、ジャラールを示すしるしでしたね。ところが、最後の審判の日が来たら、しるしはなくなってしまうのです。現世で悪いことばかりしてきた人々の鼻先にジャラールが、つまり神の憤怒の形相が、ぐいと突きつけられる。もう遅い、もうまに合わない。

10　信仰の概念

もし『コーラン』の神、アッラーがその本体を純粋無雑な形で示すことがあると仮定したならば――実際はそんなことはありえないのです、『コーラン』に従えば。神は絶対に姿を見せないのですから。しかし――もし仮りにそういうことがあったとしたならば、それは目眩むばかりの光と美の形象であろうと考えられます。誰も見たことがないからわかりませんが、きっと燦然たる光と美のイマージュだろうと想像されるのです。この『コーラン』的な考え方は、神の第一次的な本体をジャマールではなくて、ジャラールにおく見方と比較してみるとよくわかります。『コーラン』にはありませんが、ほかの宗教にはたくさん例があります。

いちばん典型的な例として『バガヴァッド・ギーター』を取り上げてみましょう。「ヒンズー教の聖書」などといわれて、インドのヒンズー教の発展史上、絶大な影響力を今日に至るまで保ち続けてきた聖典です。この聖典の代表する宗教思想では、絶対究極の実在はブラフマンのような非人格的な絶対者ではなくて、生ける神、人格的神であり、従って、そのような神にたいする帰依・信仰に基づくこの宗教は、キリスト教と肩をならべられるような一神教です。簡単に言えば、それは、存在界の原点に人格的な唯一の神がいて、その神が天地万有を創造し、自分の創った世界を支配するという考え方であって、聖書とほとんど同じだし、『コーラン』ともその点では同じです。だから、インドにヨーロッパ人がやってきたときに、もちろんキリスト教の宣教師、ミッショナリーがいっぱい入ってきた。その人たちを無上に感激させたのは、この『バガヴァッド・ギーター』だったのです。これならいけると思ったんでしょうね。完全な人格的一神教なんですから。もしインド人にこういうことがわかっているのであるならば、キリスト教だって何の抵抗もなしに受け入れられるはずだと思った。インドの宗教思想には、たしかに、そういう一面があるのです。

それは、まあ、ともかくとして、ここでは、この『バガヴァッド・ギーター』の一神教、その神にもジャマールの面とジャラールの面とがあるということに注目したいと思います。それも、あまり詳しくお話しているとキリがありませんが、この聖典の神はヴィシュヌです。それからクリシュナ。クリシュナといってもヴィシュヌと別の独立した神ではなくて、ヴィシュヌそのものの権化です。ヴィシュヌの権化として、『バガヴァッド・ギーター』では、ヴィシュヌ＝クリシュナです。ヴィシュヌは最高神。『コーラン』のアッラーにあたる神。

『バガヴァッド・ギーター』には日本語訳もありますので、お読みになった方もおありになると思いますが、ヴィシュヌ神の無限の偉大さを聞いたアルジュナという王子が、ぜひそのありのままのお姿を見たいと願う。仮りの現われの姿ではなくて、神のありのままの姿を直接肉眼で見るなどということは、誰にも許されないことなのです。だけども、ぜひ自分だけに見せていただけないだろうかと頼むのです。そうすると、神様のほうでも王子をとても愛しているものだから、お前だけに特別にわしの本体を見せてやろう、ということになってヴィシュヌは自分の本体をアルジュナに見せる。これは『バガヴァッド・ギーター』の第一一章、全篇のクライマックスとしてヒンズー教徒の感激おくあたわざるところ。辻直四郎先生の訳がありますから読んでごらんなさい。ヴィシュヌ神がその本体を、純粋に本体のままで現わす有名な個所です。こういう例はほかにあまりありません。『旧約聖書』でも『コーラン』でも、至るところに神が出てきますが、本体をそのまま現わして人に見せるということは絶対にない。

では、そのヴィシュヌ神の本体とはどんなものか。天を摩する巨体が現われてくる。その巨体が光焔を発し、さまざまな色が四方八方に飛び散る。その顔はあらゆる方向を向いている、つまり、顔がいくつもあるのですね。あらゆる方向に向かった顔があって、その一つ一つに口がいくつもあり、爛々たる無数の目が十方を睨んでいる。身体には、日本の千手観音みたいに手がいくつもある。足がいくつもある。腹がいくつもある。

無数の口の一つ一つからは、たくさんの鋭い牙《きば》が突出している。カーッと開いたまっ赤な口、炎々と燃え上がる口というのですが、その口を開いて──つまり、憤怒像ですね。日本の彫刻なんかでよく見かける仁王像、そういったものを考えればいいのですが、それが宇宙大なのですからもの凄い。もっと恐いことには、その大きく開いて炎々と燃えさかる焰のような口のなかに、一切のものが吸い込まれていく。『バガヴァッド・ギーター』の描写によると、あたかもいくたの川が海に奔流していくように、そして蛾が燃える火のなかに猛烈な速力で飛び込んで自らを殺すように、全存在が神の口のなかに飛び込んでいく。その飛び込んだものはみんな微塵に砕かれて、食べかけの肉みたいな形で歯のあいだにひっかかってたれ下がっている、という。

もっとも、哲学的な言葉に言いなおせば、この光景も別にそれほど異様なものではありません。要するに、唯一絶対の存在の根源と、現象界の事物との関係つまり、一者から多者が顕われ、それがまた元の一者に戻っていく存在論的過程、を述べただけのことですから。ここで述べられているのは、現象的な多が形而上的な一に帰っていく体験なのです。存在体験としては古来、東西の思想史上よく知られたことであって、あまり恐ろしいものではないのですけれど、これを常識的な人にわかるように、感覚的イマージュで描くと、こんな凄惨な光景が現出するのです。宇宙大の神の、炎々と燃えさかる口のなかに一切のものが吸い込まれていって、かみ砕かれ、砕かれたカスが歯のあいだにひっかかってたれ下がっている。そして神様は、全世界を呑み込んで燃え立つ口で舌なめずりしている。その熱気のすさまじさに全世界がカッカと燃えるように熱くなっている。

それを見た王子は、その場に倒れ伏し、許しを乞う。もうわかりました、あなたの本体は見た、だからどうぞ、ぜひもっとやさしい、慈愛にみちたお顔を見せて下さいという。それに応えてヴィシュヌは、ふたたび元のやさしい、美しい面を見せる。これが普通の、いわゆるヴィシュヌ＝クリシュナの慈愛の面です。普通はそういう形でヴィシュヌ神は人間に対している。つまり、通常は、ヴィシュヌ神はプラサーダ(prasāda)的な面で人間に対しているのです。「プラサーダ」とはサンスクリットで、さきほど説明したアラビア語の「ニアマ」と同じく、「恩寵」とか「聖寵」とかいうような意味だから、プラサーダ的な面を見せるというのは、アラビア語でいえば、ジャラール的な面を見せるということです。愛、慈悲の面を見せる。それでやっとアルジュナ王子は安心する。神様の本体を見たいという好奇心を起こしたのが間違いのもとで、ひどい目に遭った。もうこりごりしました、というわけです。

この説話は、いったい何を示唆しているのか。『バガヴァッド・ギーター』の神表象からいうと、ジャラール的な面が神の純粋な本体であって、それをやさしく見せるためにジャマール的な面があるのですね。だから、神にはジャマール的とジャラール的との両側面あるけれども、どっちが本体かといえばジャラール、つまり憤怒の相が神の本当の、純粋に本体的な姿なのです。ジャマール的な面は第二次的なのです。

なぜこんなことを詳しくお話ししたかというと、『コーラン』は、この点で、まさに『バガヴァッド・ギーター』の正反対だからです。『コーラン』の場合には、神の本体というものを、もし仮りに見ることができるとすれば、それは美そのものなのです。やさしさと愛と美しさと静けさそのものが神の本体であって、それが第二次的に、神のジャマールのしるしを認めない人々に対してジャラール的な側面を示すということになる。このことは、イスラームにおける信仰概念を決定的に規定する非常に重要な考え方です。

ジャマールとジャラール的側面に対する人間の対応の仕方、それがイスラームにおける信仰概念の基礎です。イスラームでも、信仰とは、勿論、神を信じることなのですが、ただ信じることじゃなくて、ジャマールとジャラールに対して人間がどんな態度をとるかということが信仰と無信仰とを決定する。

まず第一に問題になるのは、ジャラール、神の恐ろしい側面のほうです。このジャラールの側面、神の威光の側面、に対して人間のとるべき信仰態度が、『コーラン』では「畏れ」という形で定着されます。

私は『イスラーム生誕』という本の中で、その当時の歴史的社会的状況において、この「畏れ」なるものが宗教的にどんな意味をもっていたかということをかなり詳しく書きましたし、それからまた『イスラーム文化』でも説明いたしましたので、ここではあまり深く立ち入らずに、ほんの要点だけをお話することにしたいと思います。「畏れ」、神を畏れること、原語でタクワー(taqwā)。普通の亜英辞典などをごらんになりますと、taqwā は piety とか piousness とか、つまり神に対する「敬虔な態度」「敬神」というふうに訳してありますけれども、この語の本当の意味は「畏れ」ということです。但し、おそれといっても、恐怖ではない。何か自分の身に迫ってくる破壊的な力、危険に対して身を守る保身の態度、自己防禦的態度、それをタクワーという。自己防禦的な態度を中心とした畏れをタクワーといいます。切迫する危険に対して自己防衛の態度をとる、畏れる、危険を畏れる、そういう態度がタクワーなのですね、ただの恐怖ではありません。勿論、恐怖も入ってはきます、迫ってくる危険の感触が非常に強いのですから。

『コーラン』のテクスト発展史の観点からいいますと、初期の啓示、つまりメッカ期に啓示された章句においては、タクワーが表面に大きく出てきている。考えてみれば、当然のことです。なぜなら、イスラーム的信仰の全然なかったところ、イスラームという宗教そのものが全然なかったところに、ムハンマドが預言者として出て、新しい宗教、イスラームを説きだしたのですから。無論、相手は無神論者というか、無信仰者ばかり。そんな人たちにたいして慈悲や愛など説いても効果がない。慈悲だの愛だのいっていないで、頭から脅かさなければならない。だからどうしても、神のジャラール的な側面が表に出てくることになる。あたかも神のジャラールが神の本体であるかのごとく、ジャラールばかり表に出してくるのです。もっと宗教思想が展開した後では、これはやはり第二次的な位置にくる、つまり、神を信じないと、神はジャラールの面を見せるぞ、ということになってくるわけですが、はじめのうちはそんなこと誰も知りませんし、神はジャラール的な、恐ろしいものだというふうに受けとったに違いありません。ともかくも、それにたいする人間の態度は、迫ってくる神からの破壊的な力にたいして自己を守らなければならない、それがタクワーなのですね。そしてそれが信仰概念の第一段階をなす。だから、同じく「信仰」といっても、英語の belief とか faith とかいうコトバの表わすものとは意味の内的構造が非常に違います。

「畏れ」＝「信仰」の例は実に多いが、ここではそのなかの一つか二つだけ読んでみましょう。さっき読みましたね、稲妻が閃くと、ちょこっと歩く、というあの個所の続きです。

第二章、第一九節。

おお人々よ、汝らの主につかえまつれ。汝らを創り、また汝らより先の代の人々を創り給うた汝らの主に。さすればおそらく汝ら神を畏れる者ともなるであろうに。

「神を畏れる者」、割註にして「神にたいする畏怖とは正しい信仰ということ」と書いてありますけれども、これだけお読みになっても本当の意味がよくおわかりにならないと思います。今いったようなジャラールの概念を基礎にしてはじめてわかることなのです。神のジャラール的側面を畏れる、それが信仰するということ。つまり、神にそのジャラール的側面を示されないようなふうに、一心につかえまつるならば、お前たちも本当の信者になるだろうということなのです。

もう一つ、宗教としてのイスラームの性格を根本的に決定する非常に大切な文章があります。これも短い文章ですが、私はもう何べんもいろいろな機会に引用してきました。第四九章、第一三節。

まこと、アッラーの御目から見て、お前らの中で一番貴いのは一番敬虔な人間。

ここで「一番敬虔」と訳した表現のアラビア語は atqā といいまして、「いちばんタクワーの強い人」という形容詞最上級です。大体においてこれがいわゆる「敬虔」に該当しますので、ここでは常識的に「敬虔な」と訳しておいたのですが、本当の意味は「神に対して最もタクワーの度の強い人」という意味です。

この点を了解していただいた上で、もう一度、テクストを読みかえしてみますと「おまえたちの中で一番貴いのは」とあって、割註がついている。「血筋の純正な人ではなくて」と。これはそのころのアラブの間に通用していた人間の高貴さの基準に対する否定です。古代のアラビア社会においては、イスラームが出てくるまで、人間の高貴さは、ひとえにその人の血筋によっていた。血筋、つまり、どの部族に属しているか、そして部族のなかで、家族の血統上どういうところにいるかということが人間の高貴さの基準だったのです。ところが、イスラームが出現して、長い伝統に支えられたその考えを一挙に破壊してしまう。血筋が人間の高貴さを保証するのではない、タクワーの強さだ、とこう言い切ったのです。この断定には、実に決定的な響きがあります。前にも申しましたが、砂漠のベドウィン的なものの考え方にたいする真向からの挑戦です。砂漠のベドウィン的な考え方は、まさに血筋を以て高貴さの保証とすることだったのですから。それをぶち壊し、またそうすることによって部族的社会構成の根本精神そのものを壊して、そのかわりに信仰でもって人間の高貴さを測ろうというのが、イスラームの態度です。信仰なるものの中核を、ここではタクワー、神の畏れ、に見る。これが、神のジャラールの面に対する人間の正しい態度であり、この態度から、まったく新しい信仰概念が生まれたのです。

ところが、もしそうだとすると、こんどは神のジャマール的な、美的な、側面にたいする人間の態度は、勿論、有難いと思う心、つまり、感謝でなければならない。これは『コーラン』のテキスト発展史からいいますと、中期以後に、はっきり出てくる考えであります。原語では感謝というコトバが信仰というコトバと同義的に使われるようになってきますして、「シュクル」(shukr)といいます。シュクル、感謝、しみじみ有難いと感じる心。これが信仰概念の中心的構成要素になります。テクストをちょっと読んでみましょう。第三九章、第六六節。

そうだ、お前の拝むべきものはアッラーを措いてほかにはない。必ず感謝の心抱く者の一人になれよ。

これは預言者にたいする神の命令ですが、もう皆様おわかりのように、ただ感謝しろという意味ではありません。神のジャマールの「徴《しるし》」を認めて、それを有難く思え、讃美せよ、ということなのです。そういう態度をとることが、真の意味で信者ということです。

それからノアの箱舟の話に関聯して、第一七章、第三節に、

……考えて見ればあれ(ノア)はまことに感謝の心の敦い僕《しもべ》であった。

といわれております。僕《しもべ》というのは、これからお話しますが、人間ということ。「感謝の心の敦い」、つまり、信仰心の深いということ。ただ単純に、神に感謝したという意味ではない。さっきからご説明しているような意味で、信仰心が深い人ということです。

それからもう一つ。第二二章、第六五節に有名な個所があります。そこでは、人間という

ものはまことに感謝することを知らないものだ、と神が嘆いている。無感謝が、まるで人間の本性のようだ、と。無論、厳密な意味では、それが人間一般の本性であるわけではないが、あたかも本性であるかのごとく感謝を知らない、というのです。

お前たちに生を与えて下さったのもあのお方、やがてお前たちを死なせ、それからまた(復活の日に)生きかえらせ給うのもあのお方。それなのに、人間はなんと恩知らずなものであることか。

「恩知らず」とはシュクルを裏側から見たコトバ。有難いと思う心がない、つまり、信仰心がない、ということです。恩を受けておきながら、それにたいして知らん顔する、有難いと思わない、そういう態度をアラビア語で「クフル」(kufr)と申します。そしてクフル的な人間のことを「カーフィル」(kāfir)と。恩を感じない、何かしてもらっても一向に感謝の気持が起こらないことがクフルであって、そういう人間はカーフィルなのです。このカーフィルというコトバ、きっとお聞きになったことがおありと思いますが、いまでは異端者とか、無信仰者という意味でさかんに使われています。カーフィルとは無信仰者、神に背く人、異端者、反信仰者ということ。無神論者もカーフィル。要するに、イスラームを信じない人がカーフィルです。

今日では新聞などでもよく聖戦《ジハード》というコトバを見かけるようになりましたが、聖戦とは、もともとイスラーム法の術語で、カーフィルに対して信者が、イスラームの名において、戦うことです。カーフィル撲滅はイスラーム法に規定された重大な宗教的義務なのです。

しかし『コーラン』のテクストに現われるその本来の意味では、カーフィルは神の徴を信じない人のことです。神のジャマールのアーヤを信じない、それを有難いと思わない人。こう考えてみますと、ひとくちに感謝するとか感謝しないとかいいますが、それがどんなに重大なことか、よくおわかりになると思います。現在のイスラームではそれほど劇烈ではないのですけれど、昔は、いったんカーフィルと宣言されたらば最後、もうその人間はおしまいです。殺しても、財産を没収しても、どんなひどい目に遭わせてもかまわない。いや、そうすることこそ、信者たるものの神聖な務めであり、神にたいする正しい行為なのです。現在にもそれが尾を曳いています。ご存知でしょう、イランのシーア派とイラクのスンニー派(いわゆる正統派)の対立。昔はもっとひどかったのです、宗教がからんで。その場合に、闘争の中心点になるのは、お互いに相手がカーフィルだということです。シーア派はスンニー派をカーフィルといい、スンニー派はシーア派をカーフィルという。イスラーム史において、「カーフィル」は大変な重みをもったコトバです。

ともかく、こうして我々は、「開扉」の章の冒頭の一句「讃えあれ、アッラーに」、つまり、「アッラーにこそ讃えは属する」、というコトバから始めて、ようやくここまで辿りついた、というわけです。考えてみますと、「讃えあれ、アッラー」というこの一文に、コーラン的、あるいはイスラーム的、信仰論の全部が要約されている。つまり、イスラームの信仰というもの、信仰のエッセンス、がこの短い一文に含まれているのです。信仰の肯定と信仰の否定、そのすべてが神のジャマールのアーヤとジャラールのアーヤにたいする人間の態度によって決まる。それがいちばん大切なところです。では、先に進むことにしましょう。

万世の主

rabb^{i} al-ʿālamīn$^{(a)}$

これは先行するal-ḥamd^{u} li-Allāh^{i}「アッラーに讃えあれ」のli-Allāh^{i}にたいして、文法的に同格に置かれた名詞です。li-というのは前置詞で、所属を示す、「なになにに属す」とか「なになにのために」とかいう意味。この前置詞がくると、それの支配する名詞がいわゆる属格、つまり、語尾にiがついて「なになにの」という形をとる。だからAllāhがAllāh^{i}となるのです。Allāh^{i}は「アッラーの」という形で、li-Allāh^{i}は「アッラーのために」、「アッラーに」という意味になります。これに同格ですからrabb^{i}と、これもi音が語尾にくる。rabbというのは「主人」ということ。それからʿālamīn$^{(a)}$、これは「世界」を意味するʿālamの複数形。本当はʿālamīn^{a}ですけれども、文章の終りですから、最後のaを読まずに、「アーラミーン」と発音します。「ラッビ・ル・アーラミーン」。「たくさんの世界」、それらすべての「主《しゅ》」であるアッラーにこそ称讃は属す、というのがこの文全体の意味です。

ところで、このrabbというコトバ、ユダヤ教ではよくラバイなどという。お聞きになったことがあるでしょう。ユダヤ教徒は人間のことをラッブと呼ぶ、これはイスラームの見地からは許しがたい冒瀆です。ラッブの名に価するのは神だけなのですから。ユダヤ教では聖職者のことをラッブという。イスラームではそういうことは絶対にありません。イスラームでは、ラッブ、「主」、は神だけです。

「全世界('ālamīn)の主」、存在世界全体の所有者であり主宰者である神。「世界」という語が複数になっていますが、これはこのあいだ申しましたように、ものの広大無辺なことを表わすために、アラビア語ではよく複数を使うのです。単数でもいいのですが、複数でイマージュを拡大する。それから rabb というのは、この場合定冠詞がついていないけれども、定冠詞がついているのと文法的に同じ位置にあるので、絶対単数です。つまり絶対的に唯一の主人。ですから、rabb al-'ālamīn[a]は全世界の絶対的支配者ということです。

全世界の主という神の形象が、その前の「讃えあれ」、讃美、につながっているでしょう。次の例をごらんになると、「万世の主」と讃美という二つの概念の結び付きがよくわかります。第四五章、第三五節。

されればアッラーに讃えあれ、天を司り地を司り、万有を司り給う御神に。

天を司り地を司り、万有を司るということが rabb ということなのです。全世界の主ということですね。だから、この文は、全世界の主であるアッラーに讃えあれ、というのと同じことです。つまり、万有の主ということと讃えということがつながっている。ほかにいくらでも例がありますが、第八七章、第一節。

讃えよ主《しゅ》の御名《みな》(ここでは命令法になっています)、いと高き神、

(人間を)創り、ととのえ給い(体をととのえてということです。頭か上で足が下というふうに

体をととのえたということ)、
行末《ゆくすえ》定めて、導き給い(天国にいくようにして下さったということ)、
緑の牧草萌えたたせ、
やがてか黒き枯草とはなし給う。

勿論、緑の牧場を枯草にしてしまうのが有難いというのではありません。要するに、それほどの力をもっているということなのです。緑の牧場を春萌えたたせたかと思うと、こんど冬になるとそれを枯死させてしまう。そういうふうに自然の運行を司る、それがつまり、万有の主であることの一つの現われなのです。

ところで、この「主」という考え方なのですが、絶対的支配者、つまり、すべてを自分の個人の持物とする、自分の財産として自由に使い、自由に処理することのできる資格のある人、そういうのがrabbです。生殺与奪の権をもっている、生かすも殺すも思いのまま。牧場を萌え立たせたかと思うと、それをまたまっ黒い枯れ草の原にしてしまうことができる、広大無辺な存在世界を意のままにする人、この場合は人といったらおかしいけれども、とにかくそんな絶大な力をもつ者。

これだけいっただけではよくおわかりにならないかもしれないが、この考えそのもののなかにイスラーム一神教のすべてが含まれているのです。つまり、神が絶対専制君主であり、絶対的支配者であるということ。だが、もし神がrabb、絶対的支配者であるならば、支配される相手がいるはずです。これをアラビア語ではマルブーブ(marbūb)といいます。rabb

があるならばまた marbūb があるはずなのです。マルブーブとは、字義的にはラップされるものという意味。同じ語根ですね、R. B. B. でしょう。rabb ─→ marbūb（所有するもの─→所有されるもの）、この「所有されるもの」が人間なのです。勿論、すべての被造物が含まれてるわけですけれど、人間がそれらすべての代表者です。

「開扉」の章の四節をごらんください。まあ始めから全部読んでみましょうか。

讃えあれ、アッラー、万世の主、
慈悲ふかく慈愛あまねき御神、
審きの日の主宰者。
汝をこそ我らはあがめまつる、汝にこそ救いを求めまつる。

「汝をこそ我らはあがめまつる」、あとでお話しますけれども、この「汝をこそあがめる」というのは奴隷の、御主人にたいする態度なのです。奴隷としてあがめるという意味。奴隷と、奴隷を私有財産として所有する主人の関係なのです。「万世の主」と、それから第四節の「あがめまつる」のあがめの奴隷的態度が対応して、神と人間との立場がここで決定されるのです。神は絶対専制君主、絶対的支配者、奴隷の支配者、人間を私有財産として自由に処理するもの、そして人間のほうはそれにひたすら、奴隷的に仕えまつるもの。神にたいする人間のこの関係、それがイスラーム的信仰の本来的なあり方です。こうして見ると、絶対一神教としてのイスラームは、本当の他力本願、もう徹底した無条件的他力信仰ですね。親鸞の立場を思わせるような、いや、それよりもっと強烈な絶対的他力信仰です。本来、そういう他力的宗教であるのに、それの歴史的発展のプロセスで自力主義が出てくるから問題が起こる。他力だけで満足していればいいんだけれども、そうじゃなくて、自力主義が出てくる。スーフィズムなどその典型的なケースです。そうすると、他力信仰のほうを代表する聖職者たち、いわゆるモッラーたちが怒って、そういう「イスラームの敵」を殺すことになる。そこで、血で血を洗うようなイスラームの歴史が始まるのです。イスラームの本当の立場からいえば、どうしても宗教は絶対他力であるべきなのです。自力の要素が少しでもはいってくると、神の絶対的「主」性が否定される。すべて「主」という考え方から起こることなのです。

次の第二節は、

慈悲ふかく慈愛あまねき御神。

ここで注意していただきたいことは、もうおわかりになると思いますが、ここで神のジャマール的な側面を強く打ち出しているということ。

そして、それにすぐ続けてこんどはジャラール的側面を出すのです。

審きの日の主宰者。
mālik^{i} yaum^{i} al-dīn$^{(i)}$

「審きの日」とは最後の審判の日。最後の審判の日の主宰者。mālik というのは「主宰する人」「主宰者」、yaum は「日」、dīn は「裁き」「審判」。mālik^{i} yaum^{i} al-dīn$^{(i)}$ は「審判の日の主宰者」ということで、ここでは「アッラー」にたいして同格に置かれています。

ともかく、これでおわかりになりますね、第二節でジャマールを出し、第三節でそれの裏側のジャラールを出す。そこのところを読みとらなければだめです。「審きの日の主宰者」、これはジャラール的な神の名です。悪人、罪深い人々、ことごとく厳正に冷酷無比に裁かれる「審きの日」の主宰者。第二節から第三節にかけて、実に簡単な文章なので、特に注意しないでお読みになる方には、ほとんどわからないと思います。どれほど、この「審きの日の主宰者」というコトバのなかに不思議なイマージュがウヨウヨしているか。どれほどの思いが、イスラーム教徒にとって、この一句にこめられているか。なぜなら「審きの日の主宰者」というこのコトバの呼び起こすイマージュのなかには、イスラームの全エスカトロジー、すなわち終末論のすべてが含まれているのです。

11　イスラームの終末観

ここでイスラームの終末論ということが大きな問題として現われてくる。「審きの日の主宰者」といっても、それの背景としての終末論なるものの内容が具体的にわからなければ、意味がぜんぜんわからないからです。だから、審きの日とは、そもそもどんな日なのか、またその日にはどんなことが起こるのか、それをこれからお話しなければなりません。しかし、この主題への序論として、どうしてもお話しておかなければならないことが一つある。それは『コーラン』のレトリックといいますか、『コーラン』的発想のレベルといいますか、ともかく『コーラン』における啓示が言語的に自己表現するスタイルの多層性の問題です。

レトリック、修辞学、近ごろの思想動向に敏感な方はご存知でしょう。レトリックは修辞学とか修辞論とか文章法とかいって、西洋では長い歴史をもつ学問です。一時まるで人気がなくなってしまったけれど、二十世紀になってからまた急に人気が出てきて、みんながレトリック、レトリックと言いだした。言語にたいする最近の異常な関心の現われの一つだと思いますが、ともかく面白い議論が盛んに行われております。

レトリックというものをひとつの技術、表現技術と考えると、無論、『コーラン』にはそんな技術論はないのです。けれども、『コーラン』という一つの言語テクストをレトリック的に、あるいは表現技術的に、見ることはできるし、また見なければならない。そしてそういう観点から見ると、非常に大事なことがわかってくるのです。

そこで、レトリック的に『コーラン』を見ますと、啓示が、言語表現的に、三つの層からなっていることがわかる。

一、現実的、事実的、平叙的レベル
二、想像的、幻想的、神話的レベル
三、物語的、説話的レベル

第一のレベルはレアリスティックな、現実主義的な言語表現の層です。現実的で、事実描写的で、多くの場合、日常的事実・事態を述べる表現態度。

第二番目はイマージュを呼び起こし、イマージュでものを考えていく、イマージュでものを表現していくようなレベルです。

それから、三番目は説話的、物語的、アネクドティック、フォークロア的、民話的な発想の層。三つあるのです。この三つをはっきり区別してかからないと『コーラン』はよく読めない。第一層、レアリスティックな平叙的スタイル。第二層、神話的形象の発想から出てくるスタイルといっても、神話ばかりではありません。幻想的、詩的イマージュの織りなす不思議な世界です。第三層は説話的、物語的、民話的スタイル。『コーラン』は、発想形態の見地から見ると、こういう三つの層が積み重なっている。それが、実際上は、常に必ずしも別々になっていないからむずかしいのです。結局、色が濃くなったり薄くなったりして移り変わっていくようなもので、どこまでがイマージュ的で、どこまでが説話的で、どこからがレアリスティックになるかということは、はっきり決まっていないことが多いのです。だけれども、全体を通して眺めると、たしかに三つを区別できる。区別しないで読むと、おかしなことになってしまう。

例えば天地終末の日の描写なんかは、必ず、二番目のイマージュ的な発想法でやるのであって、現実的でもなければ民話的でもない。それを、読むほうの側が、レアリスティックに解釈したりすると滑稽なことになる。『コーラン』のレトリックと私はそれを呼んでいるのですが、ともかくその点を注意して読まなくてはいけないのです。しかしそれをお話するにはちょっと時間がかかりそうですし、もう時間も残り少なくなってしまいましたので、この次に廻すことにして、今夜は終末論の構造だけ簡単にお話しておくことにしましょう。

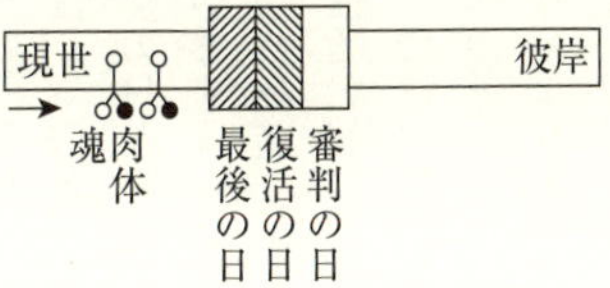

「審きの日の主宰者」とあります。「審きの日」とはどういう日なのか。

『コーラン』の存在論、世界観ではまず「現世」というものがあります。当たりまえのことじゃないかと思われるかも知れませんが、実は「現世」という考え方そのものが砂漠のアラビア人の夢にも知らなかったことなのです。現世と呼ばれる人間存在の秩序がある。現世的存在の流れといってもいい。現世が続いていくのですね、人々が現世的時間の流れのなかに生きている。その流れが続いていくうちに、人はつぎつぎに生まれ、そして死んでいく。個人としての人間の生死です。その個人が死ぬときにどういうことが起こるかというと、魂と肉体が必ず二つに分かれるのです。誰でもみんなそうなのです。みんな魂と肉体が分かれる。しかも、魂と肉体が分離した形でどこまでも続いていって、ついに最後の日がくる。天地終末の日です。最後の日がくると、間髪を入れず、復活の日がくる。世界終末の日と復活の日が同じ日であるのか、別の日なのかよくわからない。『コーラン』を読んでみても、そこのところはぼんやりしています。天地が終末するその日に復活も起こるのか、それとも少し間をおいてから復活がくるのかよくわからない。でもだいたい、『コーラン』の描写によると、終末の到来と同時に復活が起こる。

　では、復活とはどういうことかというと、現世的存在秩序の続くあいだは、死んで魂と肉体の分かれたままだったのが、復活の時にまたもとのように一体になる、それが復活です。みんなもとの姿に戻って、審判の場所に引き出される。審判が行われ、その時点からこんどは「彼岸」というものが始まる。現世に対して彼岸、新しい存在秩序が始まる。これをアラビア語では「来世《アーヒラ》」(ākhirah)といいます。現世のほうはドンヤー(dunyā)。現世と来世、此岸と彼岸、二つある。現世的秩序と来世的秩序。つまり、時間的に「現世」が流れていって、最後の日がきて、それで復活して、神の前で審判を受けて、それからこんどは「来世」的な存在形態に入る。存在の秩序がこういう時間的流れになっている。これが『コーラン』の基本的考え方です。

　後世になると、イスラームではこの考え方がもう少し深まって、「現世」的時間と「来世」的時間が、終始、同時に流れていると考えるようになります。つまり、存在の表面では「現世」的秩序が支配している間にも、その深部では「来世」的秩序が動いていると、こういうふうに考えて哲学化していくのですけれど、『コーラン』ではそうじゃなくて、時間的に「現世」が、あるところまで続いていって、終末して、復活が起こり、審判が起こって、そこではじめて今までとはまったく違う「来世」的な、「彼岸」的な存在秩序に入る。こういうふうになっています。

だから、「現世」的存在秩序から「来世」的存在秩序の転換点に審判がくることになる。「審判の日」というのがそれです。「審きの日の主宰者」とは、いうまでもなく、神のことです。これが『コーラン』の「現世」・「来世」の考え方であって、ここにイスラームの終末論の基礎的図形が出ています。次回、まずさっきちょっとお話した『コーラン』のレトリックの問題をもう一度考えて、そのレトリックに照らして終末論の構想を分析的に説明しようと思います。では、今日はこれで終わります。

第五講　『コーラン』のレトリック的構成

このあいだから『コーラン』のレトリックということについてお話し始めました。『コーラン』というのは、はじめからおしまいまで一つの本の外形をとっていますけれど、レトリック的にいいますと、そこに幾つかの層が重なっている。幾つかの層が重なっていて、しかもそれらを貫いて一つの流れが全体を統一しているという形なのです。それらの層が先ずはっきり見分けられないと、『コーラン』を読んでも、結局、何がなんだかわからないことになってしまう。現にこのあいだ読み始めた「開扉」の章の第三節、「審きの日の主宰者」というコトバにしても、それがスタイル的にはっきり位置づけられないと、その本当の意味を捉えることができないのです。

審きの日の主宰者。

この一句、原文では三つのコトバからなっています。dīn「審き」、yaum「日」、mālik「主宰者」。この三つの単語からなっている非常に簡単な一句なのですが、そこには限りなく深い思いが秘められているのです。三つの単語をならべただけの簡単な表現のそこに、一群の強烈なイマージュがはたらいている——、うごめいていると言いたくなるほど強烈なイマージュの働きがそこに見られるのです。それを読みとらなくてはいけない。そして、それを読みとるということは、この「審きの日の主宰者」というコトバをレトリック的に位置づけてはじめてできることなのです。それでないと、単に審きの日の主宰者、最後の審判の日に善悪を裁く人、なんてことになってしまう。だが、そんな簡単なことではないのです。

『コーラン』をレトリック的に幾つの層に分けるかは人によって違うと思いますが、私は便宜上、三分法を採ることにしました。つまり、スタイル、発想法、あるいは言語表現的技術の観点から見て、少くとも三つの違った層が『コーラン』にはある。それを仮りに英語で名付けるとすると、大体

1. realistic
2. imaginal
3. narrative (legendary)

というようなことになりましょう。

12　レアリスティックな表現レベル

第一のレアリスティックなスタイルというのは、これは社会的な、ないし個人的な事実、事態、事件、などを描写し、叙述する文体でして、いわゆる陳述形式の言語用法です。何かを陳述する。内容的にいいますと、言っていることが真か、偽であるかが直接問題になるようなコトバの使い方なのです。例えば「神は慈悲深い」と陳述した場合に、問題は第一にそ

れが真か偽かということです。そういう形で言語を使っている。

ところが、それに反して「ああ、本当に慈悲深いお方だ、神様は」なんて言ったとすると、もう真偽は第一義的な問題じゃなくなってしまう。真偽なんか超えている。しみじみ有難いと人が感じている。そういう気持の自己表出なのです。ああ本当にありがたい、慈悲深い方だなあという感じですね。そういうふうに変わってくる。

これに反してレアリスティックの場合には陳述ですから、この場合の言語はできるだけ象徴的な使い方を避けようとする。つまり曖昧な多義性とか両義性とかそういうものを避けて一義的に、というより、なるたけ一義性に近い形でコトバを使うのが理想です。

例えば「ハスの花が咲いた」なんていう文でも、これは陳述として考えれば、「ハスの花」というコトバが外界に実在するハスの花を意味して、ハスの花が咲きましたという事実を報告しているのです。情報提供です。事実をそのまま情報として提供しているのです。ところが、この同じ文が仏教のお経の宗教的コンテクストに入ってくると意味が変わってくる。「ハスの花が咲いた」といっても、実際にお寺の池にハスの花が咲いたという客観的な事実じゃなくて、まったく別の次元の事柄を述べているのかもしれない、信仰上の事態とか、宗教的な事実とか。そうなると意味が曖昧になってくる。そういう曖昧性を避けるように使うのがこのレアリスティックなスタイルの特徴です。実際にあった事実、あるいは実際にいま起こっていることをあるがままに、あるいはあったとおりに叙述していく。

そういうコトバの使い方をする人の意識は、少くとも客観的に事態を観察できる程度に冷静でなくてはならない。醒めた心、つまり、酔っていない、酔いが醒めた心。要するに、日常的な意識、日常的なコミュニケーションの意識です。自分の考えていること、あるいは自分の見たこと、経験したことを相手にそのまま客観的に伝えるという日常的意識、醒めた心と呼んでおきましょう。レアリスティックな叙述は、この意味で醒めた心の文体なのです。

これは『コーラン』のなかでたくさん例があります。最も典型的なのは歴史的事実をそのまま描き出す場合で、例えば第三章、第一四五節以下。かなり長いこの個所には、歴史的に本当に起こった事件が述べられている。その事件とは、一つはバドル(Badr)の合戦、もう一つはウフド(Uḥud)の合戦といって、イスラーム最初期の歴史上、決定的に重要な働きをした二つの有名な合戦です。六二四年に起こっている。年代まで、いや、もっと正確には月日まで確定できる歴史的な事実です。

ムハンマドは、先ずメッカで預言者としての活躍を始める。約十年間そこで活躍します。けれど、どうもうまくいかない。まわりのアラブたちが猛然と反対運動を興し、そのために、メッカでは活躍できなくなってしまうのです。ついにムハンマドはメッカを去ってメディナという町に移住する、ごくわずかな人を連れて。イスラームはその町で本当にイスラームとして発祥するのです。それが六二二年なのです。六二二年はイスラーム暦第一年です。

メディナに移ってから二年たった六二四年、メッカの敵をなんとかしてやっつけようと思っていろいろ策をねっていたムハンマドは、ついに機会をとらえてメッカ軍をバドルというところでさんざんやっつけてしまうのです。ムハンマドのほうの人数は約三百人、メッカ側は約千人。これがバドルの合戦です。バドルというのはメディナから約二十マイルぐらい離れたところ、そこで三百人のムスリム軍が千人のメッカ軍と戦って大勝利をおさめる。

しかし翌、六二五年、メッカの人たちは大軍を起こして攻めてきます。ウフドというところで両軍がぶつかり、今度はイスラーム軍が敗けてしまう。メッカ軍は勝ったけれども、ムハンマド側を徹底的には攻めぬかなかった。それがどういうわけだかよくわからないのですが、とにかくメッカ軍は、もう大勝利だったのにもかかわらず、最後まで追及しないで帰ってしまう。これがウフドの合戦です。

バドルの合戦もウフドの合戦も、両方ともクロノロジカルにはっきり位置付けることのできる歴史的事実でありまして、それが『コーラン』の問題の個所に描かれているのです。どんなふうに書いてあるか、ちょっと読んでみましょう。第三章第一四五節から、

汝ら(イスラーム教徒たち)がアッラーのお許しで彼ら(メッカの人たち、メッカ軍)を思うさま殺した時(バドルの合戦での大勝利を指す)、アッラーは汝らとの約束を果たし給うた(「約束を果たし給うた」とは、必ずお前たちを守ってやるという約束なのですね、ところが)、アッラーが汝らに汝らの望むところ(最後的勝利)を見せ給うた後(つまり、最後的勝利を目のあたりにしながら、もう少しというところで)、汝らは突然意気沮喪し(これはウフドの戦いのことです。バドルとウフドがいっしょになって、まるで一つの合戦の時間的経過みたいに描かれている。つまりある種の表現操作が行われているのです。本当は違う二つの合戦なのですから。前の合戦では勝ったけれども、後の合戦では敗けてしまった。それを「意気沮喪」というコトバで表現してい

る)、仲間どうしで互いに争い出し、遂には命に叛いた。(なぜそんなことになったかということ)汝らの中には現世だけを欲しておる者もあり、また来世を望んでおる者もある。そこでアッラーは汝らを一応彼ら(敵軍)のところからちりぢりに退却するようにしむけて、それで汝らを試みに合わせ給うたのだ(本当に神を信じムハンマドを信頼しているのは誰々かということを調べるために)。だが今ではもうアッラーは汝ら(つい信仰心がぐらついて、逃げ出した信者たち)をみなお赦しになった。アッラーは信者に対していとも情深くおわします。

つぎに第一四七節で、またウフドの敗戦の話に戻って、

(あの時)汝らはみな他人《ひと》のことなど構《かま》いもせずに夢中で遁げ道を登って行った(メディナに向かって一目散に逃げ出した)。使徒(ムハンマド)が一番殿《しんがり》に立って、あんなに汝らを喚《よ》んでいたのに(それにもかかわらず、お前たちはみんな逃げた)。そこで(アッラーは)汝らに禍いにつぐ禍いを振りかけ給うた。汝らが二度と、取りそこなったもの(つまりはじめ当てにしていた分捕品)のことや、身に襲って来たもの(敗北)のことを悲しがったりすることも出来ないよう。アッラーは汝らの所業については何から何まで御存知であるぞ。

こういうふうにバドルとウフドの戦いが描かれています。歴史的事実の一種の報告、情報提供。こういう例が『コーラン』のなかには、ほかにもたくさんあります。レアリスティックなスタイルの使われる最も典型的な場合、それが歴史的事実の描写なのです。

それに次いでこのスタイルがよく使われるのは人物描写。これもまた『コーラン』には例

が非常に多い。勿論、やはり醒めた心でなされる客観的な描写です。例えば、第四章、第一四〇節のいちばん最後のところ、

お前たちにたいして日和見の態度をとる人々がいる。お前たちがアッラーから勝利を戴けば、「わしらは君たちと一緒だったじゃないか」と言っているが、信仰のない連中のほうにぶがよくなってくると、「ほれ見ろ、わしらの勝利だ。わしらがお前たちを信者(イスラーム教徒)どもから守ってやったのだぞ」などと言って(向うにつく)。どちらが正しいかは、復活の日が来ればアッラーが裁いて下さろう。どんなことがあろうと、アッラーが無信の徒《やから》に信者たちを打ち負かしたりなどさせ給うものか。本当にあの似非信者ども、自分ではアッラーを騙そうとかかっているが、実は逆にこっちから騙されているだけのこと。礼拝に立ち上る時にしても、さも大儀そうに立ち上り、見てくればかりつくろって、心の中ではほんの一寸アッラーを念ずるだけで、あちらでもなし、こちらでもなし、始終ふらふら。まったく一たんアッラーが迷わせ給うた人間は、もう(さすがの預言者)お前にも助けてやりようがない。

ごらんのとおり、これはニセ信者の人物描写ですが、この種の描写が『コーラン』にはものすごく多い。それが、非常にうがった描写をしている。この場合でも、神と預言者と天啓とを私は信じます、と正式に宣言して信者になった連中のことなのですね。それが真赤なニセ物であることは、彼らの実際の言動を見りゃわかるというのです。例えば彼らが礼拝するところを見ればいい。礼拝の時刻が来て、立ち上る動作ひとつにしても、いかにも大儀そうで、

お尻が重い。そして形ばかり完全に所定の礼拝をやるけれども、心のなかでは神様のことなんてほとんど考えてもいない。いつもフラフラ、フラフラして心が定まらない。そんなやつらだ、とこういうふうに書いてある。これが人物描写の一例ですが、実に鋭い目でニセ信者を観察しております。

もう一つ、レアリスティックなスタイルが使われる重要な部門は法律上の規定です。『コーラン』に淵源するイスラーム法、シャリーア(Sharī'ah)については、『イスラーム文化』のなかで大分詳しく説明しましたので、ここでは説明は省略しますが、とにかく、法的規定に当たるものが『コーラン』のなかにたくさんあります。一番多いのは遺産相続、それから結婚、離婚、再婚、復縁など結婚関係のもの。それから家族関係、家族の構成に関する法律。それから食物、飲物に対する法規。一つの例として結婚、あるいは復縁に関するものをちょっと読んでみましょう。第二章、第二二九節。

女を離縁してまた復縁できるのは二回まで（三回正式に離婚宣言したら、もはや復縁させることはできないのです）。すなわち（二回までは）、正当な手続きをふんでまた自分のもとに戻すか、さもなければねんごろにいたわって自由の身にしてやることができる。（離縁するにあたっては）以前に与えた物は、一つだに取り上げたりしてはならない。

こんなふうな叙述、これではまだ「法律」にはなりきっていないかもしれませんが、明らかに、法律のもとになるようなものです。こういう叙述を基にして、それをもう一段形式化するとシャリーアになる。『コーラン』のこの個所には、結婚とか再婚とか、相当に複雑な規定が与えられています。例えば、今申しましたように、男が女に向かって三回まで正式に離縁宣告してしまったらば、もはや復縁させることはできないのですが、それでもまだなんとか手段が考えられている。同章の第二三〇節。

それで、もし(男が)彼女(自分の妻)を正式に(三回宣告して)離縁してしまった上は、女が一度他の男と結婚するまでは復縁させることは許されぬ。しかしその(第二の夫が)女を離縁した場合は、両人(前の男と女)は、アッラーの掟に従っているという自信さえあるなら、またもとに戻って(結婚し直して)も差支《さしつか》えない。これがアッラーの定め給う掟である。

つまり、三回正式の宣言が行われたら、もう復縁はいけないという規定があるけれども、そこに一つの抜け道がある。それはその女が、三回離婚宣告されたあとで、誰かほかの男の奥さんになった場合、もしそっちでも離婚が生じた時は、またもとに戻すことができる、というのです。すなわち、女に第二の夫が出来て、しかもその男が彼女を正式に離縁した場合には、第一の夫とその女とは、自分たちの行為がアッラーの掟に背きはしないという確信さえあるならば、またもとに戻って結婚し直しても差し支えない、これがアッラーの定めだ、と。こういうふうに、いろいろそのほか実に微に入り細をうがって詳しい規定が与えられるのです。正しい結婚の手続き、結婚生活における男女の関係、離婚、復縁、再婚等々、この種の事柄を述べる『コーラン』のコトバは、すべてレアリスティックなスタイルに属するものであって、言語をそのように使わせているものは日常的意識です。

以上、レアリスティックな言語用法の内容として三つの重要な項目を挙げましたが、こういうものは普通の考えでいくと、「レトリック」と呼ばれるものの範囲には入ってきません。元来、レトリックとは、相手を説得するためにコトバをいわば特別にひねって使うことですから、今お話したような、客観的事実をなんの技巧もなしにそのまま伝える、ごく普通のコトバの使い方は、レトリカルとは考えられておりません。しかし、『コーラン』のような宗教的テクストの場合には、これもまた一種のレトリックなのです。なぜかというと、ある客観的な事実を選んで、それをコトバの次元に移すその操作そのものに、話主のある特別の意図が働いているからです。それがよくわかるのは、さっきお話した歴史的事実の報告の場合です。なるほど、表面的には、バドルの合戦とかウフドの合戦とか、実際に起こった歴史的事件の描写ですが、それだけではない。歴史的事件のなかに神の働きを見ているのです。人間の歴史の展開を描くことによって、実は神を描いているのです。事件の流れの底に神が働いている。その神の働きの真実さを感じさせる、印象づけるための一つの技法がそこに行われているのです。

それから法律の規定にしても、いまお読みになっておわかりになったと思いますが、単なる法律の条文じゃない。そこに表わされているものは神の意志なのです。神の意志を聴手あるいは読者にぐっと押しつけるといいますか、そういうひとつの表現上の技術なのです。ですから、レアリスティックなものでも、少くとも『コーラン』では、レトリックの一つのレベルだと私は考えます。今回、我々がこのセミナーで読む「開扉」の章そのものも、全体がこの第一の、つまり、レアリスティックなレベルでの言語用法でありまして、それがわからないとこの章の意味するところを非常に浅薄に読んでしまうことになります。

13 イマジナルな表現レベル

『コーラン』レトリックの第二レベル、imaginal というのは、アンリ・コルバンのいわゆる「創造的想像力」(imagination créatrice)の働く言語次元。mythopoeic というコトバをご存知ですか。「ミュトス生産的」というような意味で、もともとプラトンに由来するコトバです。ミュトスとはいっても、厳密に神話のことではありません。神話を産み出すもとになるような根源的イマージュ、深層意識的イマージュそのものの領域、つまり、異常な、現実離れしたイマージュの働く意識の次元なのです。ものを見る意識のあり方が、第一のレアリスティックな場合とまったく違う。現実離れしているのです。例えば、天使とかサタンとか悪霊とか怪獣とか不思議な木や山や花や、異形のものたち。そういうもの皆が自然物と同等の資格で存在するような世界なのです。普通の人はこういう世界を経験することができない。

では、どんな時に人はそういう意識状態に入ることができるのかというと、感覚とか知覚とか、理性とかいうものが働きをやめた時です。すなわち、常識的な意味での人間の心が、その正常な機能を停止した時に、こういうイマジネーションが働き出す。常識的な人間の場合には、感覚、知覚、理性の働きが第一次的機能を停止するような事態というのは夢しかないのです。人が眠っている時。日常的な感覚、知覚、そして勿論、理性が背後に退いて意識がそれだけ空白になる。その空白の場のなかに不思議なイマージュが起こってくる。現在の我々なら、無意識あるいは深層意識が自己をイマージュ化して放出する、とでもいうところでしょうけれど、古代の人々にとってはそうじゃない。それは不可視の世界、どこか向うの世界から異常な事態の情報が流れてくるということなのです、夢を通じて。アラブだけではなくて、ヘブライ人も、アッシリア人も、バビロニア人も、古代セム人はみんな共通してそう信じていました。だから夢は非常に大事だったのですね。不可視の世界の情報、不可視界からのコミュニケーションなのですから。『旧約聖書』をお読みになると、古代イスラエルの預言者たちにおいて、夢がいかに大事な働きをしているかがよくおわかりになると思います。

イスラームではどうかといいますと、『コーラン』よりも「ハディース」を見ると、預言者ムハンマドがやはり夢をそういう意味で非常に重要視したことがわかります。どんな夢でも、というわけではないが、ある種の象徴性を帯びた夢を彼は神からのコミュニケーションの重要なチャンネルと考えていた。神のコミュニケーションとしての夢を見たときには、まるでさし染める暁の光を浴びたように、彼の意識の暗闇が明るく照らし出された、と書かれております。

夢のほかには、皆様よくご存知のシャーマニズムがあります。シャーマン、巫者、の意識。意識のシャーマン的な興奮状態とは、俗なコトバでいうと「神がかり」です。何か神霊的なものが人に乗り移る。意識のあり方がぜんぜん変わってしまう。そうすると世にも不思議なイマージュがわいてきて、それが異常なヴィジョンとして体験されるのです。しかし夢の場合もそうだったように、古代の人たちは、シャーマン的興奮状態の意識に現われるそのような奇怪なヴィジョンを、深層意識から発出するイマージュとは考えずに、不可視界からのコミュニケーションと考えるのでした。

預言的興奮状態におけるムハンマドの意識も、これに非常に近かった。構造的にいえば、やっぱりシャーマン的だったというんでしょうね。しかし『コーラン』自体は、ある特殊な理由から、それを極力否定しています。ムハンマドはシャーマンじゃない、預言者だ。預言者とシャーマンとはまったく別物だ、と。それについては、後で、預言者とはどういう人間なのかについて詳しくお話しなければならないから、その時までとっておくことにしましょう。

ともかくムハンマドの立場としては、つまり『コーラン』の立場としては、ムハンマドはシャーマンではなかった。預言とシャーマニズムを混同することは、由々しき誤りとされた。けれど、その頃の、ムハンマドのまわりのアラブたちの大多数は、この誤りを犯したのです。少くとも外面的に見て、預言現象とシャーマニズムとを区別することは、彼らにはできなかった。だから、彼らはムハンマドをシャーマンの一人にすぎないと思った。それに対して

『コーラン』はさかんに抗議しています。『コーラン』ばかりでなく、イスラームを信じる人々の宗教主体的態度としては、シャーマニズムじゃないといいたい気持はわかります。しかし、さっきから我々が論じているレトリックの第二レベル現象として見るかぎり、つまり、イマジナルな言語用法に関するかぎり、『コーラン』の、特にメッカ期最初の頃の啓示テクストは、否定すべからざるシャーマニズム的性格を示しております。初期の特徴をなす終末論的ヴィジョンはその典型的な例です。

ちょっと実例を見てみましょう。意識深層から湧出する根源的イマージュが、おのずからにして取るスタイルが、どんなにレアリスティックなスタイルと違うか、一見しておわかりになると思います。先ず、第一〇一章「戸を叩く音」。これは初期の章句のなかでも有名なものです。特に第一節から第四節まで。

どんどん、と戸を叩く

「戸を叩く」というのは天地終末の日の近づく音。天地終末――現世的存在次元がまったく無に帰してしまう恐ろしい終末の日。その日が刻々と近づいてくる。イマージュ的にそうという感覚的ですね。真夜中に、誰かがどんどんと表の戸を叩いている。

何事ぞ、戸を叩く。

ふとそれに気付く。実に無気味な感じ。

戸を叩く音、そも何事ぞとはなんで知る。

これはその頃のシャーマン（巫者）特有の表現です。こういう表現方法を使うということ自身が、この種の啓示の言語のシャーマニズム的性格をよく表わしています。「戸を叩く音、そも何事ぞとはなんで知る」――この型の表現は『コーラン』のなかにたくさん出てきます。「ナニナニとはそも何事ぞとはなんで知る」という特殊な言い方。ただそれに注意を向けるための一つの表現上のテクニックだといえば、それっきりですけれども、これがアラビア語では実に不思議な効果を出すのですね。不気味な、神秘的な、なんともいえないコトバの暗さ。「そも何事ぞとはなんで知る」――巫者、神がかり状態に入った巫者の口走るコトバに、必ずといってもいいほど頻繁に出てくる表現です。決して『コーラン』だけの表現形式ではありません。そして、この問いに対する答がその次の二節です。

人々あたかも飛び散る蛾のごとく散らされる日。
山々あたかも捲《むし》られた羊毛のごとく成る日。

これは「戸を叩く音」が視覚的イマージュ化された内容です。真に迫った感覚じゃないでしょうか。こういうスタイル、それがイマジナルな言語の使い方なのです。

先に続けるためにもう一つ例を。第八一章「巻きつける」。「巻きつける」はグルグル巻きにしてしまうという意味。万物が自然的秩序を喪失し、全存在世界が無に帰する、その第一段として、太陽がグルグル巻きになってしまう。終末の日のイマージュです。イマジナルな世界に一ぺんにはじめから入っていく。読んでみましょう。

太陽が暗黒でぐるぐる巻きにされる時、

これは、ある一つの古い註釈に従って、「暗黒でぐるぐる巻きにされる時」と私は訳したのですけれども、あるいは太陽自身がぐにゃぐにゃになり、ぐるぐる巻きにされてしまう、というのかもしれない、暗黒でその回りを巻くというのではなしに。

星々が落ちる時、
山々が飛び散る時、
産み月近い駱駝を見かえる人もなくなる時、

我々日本人の感覚ではちょっとわからないかもしれませんが、産み月近い駱駝はおそろしく高価なもの。古い詩などによく出てきます。まるで宝物扱いです。それを見捨てる人なんかありゃしない。ところが、そんな宝物を見かえる人もなくなってしまうような状況というんですから大変なことです。実にアラブ的な表現ですね。

野獣ら続々と集い来る時、

野獣たちも、恐怖にかられて、いろんなところから飛び出してくる。

海洋ふつふつと煮えたぎる時、

海がまるで沸騰したお湯のように煮えかえる。以上が終末の日の風景。そのつぎ、

魂ことごとく組み合わされる時、

これは終末の日に続く復活の日のことです。終末で天地が一たん無に帰して、それから復活がくる。その時、今までに死んだ人たちの魂がことごとく、それぞれがもとの身体に組み合わされてもとに戻る。但し、復活については、ここではただ一行だけで、すぐ最後の審判に移ります。

生埋めの嬰児《みどりご》が、なんの罪あって殺された、と訊かれる時、

「生埋めの嬰児」――このコトバの意味することがわかったら現代の女性は女性蔑視だなんて憤慨なさるかもしれません。古代アラビアでは、女の子が生まれることをとても嫌う。親にとって不名誉なんです。だから間引きするというんですか、特に貧しい家庭では生まれたばかりの娘をよく生埋めにしてしまう習慣があったのです。これを『コーラン』は禁止した。その点でイスラームはヒューマニスティックだなんていわれます。ともかく、生埋めにされた女の子がたくさんいるわけで、彼女たちが復活して審判の場に出てくると、何の罪あってお前たち殺されたのか、と尋ねられる。罪なんかなかったろうという意味です。つまり、埋め殺した親が悪いというのですね。そこで親が地獄へいくことになる。

帳簿がさっと開かれる時、

あとでもお話することになると思いますが、最後の審判を受けるさいには、人々はみんな天の帳簿を渡され、その帳簿によって天国へいくか地獄へいくかきまる。各人のこの世での所業が一つのこらず帳簿に記載されているのです。

天がめりめり剝ぎ取られる時、

地獄がかっかと焚かれる時、

天国がぐっと近づく時、

(その時こそ)どの魂も己が所業の(結末を)知る。

ここまでが終末、復活、審判、それから賞罰。そこまでの経過が、これだけに圧縮して書か

れています。

　ちょっとごらんになっただけで、これは目覚めた意識のコトバじゃないことがおわかりになるでしょう。酔った意識、シャーマン的な興奮状態にある意識のコトバなのです。だから不思議なイマージュがつぎからつぎに出てくる。けれども、結局は、天地の終末がきて、そしてみんなが復活して、審判が行われて、天国と地獄へいくんだということにすぎないのです、事実をいえば。だけどその事実が問題じゃないのです。ヴィジョンが問題なのです。

　ここで文章が一たん途切れて、今度は突然、誓いのコトバが出てきます。

　誓おう、沈み行く星々にかけて、
　走りつつ、塒《ねぐら》に還る星々にかけて、
　駸々《しんしん》と迫る宵闇にかけて、
　明けそめる暁の光りにかけて、
　げに、これぞ貴き使徒の言葉。

前にもちょっとお話ししましたけれど、誓言形式は、シャーマンのイマジナルな言語用法の一つの大きな特徴です。つぎからつぎ、様々なものにかけて誓う。

　余分なコトバ、過剰なコトバを使うことをレトリックだという考え方がありますね。つまり、実際に役に立つことだけを口にするのがコトバの本来の用法であるという考え方なのですが、そういう考え方からすると、『コーラン』に出てくる誓いのコトバほどレトリカルという形容詞にぴったりしたものはない。ほかの場合ですと、誓言には、ちゃんとした意味があるのですが、『コーラン』の場合は、何のためにこんなに誓うのかわからない。意味がないといったら意味がないのです。けれども、他面、それが鮮烈なイマージュを喚起するものであることは、お読みになるとわかるでしょう。なんとなく不思議なイマージュの連鎖。聞く人を異様な世界に誘い込む。形の上ではたしかに誓いのコトバですけれど、本当は、誓いを立てるというより、その人がある特殊な意識状態、つまり先刻からお話しているシャーマン的興奮状態に入っていることの自然の現われなのです。そのコトバを口にしている当人は勿論だけれども、聞いている人もそういう不思議なイマージュの世界に引き込まれていく。それが『コーラン』の、イマジナルな言語レベルにおける主要な役割りです。

『コーラン』の誓言には幾つかの型があります。今引用した個所のように、「誓おう」というコトバがはっきり出てくる場合がその一つ。「なになににかけて」とだけ言う場合もあります。例の「慈悲深く慈愛あまねきアッラーの御名において」という、「おいて」も元来は「かけて」という誓いのコトバなのです。ところが、このように「かけて」とか「おいて」とかいうコトバを全然使わない形もあります。なんにも前置きなしに、いきなり「XはYである」式の平叙文がくる。こんな場合には、それが誓いのコトバであるということが、よほど慣れた方でないとわかりません。そういう例を一つだけ読んでみましょうか。第一〇〇章「駿馬」の最初の部分。

鼻嵐《はなあらし》吹き疾駆して、

蹄に火花散らしつつ、

暁かけて襲撃し、
砂塵濛々まき起し、
敵中ふかくおどり込む。

これは敵の部族に攻め込む馬のものすごい走り方、疾駆するアラビア馬の勇ましい姿を描いたもの。しかし、そういう実景を客観的に描写しているわけではないのです。ただ、突然、こんな光景がイマージュとして、ありありと心に浮んできた、それをその場で捉えて誓いのコトバにしただけのこと。「誓う」ともなんとも言ってないけれど、誓いなのです。

ついでですが、アラビアでは馬というものはやはり非常に大事なのでして、戦争のときには、長い行程は駱駝に乗っていく。これからいよいよ敵陣に攻め込むというその直前に馬に乗り換える。馬を疲れさせないように、そこまで連れていくのです。砂漠を越えて敵の陣近くまでは駱駝でいって、いざ決戦というときに馬に乗り換えて、それこそ「鼻嵐吹き疾駆して、蹄に火花散らしつつ」攻め込んでいく。だから、この一節は、それだけ切り離して見れば、立派にレアリスティックな描写ではあるけれども、このコンテクストにおいては事実のコミュニケーションという意味での役は少しも果していないのです。

以上で、イマジナルな言語用法というのがどんなものであるか、大体おわかりいただけたことと思いますが、『コーラン』、特に初期の啓示を記録した部分(岩波文庫の訳では下巻の後半)においては、レトリックのこの次元が非常に複雑かつ重要な働きをしています。とりわけ大切なことは終末論関係のものが全部この次元に属しているということです。つまり、心的態度としてはシャーマン的な意識現象だし、スタイル的にいうとイマジナルなコトバの働き、というわけです。要するにイマージュの展開としてコトバが運ばれていく。しかもこの分野で『コーラン』は顕著なアラブ性を発揮するのです。それをこれから天国と地獄の描写を例として皆さんとごいっしょに読んでみようと思います。

天国と地獄、これはイマジナルなレトリックにぴったりのテーマ。このセミナーの目的からしても非常に大事ですから、少しゆっくり、例を幾つか読みながら考察してみましょう。先ず第一は第五六章「恐ろしい出来事」、これは天国の描写です。第一節から読んでみますと、

あの事(すなわち、天地終末)がいよいよ出来《しゅったい》して、誰もその到来を嘘とは言えなくなり、人々、あるいは失墜し、あるいは高められる時になると……

大地がぐらぐらと大揺れにゆれ、山々は粉々にくずれ、塵芥となって吹き散らされ、お前らが三組に(右組と左組とその先頭に立つ特別の組)分けられる時……

右組の人々は、それ、右組の人々。左組の人々は、それ、左組の人々。それから先頭に立つ人々が先頭に立ち……

これ(先頭組の人々)こそ(玉座の)おそば近くに召され、えも言われぬ幸福の楽園に入る人々。昔の人が大部分で、後世の者はほんの僅か。

つまり、天国に入れるのは昔の人が大部分で、今時の人間はだめだという痛烈な皮肉。

金糸まばゆい臥牀《ねだい》の上に、向い合わせでゆったりと手足伸ばせば、これがその当時のアラブにはとっても大きな魅惑だったらしい、何べんも出てきます。「金糸まばゆい臥牀の上に」、好きな人が向い合わせで、ゆったり手足を伸ばす。男か女かは関係なし。男同士でもいいのです。

永遠の若さを享けたお小姓たちがお酌に廻る、お酌の若者たち、これがまた魅力の一つ。永遠の若さを享けた素晴しい美少年がお酌してまわる。

手に手に高杯《たかつき》、水差し、汲みたての盃ささげて。

この(酒は)いくら飲んでも頭がいたんだり、酔って性根を失くしたりせぬ。これは現世の人間が飲む酒みたいに悪質の酒じゃない。飲めば実においしいんだけれども、決して酔わない。頭が痛くなったりする心配もない。

そのうえ果物は好みにまかせ。鳥の肉なぞ望み次第。

目《まなこ》すずしい処女妻《おとめづま》は、(深海の底、貝の中に)そっと隠された真珠さながら。

というわけで、これが天国のイマージュなのです。この描写を読んでごらんになると、そこになんとなくゆとりがあるでしょう。ゆったりしたところがあるのですね。シャーマン的な意識、さっきの「どんどんと戸を叩く」みたいな迫りくる審判の日を描く緊迫の極にあるものから、だんだんと緊張が弛緩して、緊迫感が緩んでくるところまで、いろいろ段階があるのです。

この例に見られるように、緊迫感が緩んで気分にゆとりが出来てきますと、非常にアラブ的なユーモアが現われてきます。この種の発想法は、後世のアラビア文学の起源として考えても非常に面白いものです。例えば、第三七章、第三九節に、天国にいく人たちが、こういう手法で描かれています。文学的にもなかなかの傑作です。地獄のほうは、またあとでお話することにして、とにかく読んでみましょう。

だがしかし、誠実一筋のアッラーの僕《しもべ》は違う（地獄にいく連中とは違うというのです）。そういう人々だけは、例のおいしい食物を頂戴できる（なにしろ現世は食糧不足ですから、特に砂漠では。だから食物をふんだんに戴けるということは、天国の楽しみの一つです）。すなわち、くさぐさの果物を（戴ける）。高い名誉を与えられ、至福の園に入り、臥牀《ねだい》の上にみな互いに向い合って坐れば（さっき読んだのと同じですね。金糸をほどこした臥牀の上に互いに向い合って坐るのです）、こんこんと湧き出る泉から汲みたての盃が一座に廻り（これもさっきと同じで、美しいお小姓がもってくるのです。天国の泉、サルサビールという不思議な泉から、えもいえぬ美味の水が出る。現世でいえば、美酒《うまさけ》というところですが、現世の酒とは違って、いくら飲んでも頭が痛くならない天国の水）白々と澄んで飲めばえも言えぬ心持よさ。これは飲んでも頭がふらつくでなし、酔っぱらったりする心配もない（この点がよっぽど気になるらしい。事実、後世のイスラーム法では、人を酔わせる飲料は一切禁止されます）。側に侍るは眼差もしとやかな乙女ら。眼《まなこ》ぱっちりした美人ぞろいで、体はまるで砂に隠れた卵さながら（砂に埋もれた卵というのは駝鳥の大きな卵のこと。純白でうっすら黄色みを帯びたなめらかな肌)。

ここまでは天国のまともな描写だからいいのですが、そこから滑稽な事態が出てくるのです。やがて、彼ら(天国に入ったその幸福な男たち)かたみに向きなおって、いろいろと訊ね合う(天国に入りたてで、事情がまだよくわからない、というところ)。なかの一人が口を切る、「わしに一人友人がおりましてな、口癖のようにこう言うておりました、『ねえ、君までがあのようなこと(ムハンマドの説くイスラームの教えみたいな下らないこと)真《ま》にうけているのか。わしらが死んで、塵と骨になってしまってから、そうなってからまた裁かれるなんてことがあるとでも思ってるのかね』と。」

「まあ、みなさん、ちょっと見下ろしてごらんなされ」と言う。見下ろせば、や、見える見える、あの男(復活と最後の審判を信じなかった例の友だち)が地獄の真中におる(天国から、みんなが額に手をかざしてその男を眺めているところが目に見えるようですね)。

「ああ、すんでにお前(地獄に落ちている友人に話しかける)のおかげで、わしも破滅するところであったわい。主《しゅ》のお情あったればこそだが、さもなくばわしも(お前と一緒に)曳きずり出されるところであった。」(そうするとそれを聞いていたほかの人が)

「ほんに、我ら(天国に入った者)は、死ぬといえば、この前(現世で)死んで、それ以上死というものはなく、もう罰を受ける心配もないのでしょうか。」(と疑問を提出する。当然ですね、天国に入りはしたものの、新米だから自信がない。あんな恐ろしいことは一回だけでたくさん。現世で死んだように、天国でもまた死に直して、それでまた裁かれるのでは、これはもうかなわないというのです。）

「もしそうだとすれば（つまり、天国の生は永遠であって、死はなく、従ってまた再度審判される心配もないとすれば）これは大した儲けもの。何か仕事するからには、こういうことを目指してすべきです。」（なんて教訓めいたことまで言っている）。

この「大儲け」という考え方、これは前にもお話ししましたので、いまここでは繰り返さないようにしますが、『コーラン』独特の商人的メンタリティの発言です。大儲けは商人コトバ。損だとか儲け口だとかいう考え方が『コーラン』には非常に多い。宗教にこんな考えを持ち込むのは不真面目だと思われるかもしれませんが、アラブにしてみれば、少しも不真面目なのではない。むしろ文化枠の違いとして考えていかないと、イスラームという宗教を誤解することになってしまいます。

それはともかくとして、今引用した個所を一読すると、これが聖なる書物なのだろうかと思うぐらい滑稽な会話が行われております。これがシャーマン的な意識の緊張が緩んできて、物語的に展開しだした状態の作品です。シャーマン的な意識というものは、非常に緊迫しているときは、さっきの「どんどんと戸を叩く」みたいに、異常なイマージュがつぎからつぎに湧き出してくるだけですが、それが緩んでくると、物語を語り出す。神話になったり、民話風の物語になったりするのです。今の会話なんかは、もう物語になる寸前ですね。会話に先行する天国の描写にしても、神がかりの人の生《なま》のヴィジョンそのものというよりも、既に醒めかけている意識に現われるイマージュです。『コーラン』のレトリックとしては、そういうところまでイマジナルなレベルに入ってくるのです。『コーラン』の正しい理解のために大変大事なことですから、もう少し続けてご説明したいと思います。

『コーラン』におけるイマジナルな言語使用レベルの一例として、第三七章の一部をさっき読みました。天国の描写です。似たような例がほかにまだいくつもあります。何も準備なしに普通の人が『コーラン』を読んだ場合、こういう描写に出合うと非常に不思議な感じに打たれる。当然のことです。ちょっと思い出してごらんなさい、あの天国の描写。天国が素晴しい歓楽の世界として描かれていることはわかるのですけれども、そこに坐っている人たちが妙な会話を始める。我々から見れば、滑稽な会話です。自分がまだ現世に生きていたころ、イスラームのことを悪しざまに言うやつがいて、復活だとか審判だとか、みんな嘘だとうそぶいていた。ところが、ふと下の方を眺めてみると、はるか彼方、豆みたいに小さく、その男が地獄の中でのたうち回っているのが見える。面白いですね。あれ見ろ、いいざまだっていうわけです。だが、眺めているうちに、何だか心配になってくる。まさかもう一度同じようなことが繰り返されるんじゃないでしょうね、と誰かが言う。現世の生活でさんざん苦労したあげく、死の苦痛を経て、恐ろしい審判を受け、幸いに天国にやって来た。このまま これが永遠に続くんならありがたいが、またここで死んで、復活して、また別の審判があって、別のところにいくんだったら大変だというのですね。そうすると(テクストには書いていないけれども)、そんなことはない、もうこれでおしまいです、と経験者らしき人が言う。ああ、それで安心した、儲かった。こりゃありがたい商売だ、などと喜ぶ。

こんな個所を読むと、イスラームというものを知らない人、特に『コーラン』のアラブ性を知らない人は実に不思議な感じに打たれるだろうと思います。『コーラン』は『聖書』と同じ聖なる書物だという考えが頭にあって、『新約聖書』でも読むつもりで『コーラン』を開いて見ると、こんなことが書いてある。不真面目だ、という感じも受けるかもしれない。

それは、『コーラン』の表現形態をレトリック的に分けて考えないからなのです。全部をベタ一面に読んでしまうと違和感が出てくるのですね。けれど、『コーラン』のスタイルには三つの型があり、その三つはそれぞれ起源が違うのだということを頭において読むと、だんだん抵抗なしにわかるようになってきます。

『コーラン』における天国と地獄の描写。根源までさかのぼってみると、前にも申しましたように、巫者的な意識に行きつきます。始めは鮮烈なイマージュが、礫を投げるように意識にぶつかってくるのですね。それをそのまま投げ出していく。ぶつかってくるイマージュの石、そんな感じです。日本語訳『コーラン』の下巻の最後のほうはだいたいそうです。最初にお話しましたね、これはムハンマドが預言者になってはじめのころの預言です。彼の意識は巫者的に緊張しきっている。強烈なイマージュが渦巻き流れる世界。

しかし、そのうちに、だんだん熱がさめてくると、今度は意識にぶつかってきた一つ一つの強烈なイマージュが、内容的にふくれてひとつの物語に発展してくる。物語的な様相を見せてくる。それだけのゆとりができてくるということです。そして、ゆとりができると、たちまちアラブ独特のユーモアが顔を出す。そういう段階がさっき読んだ天国の描写の生起する場なのです。これはつぎにお話するはずのレトリック第三層、説話的、伝説的スタイルとは起源的に違いまして、どこまでもシャーマン的な意識緊張の緩んだものです。そういうふうに考えると、この種のスタイルの秘密が理解できるようになると思います。

しかし、レトリック第三層に移る前に、第二層の代表的主題として、天国とならぶ地獄の描写を簡単に見ておくことにしましょう。地獄にいく人たち、現世にいた時、神を信じなかった連中ですね。特に悪いのは復活を否定してきた連中です。そういう人たちはどんなことになるのか。先ず第三七章、第六〇節、これはさっき読んだ天国の続きですから、対照的にうまく配置されています。

さ、このように歓待されるがいいか、それともザックームの木がいいか(ザックーム、Zakkūm というのは、イスラームの神話的な世界に生えている怪木、地獄の木です)。これは、悪者どもの責苦として特に我ら(神)がしつらえたもの。これは、地獄のどん底に生える一本の木。その実はあたかも悪魔の頭(たくさん実がなっているが、その実の一つ一つが悪魔の形相をしている)。みんなそれを食わされて、腹は一杯。そこへ今度はぐらぐら煮えたぎるお汁を飲まされて、あげくの果てには間違いなく地獄(の劫火)に送り込まれる。

「地獄」は原語でジャハンナム(Jahannam)といって炎々と燃える地獄の火のことです。『旧約』で「ゲヘナ」というのをご存知でしょう。ゲヘナの火です。第四四章、第四三節にも同じザックームの木のことが書いてあります。

見よ、このザックームの木、これが罪深い者の食物。(これを食べると)どろどろに熔かした銅のように腹の中で煮えかえり、熱湯のようにぐつぐつ煮え立つ(というのですから恐ろしい。そのザックームの木の実を食わされたあと、どこからともなく声が聞こえてくる)。「この者を連れて行って、地獄の真只中に曳きずり込め。熱湯の責苦を頭からざあっとあびせかけよ(熱湯の責苦というのは地獄の火のことなのです)。」「さ、とくと味わうがいい、まったくお前は偉い、立派なお方(これはまたひどく辛辣な皮肉。こんな皮肉が言えるんですから余裕があります)。これこそお前らが(現世で)疑っていたもの(いまこそ思い知るがいい)。」

以上が罪人たちの地獄行きの大筋ですけれど、『コーラン』はそれにいろいろ面白い細部を加えていきます。例えば、ザックームの実を食わされたあと、火の中に曳きずり込まれるにしても、火のところまで行きつくには道のりがなかなかある。行くほどに、やがて遠くに火が見えてくる仕組になっているのです。第七七章、第二九節。

さあ、お前たち、自分で嘘だ、嘘だと言うてきたもの(地獄の劫火)のところへ出かけて行くがよい。三つ股にわかれた蔭にむかって、さ、急いで行くがよい(「三つ股にわかれた蔭」、燃える地獄の火から、もくもくとわき起こる黒煙が三つに分かれている。それを巨大な木だと思って、そこへみんなが駈けよるというのです。いかにも砂漠的なイマージュじゃないでしょうか、アラビア的というか。いかに木蔭が大事かということです。涼しい木蔭だと思って走り寄ると、とんでもない)。だが、あれは木蔭の役には立ちはせぬ。焔を防いでくれはせぬ。あれ見よ、そそり立つお城のような火を吹いて、いや、まるで黄金色の駱駝でも見るような。

濃厚なイマージュですね。遠い向うにそそり立つ巨木らしきものが見えるので、駈けよっていくと、黄金色の駱駝のように、炎々と燃える火がそこにある。そしてその火の中に入って焼かれるのです。ほかにいくらでも例がありますが、もう一つだけ見ておきましょう。

第一七章、第九九節。今度は、どんなふうにして彼らが火あぶりにされるか、その有様を描いたもの。

アッラーが正しく導いて下さる者は正しい道を行く。が、道を迷わせ給う者には、もう（アッラー御自身の）ほかに助け手など絶対に見つけてやりようもない。いまに、復活の日が来たら、彼らみんなを召し寄せて、顔で歩かせてくれようぞ。

と、これは神様自身のコトバ。悪人どもが地獄に入れられる時には、足でなくて「顔で歩かせられる」という。要するに、さかさにして火のところまで引摺っていく。

目も見えず、口もきけず、耳もきこえず。落ち行く先はジャハンナム（ゲヘナの火）。火力が弱まるたびにまた新しく焚きつけてやる。これが当然の報いというもの。

つまり焼きに焼かれる。火力が弱まったらまた焚きつけるというのですから、切りがない。

次は第一〇四章「中傷者」の第四節。これはちょっと変わった描写で、初期の、シャーマン的なイマージュが特徴的な形で露出しています。ついでに申し上げておきますが、一節から三節までと、四節から九節までとはぜんぜん関係ありません。一節から三節まではレアリスティックなスタイルで、人物描写。四節から九節はイマジナルなスタイルです。続いていますが、それは編纂者がたまたまこういうふうにテクストを配置したのであって、このとおり啓示されたということでは、おそらく、ありません。別々な時に啓示された二つの断片を一緒にならべただけ。このような例が『コーラン』のテクストにはたくさんあります。

いや、いや、砕し釜に叩き込まれる身のさだめ（地獄が、ここでは砕し釜のイマージュになって現われているのですね。巨大な石臼です）。

が、さて、砕し釜とはそもなんぞやとなんで知る（さっきいいましたように、これが古アラビアのシャーマンの特徴的な発想法です。すぐ答えが出てくる）。

ぼうぼうと焚きつけられた神の火で、

忽ち心を舐めつくし（心、すなわち心臓は生命のもと。それを先ず火に舐められてしまう）、

頭の上から蓋をして、

蜿々長蛇の柱とはなる。

詩的といえばまことに詩的。とにかく印象的な描写。最初期のシャーマン的なスタイルの代表的な例の一つです。シャーマンが一種の恍惚状態になって、自分が見るヴィジョンをコトバで描き出す。それがおのずからポエジーをなす。ここにはまだ緊張の緩みというものはありません。緊張が緩むと、地獄の光景でも、さっきの天国の場合のようにユーモアが出てきます。その例もたくさんありますが、ここでは時間の関係で、一つだけ選んで読んでおきましょう。

第三八章、第五九節。地獄の火の中に陥ち込んだ連中の口にするコトバ。

あれ見よ、あんなに沢山の人がお前たちと一緒にぞろぞろ入って来る（地獄に入ってくる

大群集)。「ようこそおいで」とも言われずに、そのまま直ちに火あぶりになる。みんなが(「みんなが」とは、自分たちが現世で騙されていたのだと悟った群衆が、自分を悪の道に誘っていた指導者たちに向かって)、「いや、いや、お前たち、『ようこそおいで』どころじゃない。こんなことになったのも、もとはと言えばお前たちの所為《せい》だ。まったく、(お前たちに騙されて)とんでもない住居《すまい》に来てしまったもの」と言う。「神様、わしらをこんな目に逢わせた者、そのような者には火の中で二倍の責苦を与え給え」と言い出す者(があ る)。そうかと思えば、「おや、変だぞ、現世にいた頃わしらが悪者扱いしていた連中が一人も見あたらぬ(これはつまりムハンマドのまわりにいた敬虔な信者の人たちのこと。現世で我々が悪者扱いしていたあの連中が一人も見あたらない、これはちょっと変だ)。散々嗤《わら》いものにしてやったものだが(ヒョッとすると向うの方が正しかったのかな)。それとも(そこらに居るのを)わしらが見落したのか」などと言う者もある。

いや、本当にこのようなことになるのだ。つまり、火の中に陥ち込んだ者どもがこんなふうに言い争いをはじめるのだ。

これなんかごらんになると、さっきの天国の描写と同じで、一種のユーモアが感じられますね。それだけのゆとりがあるのです。つまり緊張が緩んでいる。シャーマン的な意識の緊張が緩んで、イマージュが物語として展開する一歩手前のところまできている。もう一歩進めば、完全に物語になります。こういうのがだいたいイマジナルなレベルの言語用法なのです。

こうして見ますと、シャーマン的意識といっても、それにかなりの幅、あるいは段階があることがよくわかります。強烈なイマージュで人間が圧倒されてしまって、そのまま地に倒れ伏してしまうというような原初的段階から、己れをやや取り戻し、立ち直ってものを見、ものを言う余裕が出てくる段階まで。そして余裕ができるにつれて、シャーマン的なイマージュが物語に近い形になっていく。

イマジナルなレベルの説明が大変長くなりましたが、ここらで次の説話的物語調スタイルの説明に移りましょう。いわゆる語りもののスタイルです。勿論、第一のレアリスティックなスタイルでも、物語は展開できます。その場合は、『コーラン』では、寓話です。「パラブル」(parable)——寓話とか譬え話とか。『新約聖書』にはイエスの語る寓話がたくさんあって、世に有名です。イエス・キリストはつぎからつぎに巧みな寓話を作って、それで人々に教訓を与えます。何を教えるべきかという目標がちゃんとわかっていて、それをどういう形の物語に宿したら一番効果的かを考えて構築する物語。明らかに醒めた意識の計算がそこに働いている。つまり、レアリスティックな次元で成立する物語性なのです。

『コーラン』にも、これとまったく同じような性質の寓話《パラブル》が出てきます。これはやはり醒めた心のつくり出す物語なのです。『新約聖書』風とでもいったらいいと思います。

例えば、上巻第二章、第二六六節で、

これ汝ら、信徒の者、せっかく施し物をしておきながら、後で恩きせがましくしたり偉ぶったりしてそれを無効にしてはならぬぞ。いかにも見てくれがましく自分の持ちものを施しはするが、その実アッラーも最後の(審判の)日も信じていない人のするように。
そういう人をものの譬えで説こうなら、……

といって寓話が始まる。『新約聖書』を憶わせるような譬え話。

そういう人をものの譬えで説こうなら、まず土をかぶった岩石か。ひと雨ざっと襲って来たら、すっかりはだかになってしまう。せっかく今まで稼いでおいても、そうなったが最後もうどうにも出来はしない。信仰のない人々をアッラーは導いて下さりはしない。

砂漠の中に岩があって土をかぶっている。見たところはしっかりした土のようだが、実はまことに浅い土の層で、雨が降ればたちまち裸になって石が出てしまう。それと同じで、せっかく稼いできた金もたちまち流れてしまうという意味。ここでも「稼ぎ」という商人コトバが出てくるでしょう。つまり、せっかく稼いでおいてもとは、いいことをしておいてもということなのです。ここでは施し物をしてもということです。せっかく施し物をして点を稼いだのに、その稼ぎもゼロになるということ。譬え話はまだ続きます。

これに反して、アッラーのお気に入ろうがため、かつはまた自分の信心の固めのために己が財産を費す人々は、譬えてみればまず丘の上の果樹園のようなものか。ひと雨ざっと襲って来れば、取れる果実は二倍にふえ、雨が降らねば露がふる。
アッラーは汝らのすることは何から何まで見ていらっしゃる。

こういうふうに寓話によって言おうとする内容を描き出す。これは醒めた心のなす文学です。すなわち、『コーラン』のレトリックとしては、第一のレアリスティックなレベルで成立する作品です。目的を意識しその目的実現のために一番効果的なやり方を冷静に考えて、全体をイマージュ的に構築していく。これが寓話というものの本領です。

もう一つ有名な寓話としては第一八章、第三一節から第四二節まで。かなり長くて、読んでいたら時間がかかりますから止めておきます。要するに、現世で非常に栄えるけれども、終末の日を信じない男と、現世では弱者で貧しくて、敗者だけれども、終末の日を信じているために、あとで勝利者になる人、この二人を対立させて対照的に物語として描いている。これも実に『新約聖書』風のパラブルです。

このように第一のレアリスティックなレベルでも物語は作れる。しかしこのレベルでの物語りは、『コーラン』では、寓話となる、というわけです。それから、いまお話したばかりの、イマジナルなレベルで、シャーマン的な意識が物語を生み出すことは勿論です。さっきいいましたね、意識のシャーマン的緊張が緩むと、深層意識から湧き出してくる根源的イマージュが、そのまま物語になって展開していく。これは先刻いくつかの例を出しました。

14 ナラティヴな表現レベル

ところが第三の、私が仮りに narrative とか、legendary とか呼ぼうとしているものは、第一、第二のとは性質が違うもので、それがまた『コーラン』のなかで非常に大きなスペースを占めるのです。どういうのかと申しますと、素材的には、実際に起こったこと、本当に歴史的に起こった(と想定される)出来事を叙述する。それが建前です。しかし、それを歴史的事実としてそのまま叙述するかわりに、歴史から遊離させて、つまり超歴史的にして、超歴史的な次元で筋をつくりながら物語として展開していく。ですから、結局、簡単にいえば第一のスタイルと第二のスタイルの中間みたいなものです。素材としての歴史的な事実というのは第一のスタイルです。しかしそれを歴史的現実性から遊離した物語として展開していくという点は、この第二に近い。

フランス語でイストワール(histoire)というコトバをご存知でしょう。これは「歴史」という意味と「物語」という意味がありますね。歴史でもあり物語でもある。まさにそれなんです。つまり歴史が物語になったものです。

この種の物語の素材となる「歴史」を『コーラン』はたいてい『旧約聖書』から取ってきている。『新約聖書』もあるが、『旧約』が材料としてはいちばん多い。

実例を一つ読んでみましょう。第二八章、第七六節以下、「カールーン物語」といって、こういう種類の物語の一つの原型的な形を表わすものです。「カールーン物語」、『旧約』の「民数紀略」第一六章に出てくるコーラの物語がその直接の材料です。

さて、カールーンはもとムーサー(モーセ)の民の一人だったが、思い上がって目に余る振舞をするようになった。それと言うのも、我ら(神)が彼に授けてやった財宝があまりにも多くて、その(庫の)鍵だけでも数人の屈強な男がやっと持ち上げてふらふらするほどだったからのこと。

「これ、あまり調子に乗りすぎるなよ。アッラーは調子に乗りすぎた人間が大嫌いでいらっしゃるぞ。これほどの物をアッラーに授けて戴いているのだから、これでせいぜい後生《ごしょう》を願ったらどうだ。お前でも現世で手に入るものには限りがあるということを忘れてはいけない。アッラーにこれほどよくして戴いたのだから、お前も大いにいいことをしなくてはならぬ。いたるところで悪いことしようなどと考えるものではない。アッラーは悪いことする人間が大嫌いでいらっしゃる」とみなに言われると、彼の言うよう、「なあに、これを授かったのも、もとはといえば、みなわしの生れついての知恵のおかげだ」と。

なんということだ。今までにもアッラーは、あの男よりもっと力もあり、もっと手下も多い人々すら何代も何代も滅ぼしておしまいになったことを彼は知らないのか。罪人どもの犯した罪は一々本人に訊ねることなどない(みんな神様はご存知だ)。

そこであの男(大いに自信があるものだから)きらびやかに飾り立てて民家の間をねり歩く。東の間のこの世に執心の連中がそれを見て、「ああわしらもカールーンの授かったようなものが欲しいなあ。まったく彼は素晴しい幸福者よ」と言う。が、正しい知識を授かっている人々は、「情ないこと言うな。信仰し、善行に精出す者にとっては、アッラーの御褒美の方がどんなにいいことか。辛抱強い者だけがそれを頂戴できるのだ」と言う。

ついに我ら(神)が彼をその邸もろとも大地の底に陥ち込ませてやった。もうそうなってはアッラーのほかに彼を助けてくれる者とてなく、結局誰にも助けてはもらえなかった。そこで、昨日は彼の地位がうらやましいと言っていた人々も、今日はがらりうってかわって、「ああ、アッラーというお方は、御心のまま自由自在、どの僕《しもべ》にでも結構なものをふんだんに下さるかと思えば、引き緊めもなさる（財布を引き緊めたりゆるめたりという商人言葉にご注意）。アッラーのお情がかかったからいいようなものの、さもなくば、わしらまで地の底に呑み込まれてしまうところだった。いや、まことに、信仰なき者は栄えずとはこのことだ」と言うのであった。

これが「カールーン物語」の全部です。既に「民数紀略」を読んだことのおありの方はご存知と思うし、まだご存知なければ、教養のためにちょっと『旧約聖書』などもひもどいてごらんになるのもいいと思います。『コーラン』と『旧約』の違い、なかなか面白い主題です。しかし『コーラン』と『旧約』と対照してもっと面白いのは、なんといっても、文学的に全『コーラン』のなかで最高傑作と考えられる第一二章「エジプトのヨセフ」物語です。残念ながら、長すぎて、ここではご一緒に読めませんが、これだけはどんな人でも、読んだら面白いといいます。

『旧約聖書』の「創世記」、第三七節から第四七節までの歴史的説話に基づいた「エジプトのヨセフ物語」、これはたしかに文学的には傑作です。主題としては、正しい道をいくヨセフがさまざまな苦難に耐えながら、不動の信念をもって生き、神のやさしい目に見守られつつ、ついに最後の勝利を得るというめでたい物語です。時間があれば『旧約』とならべて読んだら非常に面白いと思うのですが、今回はこのままにしておきますので、できればご自分でお読みになって下さい。『旧約聖書』の「創世記」も同時にお読みになることをお忘れにならないように。そうするとだいぶ悟るところが出てくると思います、物語というものの本質、性質について。

ともかくも、こういうふうに素材が『旧約』、あるいは『新約』から出てくるのですが、それを歴史的な事実として叙述する建前でありながら、その歴史性を剥奪して、文学化してしまう。それが『コーラン』で重要な働きをする預言者物語のジャンルです。「ヨセフ物語」のほかに預言者物語としては、「アダムの物語」、「ノアの物語」、「アブラハムの物語」、「ソロモンの物語」、「モーセ物語」、「イエス・キリスト物語」等々があります。アダムの物語を預言者物語とするのはちょっとおかしいと思われるかもしれませんが、イスラームでは人類の始祖、アダムは預言者系列の先頭に立つ人なのです。だからアダムの天地創造、それから失楽園の物語は、『コーラン』的には、れっきとした預言者物語です。

こうして、預言者物語はアダムの物語からはじまってノアの方舟の物語、アブラハムの物語、と続きます。アブラハムの物語は、あとでお話しますが、一神教というものをはじめて起こした人とされております。それからソロモンの知恵、これがまた非常に面白いですね、色彩に富んだ物語です。

しかし、宗教的に一番重要なのはモーセの物語です。『コーラン』では、モーセは神と会話をした人ということになっている。ほかの人は神と直接には会話できない。モーセの場合にはそれができたといわれております。そしてその直接の話し合いで、神と人間とのあいだに宗教という契約が結ばれた。契約としての宗教という概念は、モーセにさかのぼる。だから非常に大事なのです。イスラームでも、宗教なるものを、神と人間とのあいだの一種の契約と考えます。神にたいして人間が契約を結んで信仰に入る。それが宗教の根本であるとする。ユダヤ教でもそうです。それがモーセからはじまっている。

そのつぎに預言者イエス・キリストの物語。始めにもお話ししましたけれども、キリスト教徒の方が皆さんのなかにいらっしゃれば、おかしいと思われるのはあたりまえですが、『コーラン』ではイエス・キリストを神のひとり子としては認めない。神の息子などということは認めない。神に子どもがいるなどということは、一神教に対する冒瀆であるという考え方です。では、イエス・キリストは何なのか。一人の預言者なのです。歴史的にいいますと、イスラームの預言者ムハンマドの直前に出た偉大な預言者がイエス・キリストということになる。

以上名を挙げた預言者は、いずれも『聖書』系統ですが、このほかに、『聖書』でなくてアラビアの民間伝承に基づいている預言者もたくさん出てきます。そういう人たちが『コーラン』の舞台でそれぞれの物語を展開する。

これらの預言者物語の特徴は、さっきも申しましたように、イストワール、つまり歴史でありながら、それが物語になるということです。古典的レトリックの伝統に transpositio という原理があります。次元を移すということです。例えば『旧約聖書』に現われる預言者たちの事蹟は、歴史的事件として描かれているのですが、『コーラン』はそれを歴史からメタ・歴史の次元に移す。meta-history、歴史の向側というか、歴史以前というか。つまり歴史の次元から一段次元を上げて、超歴史的、あるいは前歴史的次元に移す。そうすると年代も場所もみんなボケてしまうのです。つまり、不定時の、時間と空間に制限されない、常に繰り返される永遠のパターンになるのです。

このようにして、聖書的な物語であれ、その他のどんな材料であれ、それを全部永遠のパターンにしてしまう。ヒストリーではなくてメタ・ヒストリーに。だから、ノアだとか、アブラハムだとか、ソロモンだとか、モーセだとかいうような預言者が出てきますが、それがいつ、どこで、どんなふうに生きたかということは第二義的な問題になってしまう。時間空間の軌道からはずれて、こういう人物がみんな神の意志のまにまに現われては消える影絵のようなものになってしまう。それらの人々は、歴史的人物とされているのだけれども、この「移行」の操作によって歴史以前の次元に移されて、そこで宗教的真理の文学的象徴的な現われとなって活躍し始めるのです。宗教学的にいうと、宗教意識の表われになる。歴史的人物じゃなくて宗教的意識の具象化になる。

預言者物語、特にアブラハム、ソロモン、モーセ、イエス・キリストに関する物語は非常に独特なものですが、そのほかの、普通の預言者たちは、どれもまったく同一のパターンを表わします。第一段、預言者を通じてまず神が人間の世界にはたらきかけてくる。第二段、そのはたらきかけを受けた預言者は、自分のまわりの人々に、邪神崇拝を捨てて唯一なる生きた神アッラーを信仰せよと勧める。第三段、人々はかたくなな自分の心に閉じこもって、預言者のコトバに耳を貸さない。第四段、その罰として恐ろしい破滅に襲われる。最後の審判を待たずに、その以前に罰を受ける可能性があるということをそれは表わしている。これが通常の預言者物語の『コーラン』における、一定のパターンです。

さっき私はシャーマン的な意識がさめて、緊張が緩んでくると、次第に物語になり、神話的になるといいましたし、それからレアリスティックなスタイルでも『新約聖書』的な寓話があることを指摘しましたけれど、今、お話した預言者物語というのは、それとは違って、ヒストリー──→メタ・ヒストリーという移行形式での語り物なのです。これはアラビア文学としては砂漠のベドウィンのメンタリティとぜんぜん関係のない系統の文学です。物語の系統が全然違うのです。この種の物語は砂漠ではなくて、オアシスに定住して農業に従事して、神殿を中心として宗教生活を営む人たちのメンタリティの所産なのです。

イスラームが出る前には、たいていの有名な大オアシスには神殿がありました。神殿には神官がいまして、その神官がこういう物語を司っていたのです。そして、これらの神官の文学は、歴史的にはバビロニア、アッシリアの文学系統に属していた。つまりオアシスの神官の司っていた物語文学は、だいたいにおいて系統的にいいますとメソポタミア系です。

これがイマジナルなレベルで成立する巫者系文学と非常に違うところなのです、似ているけれど違う。つまりアラビア砂漠のシャーマニズムとは関係ないということです。シャーマンじゃなくて、偶像の神殿に仕える神官の司る文学なのです。これが『コーラン』のなかに入っている。預言者物語ばかりじゃなくて、そのほかいろいろな民間伝承の形を借りて入っているのです。

第六講　終末の形象と表現（その一）

このあいだは第一章、「開扉」の章の第三節、「審きの日の主宰者」を主題として、こんな一見簡単な一句でも、それを正確に理解するためには、レトリックということを考えなければいけないと申しました。最近は、一時すっかり流行おくれになっていたレトリックというものが復活してきまして、最新の学問になりつつありますが、『コーラン』を読む場合でも、どうしても一度はこれをレトリック的な立場から見ておく必要がある。そうでないと、「最後の審判の日の主宰者」だけでなくほかのどんな句でも正確に理解できないのではないかと思うのです。それでご説明し始めたわけなのです。横道にそれるようですが、これから『コーラン』をご自分でお読みになるときには非常に参考になると思います。

一体、『コーラン』はいろいろ違った角度から読むことができますが、私はこれを第一講で申しましたように、言語テクストとして読む。『コーラン』を言語テクストとして読もうとする場合に、一番大事なのは、先ずレトリック的なアプローチをするということです。

レトリックとは何か。それを定義することは非常に難しいけれども、結局、相手を意識した言語使用法、相手にたいする効果の可能性を意識した上でコトバを使っていく言語主体の態度、それの表われと考えていいのではないかと思います。相手を意識して我々が言語を使う。そこに表現上のいろんな形が出てくる。その形式や技術がレトリックです。
このあいだお話したので、まだ覚えていらっしゃると思いますが、シャーマン的な興奮状態にある人は、当然、相手を意識しなくなってしまう。だけど、それも相手を意識するその意識がゼロになったのだと考えると、つまり相手意識ゼロ度というふうに考えると、そういう状態で語られるコトバもやはりレトリックの重要な一項目になってくるのです。

このあいだはレトリックから見て『コーラン』はコトバの三つの層が重なって出来上っているといいましたね。言語使用の三つの層、あるいは三つのレベル。それらを混同してはいけない。つまり『コーラン』を読むには、一節一節、あるいは一句一句、これはどのレベルに属しているのかということをはっきり意識して読まないと正しく理解することができないと私は考えるのです。三つのレベルとは、このあいだ書きましたように、

1. realistic
2. imaginal
3. narrative (legendary, story-telling)

と、仮りにこういうふうに名付けたのですが、名称はどうでもかまいません。内容がわかってくだされぱいいのです。第一番目のは、このあいだも申しましたとおり、事実的情報伝達のためのコトバの使い方です。事実を記述し、描写し、そして陳述する。何でもないようですが、『コーラン』を読む上で、本当は大変重要なことですから、もう一度、少し別の角度

からご説明しておきましょう。

15　レトリックの言語学

最近の言語理論で、レフェランス(reference)ということをよく問題にします。ご存知ですか、reference と meaning との区別。reference というのは、コトバと外的世界との関係のことです。日本では指示作用なんて訳しています。意味作用に対して指示作用。例えば、いまここに一輪のバラが咲いていると仮定します。現実にわれわれの目の前にバラが咲いている。それに対して「バラ」というコトバを発音する。ここに咲いているバラの花をこのコトバは指示する、refer する。これを reference という。「バラ」というコトバが、外界に実際に咲いているバラを指さすという意味で、それをレフェランス、指示作用といいます。

但し、指示するとはいっても、単に指さすこととは違います。ただ指さすのと、「バラ」というコトバが指さすのとでは、指さし方が違う。コトバを使わずにただ指さす場合は、対象に焦点を定めて相手の注意をそこへ引き寄せるだけですね。これに反して、「バラ」というコトバでさすことは、その対象を、ある特殊のものとして限定としながら相手に指さして見せる。それを、「バラ」というコトバはバラを意味するというのです。

全体を大ざっぱにまとめていうと、大体次のようなことになりましょう。「バラ」というコトバは、まず意味を通って、それから外的な事物(バラ)に到達する。つまり「バラ」というコトバは、意味を指して、その意味を通して間接的に事物を指す。この間接性が、ただ指さすのと違う。ただ指さすのは直接的な指示ですから。

コトバを使う場合は、このように意味という仲介者が入ってくる。図式でいいますと、コトバから意味までが meaning であり、それを通って外的対象に至るところまでが reference ということになります。そして、reference の対象(この場合では外界のバラの花)を、特にこの関聯において、referent「指示対象」と呼ぶ。勿論、常識的には、こんな区別をせずに全体を meaning「意味」といっていいんだけれども、こんなふうに分けて考えると、いわゆる「意味」の構造がよくわかるのです。

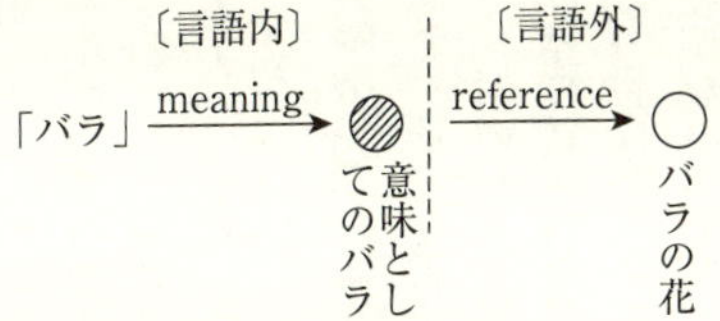

そうしますと、いまお話しているレアリスティックな言語用法においては、コトバが指示対象《レフェレント》をもっている。ということは、言語が言語を超越した外的世界に出ていくということです。「バラ」というコトバが、意味を超えて、外的事物の世界に自己超越していく。言語が言語の世界を自己超越していくなどというと偉そうに聞こえるけれども、大したことはない。外の世界に指示作用をはたらかすということです。意味のところで止まってしまわない。そこで止まらないで、それを越えて外的世界へ出ていく。それがレアリスティックなスタイルの特徴です。
ここで外的世界というのは、一般的に言語外世界ということであって、心の状態でもいいし、また歴史的事件でもいいのです。このあいだ例を

出しましたね、歴史的事件、事態。そういうものを指示対象として、それに向かってコトバが出ていくのです。

ところが、コトバというのは、必ずしも自己超越して外的世界まで出ていく必要はないのです。つまり、reference までいかずに meaning のところで止まってしまうことがありうる。「バラ」というコトバを使いながら、それが内的意味の世界で止まってしまうのです。バラの花が咲くのは外的なフィジカルな世界だけのことじゃない。内的な意味の世界でもバラが咲く。そこが言語の面白いところなんですね。言語内の意味的世界でバラが咲く、外の世界で一輪のバラも咲かなくてもです。そういう場合にはちょっと奇怪なバラになります、外的世界の具体的な事態と関係ないのですから。そして、そこにいわゆる純粋詩の世界がひらける。詩ばかりでなく、シャーマンの言語体験もそうです。コトバがコトバの外に出ていく必要がないのです。それを言語のイマジナルなレベルといいます。

コトバが内的意味の地平にとどまって外に出ない。その限界内に止まって、そのなかで展開する。純粋なイマージュの連鎖。コトバが内的意味の世界だけで展開するというのはどういうことかというと、つぎからつぎとイマージュが生起してきて、自己展開するということです。イマージュだけで自立してしまって、外の世界に何があろうと関係ない。勿論、外の世界に本当にバラが咲いている時に、それに対応して心のなかでバラが咲くこともありますよ。そういうことはあるのですけれども、咲いてなくてもいいのです。外の世界でバラが咲いていなくても、意味の世界だけで自立してバラが咲きうる、そういう世界。それが簡単にいえば、イマジナルな次元の言語用法の領域なのです。

このあいだお話しましたね、シャーマンの意識の深みから湧き出してくるコトバというものは、原則的には、外的世界にレフェレントがなくて、ミーニングだけで止まる。そこにシャーマンの不思議な幻想的な世界が成立するわけです。つまり、言語内的世界にイマージュの織りなす不思議な世界が成立してくるのです。その例としては、このあいだ読みました天国の描写、地獄の描写、それから審判の日の光景とか、いろいろあります。そういう不思議なイマージュの世界、それは外的世界に本質的には関係のない、イマージュだけの世界なのです。

次に第三の legendary とか、narrative とか、story-telling とかいう言語用法のレベルでは、あたかもレフェレントがあるかのような形でコトバが使われる。もっと具体的にいうと、このあいだも申しましたように、メタ・ヒストリー的な事態を、まるで本当に起こった事件であるかのごとく描写し記述する。しかしそれがメタ・ヒストリーなんです。それはどういうことかというと、形だけは歴史的事件のように書かれているけれども、年代付けの座標軸からすべてがはずされているということなのです。何年何月何日何時何分に何がどうしたということじゃない。そういう座標軸からはずれている。

『コーラン』の中期、メッカからメディナに移る中期の時代の特徴は、物語が非常に多いということですが、その物語というのは大多数が預言者物語であって、それらがすべてヒストリーの形をとったメタ・ヒストリーなのです。

例えば、『旧約聖書』のアブラハム。アラビア語ではイブラーヒームといいますが、この人物が偉大な預言者という資格で『コーラン』のなかでさかんに活躍します。イブラーヒームが、いつどうしたとか、どんなことを言ったとか、いろんなことが書いてあります、まるで歴史上の事件であるかのように。しかし本当は歴史的人物としてのアブラハムを書いているのじゃないのです。歴史的な事実としてのアブラハムを書くなら、第一のレアリスティックのほうになってしまう。なぜなら、その場合はコトバがコトバの外の世界へ指示的に出ていくわけですから。

『コーラン』のなかで活躍するアブラハムは、しかし、コトバの指示対象ではないのです。彼を主人公とする物語は歴史ではありません。擬似歴史性をもっているだけです。要するに見せかけだけの reference ですね。レフェランスが全然ないわけじゃないんだけれども、それは見せかけのレフェランス。だから、正体はイマジナルなのです。本当はイマージュだけの世界であるのに、それがまるで歴史的な事実の記述であるかのごとき観を呈している。アブラハムが実在の人間みたいに書いてあるのだけど、それは見せかけで、本当は見せかけだけの人物がメタ・ヒストリーの空間で動いているのです。このあいだ申しましたように、宗教的実存の無時間的あるいは超時間的パターンをアブラハムは表わしているにすぎません。つまり、人間の宗教意識の一側面を具象化したものにすぎない。これは『コーラン』だけじゃなくて、例えば近代文学の主流をなしてきた小説なども、フィクションであるかぎりにおいては、擬似レフェランスの文学ですね。レトリックからいえばそういうことになります。

以上のような次第で、『コーラン』には、レトリック的に見て言語使用法の三つのレベルがある。ただ、問題は、三つのレベルが、実際上は整然たる形で分かれてはいないということです。ここまでがレアリスティック、ここからイマジナル、ここからナラティヴというふうにはなっていないのです。そうではなくて、非常に微妙な形で、ちょうど色の濃淡の染め分けみたいな具合になっている。だから、見分けることがなかなか難しいのです。

ところで、このあいだは、第三のレベルの説明の途中で時間切れになってしまいました。ここでちょっと補足しておきたいと思います。このレベルでは預言者物語が大部分であるけれども、民間伝承系の、古いアラビアの民話系統のテーマも幾つか入っている、と申しました。特に『コーラン』の第一八章がそれです。ほかの章にも民話的な主題はいろいろ混ざっていますが、それが一番顕著なのはこの第一八章です。この章には三つの独立した民話が認められます。いちいち読むことはできませんので、だいたいをご説明しましょう。

第一の民話「洞窟の人たち」は第八節から第二四節まで。アラビアの民間伝承として、これは非常に有名なもの。一匹の犬を連れて数人の若者が難を逃がれて——難というのは、『コーラン』では信仰上の難、いわゆる法難ですね——迫害を逃がれて、山の中の洞窟に隠れて、その中で眠りこんでしまう。三百年も眠ったまま。ハッと目が覚める。彼らは自分が三百年もの長いあいだ眠っていたことを知らない。ここへ来たのは、つい昨日のことだと思っている。まあ、一晩ぐらい寝たのかな、なんて言い合っている。そういった筋の話なのです。これは一体、何を表わしているか。信仰者にたいする神の慈悲とか、その他いろいろなことがあるが、中心は復活の感覚です。

復活の感覚、これからあとで詳しくお話しようと思っているのですが、『コーラン』の一番大切な思想の一つに復活というのがある。レトリック的にいうと本来、第二のイマジナルな次元に属します。その復活の感覚が、『コーラン』的に解釈された形におけるこの民話の主調です。洞窟の中に人々は眠る。三百年も眠っておきながら、たった一日だと思っている。そんなふうに人はみな終末の時に、地下から復活して出てくるのです。何千年か、何万年か、何十万年か知らないけれども、地下で骨がボロボロになり、もうすっかり灰になっている身体が、復活の日に生きかえる。生きかえって、キョトキョト見回して、ハテ、自分は一日ぐらい地下にいたのかなんてつぶやく、と『コーラン』に書いてあります、その哀れにも滑稽な情景が『コーラン』のいろいろなところに繰り返し描かれています。それがこの民間伝承の形で表わされている復活の感覚です。復活というのはそういうふうに人間に起こってくるのだということを、『コーラン』はこの民話で語っている。物語それ自体としては、他に有名な「エフェソスの七人の眠り人」の伝説の一変形だといわれていますが、とにかくなかなか興味あるフォークロアの作品です。七人の人間のあいだに犬が一匹入っているというのが、これまた面白い。犬も一緒に眠るのです。そういう不思議な物語。なかなか魅力があります。これま

第二の民話は、第五九節から第八一節まで。モーセとお小姓の不思議な旅の物語。

た非常に有名な物語で、後世になりますとこれが純然たる宗教的シンボリズムの作品と解釈されて、いろいろ深遠な意味付けをされるようになる。しかし、もとの形としては、民間伝承にすぎません。

主人公の名はモーセ。イスラーム教徒はこれを『旧約聖書』のモーセ、つまり預言者モーセと同一視しますが、文献学的には、そうじゃなくて、ぜんぜん別のモーセだとされています。『旧約』の預言者ならぬ別なモーセが、お小姓を一人連れて旅に出る。お小姓は食料としてお魚をぶら下げているのですが、その魚を、海岸を通っている時に落としてしまう。つまり魚に逃げられてしまう。あとで、大事な食料がなくなったことに気がついて、モーセとお小姓とは、魚を落とした岩のところまで戻ってくる。そうすると、その岩のところに不思議な男がいるのです。モーセはその男の弟子になろうとする。断わられるのですが、無理に頼んで弟子にしてもらい、ついていく。その不思議な男が実に奇怪なことをやってモーセの信仰心をテストする。結局はモーセがすっかりやられてしまうという話です。

『コーラン』のコンテクストのなかに組み込まれたこの民話の意味は、神の世界の不可視性、不可測性、測りがたさであって、神の意志というものは人間には予想もできないような不思議な形で働いているのだということを、感覚的に表わしているのです。人間がさかしらにこうだろう、ああだろうと考えて神学などというものをつくり出すけれども、そんな解釈は神の本当の深さに達しないということです。それが第二番目のモーセとお小姓の物語。

第三番目の民話はアレクサンダー物語。これはアレクサンダー大王を主人公とするフォークロアで、第八二節から第九七節まで。「二本角《にほんづの》」の英雄の物語です。角が二本、ちょうど兜の角みたいに額に生えている。もともと、これは古代メソポタミア一帯に広く伝播していた民間伝承のアラビア版でありまして、マケドニアのアレクサンダー大王がフォークロアの英雄となって残ったものです。アレクサンダーの額には二本の角が生えていたと申します。これは英雄の力のすさまじさ、ほとんど神にもまごうばかりの偉力を象徴します。

『コーラン』において、この物語は何を意味しているかというと、それほどものすごい「二本角」の英雄でも、終末の日にはその力が無に帰し、何の効果もなくなってしまうということをいっているのです。要するに、モチーフとしては、人間世界への神のはたらきかけの不可測性、絶対性を背景に、神の意志が奈辺にあるのか、神が人間に対して何を望んでいるのかは知りがたいが、とにかくものすごい力がそこにはたらいているのだということを表わしています。

以上の三つの民話が、『コーラン』第一八章に入っています。なお、この種の物語については、『コーラン』自体、第一二章、第一一一節に、

こういう(昔の)人々の物語りには、心ある者にとってはたしかに貴重な教訓がある。決していいかげんにつくり上げた話ではない。いや、以前からある(聖典)を確証し、一切のものの深い意味を解き明かし、かつはまた信仰ふかい人々のための正しい導きとも、恩寵ともなるものなのである。

と言っています。つまり、これがこの種の物語に対する『コーラン』の立場です。これをも

ってしてもわかるように、この種の物語を語る言語主体は、我を忘れている主体ではない。我を忘れた言語主体の働く場はイマジナルなレベルだけです。第三のナラティヴなレベルになると、現にここでも明言されているとおり、人々に教訓を与えるため、という目的をちゃんと意識して物語を展開している。ただ、それが事実記述的に行われるのでなくて、イマジナルなレベルかと見まごうような色彩濃厚な形象によって行われるだけのことです。

16　『コーラン』の発展と表現意識

レアリスティック、イマジナル、ナラティヴ、と仮りに名前をつけましたけれども、この三つのレトリックの層が重なって『コーラン』の言語テクストをなしているのです。『コーラン』のテクストには歴史があるということを私は一番最初の時間に申しました。いわゆる『コーラン』の発展史です。メッカ時代からメディナ時代に及ぶ発展がある。この発展史をたどってみますと、メッカ期の最初、ムハンマドは生まれてはじめて、突然啓示を受けて、震撼されてしまう。当然のことですが、この時期、預言者としてのムハンマドの深層意識は異常に刺激されて働き出します。レトリック的にいいますと、それが第二のイマジナルなレベルです。ですから、イマジナルな次元の言語用法というものが、メッカでのいちばん最初の言語の使い方です。

ところが、その深層意識の異常なはたらきは次第に鎮まってきて、それにつれて表層意識

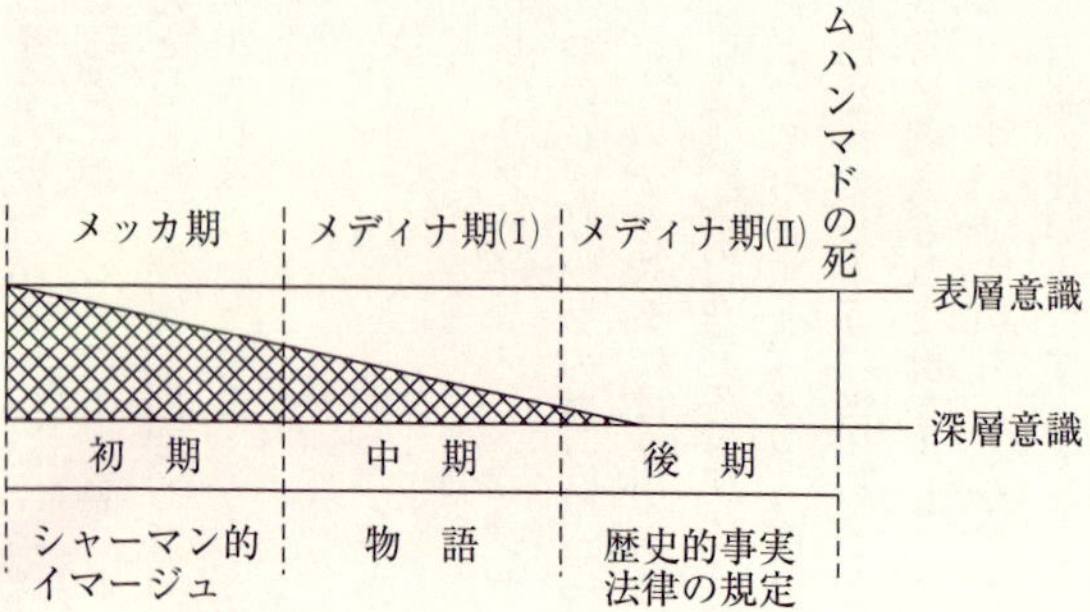

のはたらきが強くなってきます。表面の意識、つまり、醒めた心になってくるのです。いわば酒の酔いが醒めてくるようなものです。酔った意識、醒めかけた意識、完全に醒めきった意識——、この三つの意識状態のあいだに明確な区切りの線はありません。三つが重なり、混ざっている。ただ濃い薄いの違いがあるだけです。

仮りに『コーラン』のテクスト発展史を言語主体の意識と関聯させて上図のように示すとしましょう。左端がメッカ期の始まり、右端がメディナ期、その最後の一線がムハンマドの死を表わす。『コーラン』のテクストにはこれだけの発展史があるのです。最初にお話した「コーランの歴史《ゲシヒテ》」とはまさにこのことです。この三期の区別を色の濃淡で示すとしますと、左端が一番濃くて、それがだんだんと薄くなり、とぎれだして、最後にはもうほとんど色がないような状態になる。それに深層意識の働く次元と表層意識の働く次元とを配置すると、図のような構造モデルが出来上ります。

その全体を大きく三分して、初期、中期、後期とします。

そうすると、初期はきわめて巫者的、つまりシャーマン的であって、強烈なイマージュに満ちている。中期は物語が主で、表現はまだイマージュ的だけれど、言語を使う意識は醒めている。少くとも我を失った状態ではない。それがもう一段進んで、いわば完全に酔がさめ、日常的意識に戻ると、歴史的な事実の叙述や律法的発言がなされるようになる。と、大体このような道筋です。

『コーラン』とかイスラームとかいうと、人はすぐ砂漠のアラブのレアリスムを憶います。また、事実、歴史的に成立した形でのイスラーム文化にはそういう側面があるのですが、しかしイスラーム文化のすべてを砂漠のアラブのレアリスムだけでわりきってしまうことは到底できません。『コーラン』については特にそうです。さっきの構造図の左側、メッカ期のところをごらんください。これはレアリスムなんていうものじゃない。砂漠のレアリスムではなくて、砂漠のシャーマニズムなのです、もし砂漠ということに固執するのなら。天地終末の日の情景、終末の感覚、復活の感覚、最後の審判の光景、地獄・天国の有様、そういうものはレアリスムとは程遠い。みんなシャーマン的意識の喚起する根源的イマージュの所産です。

反対に、このあいだ例を出した歴史的事件や法律思想、すなわちバドルの合戦、ウフドの合戦の記録、それから離婚、結婚、遺産相続とか訴訟等の手続き、そんなものをイマジナルな次元で表現したら滑稽になってしまいます。どうしても、イマジナルではなくて、レアリスムでいかなければいけない。レアリスティックな言語用法に拠る必要があるのです。

こういう次第ですから、レトリックの三つの層を無視して『コーラン』を読むと、まるきりわけがわからなくなってしまう。なんだかおかしな本だということになるのですね。レトリックの三つの層を区別して、それの微妙な組合わせを考えながら読むと、はじめてよくわかってくるのです。

ところが、それでは、レアリスム的な次元では『コーラン』は日常的な散文になってしまうのかというと、そうじゃない。レアリスムでも、やはり『コーラン』のスタイルは『コーラン』のスタイルです。それは、三つの層を渾然たる統一体に保つものが全体を通じて流れているからです。たとえレアリスムのスタイルでも、シャーマン的な深層意識の働きがそこにある程度の影を落としている。それが『コーラン』の『コーラン』たる所以であって、ほかの本とはぜんぜんちがうところなのです。

では、全体を渾然たる『コーラン』的統一体に保っているものは何か。それはサジュウ(saj‘)と呼ばれる一種独特の表現形式です。サジュウについては前にもちょっとお話したと思いますが、長短さまざまの文あるいは句を脚韻の繰り返しでリズミカルに区切っていく形式です。ちょうど太鼓の拍子、ドンドン打っていくその打ち方のように、リズミカルにコトバを区切っていく。駱駝の足どりに由来するという説がありますが、そうかもしれません。ともかく、くっきりしたリズムをもった一種の散文形式です。速くなったり緩くなったりするリズムが流れ、それが脚韻でもって決まってくる。だが、純粋な詩とも違う。そういう文体がサジュウ調なのです。

古いアラビア、イスラーム以前のアラビアでは、これが神託、つまり神様がお告げを下す時に使われる文体でした。予言の文体でもありました。但しこの場合は予言であって預言ではない。未来を語るのです。未来に起きることを神官や巫者が占って述べるコトバ。それから呪詛、祝福、そういうものはすべてサジュウ調で表現される。だから、この文体でものを言えば、もうそれだけで異様な言語世界が現出するのです。『コーラン』では、このレアリスムのレベルでも、例えば離婚だとか結婚手続きなんかを述べているところでも、文体はサジュウです。ですから、たとえ内容は離婚訴訟であっても、そこに展開する世界はやはり『コーラン』的な世界、啓示の世界なのです。単なる法律の本とは違います。これを本当の法律にしてしまうのは、後世のイスラーム法です。イスラーム法になると、サジュウ調でなくて、普通の散文を使う。そこまで来てはじめて、本当のレアリスムです。だから、『コーラン』では、レアリスムとはいっても、それはいわばシャーマン的なレアリスムなのです。日常意識に戻ったシャーマンが、言語形態だけ憑神状態の文体を使ってものを言うというわけ。

そうなってくると、サジュウとは一体どんなものか、具体的に知っておく必要が出てくると思います。それを知らなくては、『コーラン』を読んだことになりませんので。あんまり長い章句だと、おわかりになりにくいでしょうから、できるだけ短い例を使って少しご説明してみましょう。

第一一三章「黎明」。現行『コーラン』では最後から二番目に置かれている有名な短章です。

言え、「お縋り申す、黎明の主に、
その創り給える悪を逃れて、
深々と更《ふけ》わたる夜の闇の悪を逃れて。
結び目に息吹きかける老婆らの悪を逃れて、
妬み男の妬み心の悪を逃れて。」

内容的にも、まことに異様な風景ですね。これが聖典なのかと思われるでしょう。だけど『旧約聖書』の「詩篇」を読んでごらんなさい、これはまったく同じですよ。「詩篇」だってこういう世界です。存在の夜といいますか、非常に陰湿な世界です。古代のセム人の世界は非常に陰湿な世界です。明るい面もありますが、それは闇があるから光がまた一段と強いんです。ちょっと読んだだけでも面白いでしょう。シェイクスピアの妖婆たちを見るみたいですね。この短章に現われている存在の闇については、このつぎあたりでお話することになると思いますが、いまはその内容が問題ではなくて、サジュウという表現形式が問題なのです。

サジュウ調の特徴は、脚韻の繰り返しでリズミカルに、ドンドンと太鼓を打つように文の流れを区切っていくことだとさっき申しましたが、サジュウの場合は、本格的な詩と違って、はじめに一つの脚韻を選んだら、それを最後までもっていくというのじゃないのです。だいたい二行から五、六行ぐらいまで同じ韻が続いて、今度は別の韻がまた続くというような形をとる。但し、いくら韻が別でも、だいたいの感覚は同じでなくてはいけない。それが難しいところで、素人にはできません。やはり専門の巫者や詩人でなければ。この第一一三章は、短いけれど好例です。

　現行『コーラン』の最初のほうに置かれているメディナ期の章、例えば「牝牛」「イムラーン一家」「女」「食卓」など、大変長い章ですが、これが全部サジュウで書かれています。しかし、このあたりのサジュウは、まるで間延びしています。形の上ではたしかにサジュウには違いないけれども、全然緊迫感のない、延びきったようなサジュウ。太鼓の音がとてものろくなるといいますかね。早打ちだったのがとてものろくなって、眠くなるみたいな感じのサジュウです。

　ところが、これから読もうとしている「黎明」などは、さすがにメッカ期初期の代表作だけあって実にピリッとしている。原文をローマ字で書いて、簡単にご説明してみましょう。

　Qul aʿūdhu bi-rabb(i) al-falaq(i)
　min sharr(i) mā khalaq(a)
　min sharr(i) ghāsiqin idhā waqab(a)
　min sharr(i) al-naffāthāt(i) fī al-ʿuqad(i)
　wa-min sharr(i) ḥāsidin idhā ḥasad(a)

このあいだ申しましたように、各行最後の母音は発音しません。発音すると韻が合わなくなってしまう。最後の母音を読まないと第一行と第二行の falaq(i) と khalaq(a) が、laq—laq と続いて脚韻になります。第三行目は、waqab(a) だからちょっと違いますね。しかし、アラビア語の感じからいうと、ちゃんと連続感があるのです、falaq$^{(i)}$ khalaq$^{(a)}$ waqab$^{(a)}$というふうに。それからそのつぎはuqad$^{(i)}$ ḥasad$^{(a)}$でqad—sadとなっています。大体こんなふうになるのです。

ついでですから一語一語、日本語の訳のどれにあたるか、ご説明しておきます。

Qul aʿūdhu bi-rabb$^{(i)}$ al-falaq$^{(i)}$

このqulは「言え」という命令形。aʿūdhuのa-は「私は」ʿūdhuは「すがりつく」こと。だからaʿūdhuは「私はお縋りします」ということ。bi-は「なになにに」という前置詞。なになにお縋りするのです。rabb$^{(i)}$というのは「主、主人、所有者」。falaq$^{(i)}$は「黎明、暁」。falaqはもともと「割る、裂く」という意味のコトバ。闇が割れて暁の清々しい光がさし染める。明るい世界の開幕を暗示する、アラビア語では不思議な魅力のあるコトバなのです。いま世界は闇のさなかだけど、それにパッと裂け目ができて、そこから一条の光がさしこんでくる。その一条のさし染める光を支配する者が神なのです。「私は黎明の主にお縋りします」と唱えよ。qulと天使がムハンマドに命令するのです。

min sharr$^{(i)}$ mā khalaq$^{(a)}$

minは「なになにから」、前置詞。英語のfrom, away fromなどに当たる。「……から逃がれて」という意味です。sharrは「悪」。このsharrは、「悪」なのですが、ただの「悪」じゃない。呪い、憎しみ、嫉妬などが渦巻いている暗い世界、そういう世界に充満している魔術的、呪術的な悪なのです。だから普通の倫理的意味での悪ではない。恐ろしい、生きた魔力としての悪です。mā は「ところのもの」、英語の what にあたる。khalaq[a] は「彼が創造した、つくった」ということ。「彼(すなわち、黎明の主、神)が創り出したところのものの悪から逃れて、私は黎明の主にお縋りする」というのが全体の直訳です。

「神が創造したところのもの」というのは、このコンテクストでは存在の暗黒面を指す。存在の闇。神は存在の明るい光の面だけを創造したのじゃなくて、暗黒の面も創造したのです。だから暗い面、悪い面、ひどい面、恐ろしい面、そういうものも神の創造にかかる。神にはジャマールとジャラールとの二面があると最初にお話しましたね。明るい愛に満ちた面と、憎しみ、恐怖、怒り、嫉妬に満ちた暗い面と。つまり、ジャラールです。神はそのジャラール的な側面において、存在の暗黒を創造する。悪鬼がうごめいているような闇の世界。悪鬼うごめく闇の世界から逃がれて、私は黎明の主にお縋りします、ということです。

min sharr[i] ghāsiqin idhā waqab[a]

ghāsiqin は「夜」ということなのですが、これにも特殊な含意がある。ghasaqa という動詞は「しみこむ」という意味です。浸潤していく、水なんかがひとりでに綿にしみこんでいく。綿に水がしみるように深くしみこんでくる闇。なにか不安な感じです。闇がすべてのものにしみこんでいく。そして最後には、すべてのものを、ちょうど水が綿をしめすように満たしてしまう、そういう意味での夜なのです。直訳すると「しみこむもの」なのですが、「しみこむ闇」です。夜の闇を「しみこむ」というコトバで表わしているところが感覚的で面白い。idhā は「時に」ということ。「なになにした時に」、英語の when にあたる。waqab[a] は、割れ目なんかに何かが「入りこむ」こと。暗い夜の影が、あらゆるものの細い隙間にしみこんでいく。あらゆるものをひたしながらしみこんできた時の夜の闇の「悪」を逃がれて、ということ。ですから sharr は、ここではもう悪というより、ほとんど恐怖です。

min sharr$^{(i)}$ al-naffāthāt$^{(i)}$ fī al-ʻuqad$^{(i)}$

この naffāthāt$^{(i)}$は女性の複数形。単数形は naffāthah です。nafathah というのは息をフッフッと息吹きかける。寒いときに息を手に吹きかけるでしょう。あれみたいに息を吹きかけること。naffāthah は息を吹きかけている女ということです。女性形。テクストの naffāthāt はそれの複数ですから、ハッハッと息を吹きかけている女たちということ。ここでは、「老婆」と訳してあります。イマージュとしては、大体そういうのはおばあさんが多い。だから老婆と訳したので、文法的には若くたってかまわないのですが、あんまり若い魔女はいないようですね。感じが出ないのです。fī al-ʻuqad の fī というのは「なになにの中に」、al- は定冠詞、ʻuqad$^{(i)}$は「結び目」ということ。紐を結んで作った結び目、これは複数ですから、(たくさんの)結び目に、息を吹きかける老女たち。そういう女たちの悪を逃がれて、ということです。

訳の註にも書いておきましたが、これはアラビアだけではなくて、世界中いたるところで共通に見られる現象です。人を呪ったりなんかするときに結び目をつくる。紐を結んで結び目をつくり、それに呪いをかける。息をハッハッと吹きかけるのです。身の毛のよだつような光景ですね。

wa-min sharr$^{(i)}$ ḥāsidin idhā ḥasad$^{(a)}$

wa-というのは「そして」ということ。min sharr$^{(i)}$—min sharr$^{(i)}$—min sharr$^{(i)}$と三度繰り返しておいて、最後にwa-min sharr$^{(i)}$といってしめくくる。このwa-がとてもきいています。ḥāsidin、このḥāsidinは「嫉妬する人」、男性名詞で「嫉妬する男」。idhāは「ナニナニした時に」、ḥasad$^{(a)}$は「彼が嫉妬した」idhā ḥasadaは「彼が嫉妬したときに」。だから、全体で、「嫉妬の心がムラムラと起こってきた嫉妬男の悪を逃がれて」という意味になります。これも、あとでもっと詳しくお話しますが、妬むとか、嫉妬するということは、我々のあいだではごく普通の人間的感情ですが、『コーラン』のこのコンテクストではそんなものではありません。『コーラン』だけのことではなく、古代アラビア、あるいはもっと一般的に古代セミティックの世界では、嫉妬するということは、呪術的な世界に入ることなのです。誰かを嫉妬する、それは相手を呪うこと。

これで意味は一応すっかり説明しました。そこでいよいよサジュウ形式の説明のほうに移ります。先ず、行末の五つの語(falaq khalaq waqab ʻuqad ḥasad)のおしまいの部分だけをならべてみると、laq—laq—qab—qad—sadとなる。これがサジュウ独特の脚韻なのです。だから詩の脚韻とは違いますね。詩の脚韻だったらfalaq khalaq……と最後まで同じlaqがずっと続いていくわけです。それが、ここではlaq—laqのあとqabになり、次はqadになり、最後はsadで結ぶというわけです。この特殊な脚韻が太鼓を打つような拍子をとっていく。脚韻の力というものに、古代アラビア人は極度に敏感だったのです。彼らにとって、これは一種のオートサジェッション、自己催眠的な力をもっていたのです。これを聞いていると、意識がおのずから自己陶酔的な興奮状態に入ってくる。聞く人の側からではなくシャーマン自身の立場からいうと、意識がシャーマン的な興奮状態に入ると、コトバがおのずからこういう形をとって流れ出してくるのです。

私はこのあいだから何べんもシャーマンというコトバを使いました。巫者のことですが、shamanというのは元来ツングース語であって、アラビア語では、勿論、シャーマンとはいいません。カーヒン(kāhin)といいます。サジュウはカーヒン独特の発話形式なのです。カーヒン独特の発話形式、サジュウは、同音あるいは類似音の脚韻的反覆を特徴とし、そのリズムが太鼓の音のような不思議な効果をもっているのです。聞く人はそれを聞いて自己陶酔的な興奮状態に引き込まれる。カーヒン自身のほうでは、興奮状態に入ると同時に、おのずからそういう形をとってコトバが出てくる。そしてサジュウ形式をとるコトバの意味内容は、レトリック的にはイマジナルな性質のものです。ということは、前にもいいましたように、コトバが指示対象を求めて外的世界へ出ていかない、ということです。外的世界に関係なく、深層意識的イマージュの連鎖として、自律的に展開するのです。この「黎明」の章にしても、これはイマージュの世界です。意識の外にある客観的事態を見ながら、それを記述しているのじゃない。外的世界の状況に関係ない、内的状況なのです。言語の意味内的な世界なのです。

カーヒンたちだって、別にこういう異常なコトバを年中喋っているわけではない。特殊な興奮状態に入った時にだけ、こういうコトバを喋り出す。そんな精神状態にある時、ものを言えば必ずサジュウになってしまうのです。おのずからにしてそうなってしまう。カーヒンは、そういう状態になると、日本でハミングといいますね、低音で半ば眠っているように、夢見るもののように、ものをいい出すのです。低音です。高音で叫んだりはしません。低音でいう。今の日本の歌謡曲なんかでも低音の魅力ってあるでしょう。あれです。囁き声、ヒソヒソと耳をくすぐる囁き声、それからハスキー・ヴォイスなどには、聴く人を軽い陶酔に引き込む不思議な力がある。あれは古代的な呪術体験の名残りかもしれませんね。近代人のなかにもまだたくさんそういう古代文化的な要素、巫者的な、呪術的なものが残っているのです。それで、いやでもそういう魅力を感じてしまう。カーヒンは、まさにそのような囁き声、ハスキーな声、低音で、リズムを打ちながらものをいうのです。夢見るような彼の意識には、日常的意識には絶えて現われてこないような奇怪なイマージュが、つぎからつぎに泉のように湧き出してくる。それがコトバになって投げ出される。自分自身予期していないようなイマージュが現われ、それが異様なコトバになる。自分でもギョッとするようなコトバが出てくるのです。それが古代アラビアの詩的霊感のコトバ、そして預言のコトバであり、啓示のコトバなのです。

古代のアラビアでは、サジュウという文体は、不可視の世界にかかわるいっさいのことに関係のあるコトバなのでした。不可視の世界、あるいは存在の不可視の次元、それをアラビア語ではガイブ(ghayb)といいます。中国語でいうと、「玄」の世界。真っ暗で何も見えない、神秘的なところ。この不可視界に専門的あるいは職業的に関係している人間のコトバは必ずサジュウの形をとる。ですから、不可視界からの語りかけも、当然、サジュウになります。神が人間に語りかける時には、神のコトバはサジュウの形をとらざるをえない。人間世界でも、人を呪ったり人を祝福したり、予言したり、占ったりするコトバ、すべてサジュウです。サジュウ saj' という語そのものはアラビア語だけでなくて、セミティックでは非常に古いコトバでして、いろんな言語に残っています。例えば、ヘブライ語の shag'(動詞は shāga')。一見してアラビア語の saj' と語源的に同じであることがわかりましょう。このヘブライ語のもとの意味は、鳩の鳴き声の擬音です。鳩の鳴き声が、シャグウ・シャグウと聞こえる。元来鳩の鳴き声というものは、低音で不気味なもの。可愛い顔をしているけれど、あれでなかなか恐ろしい鳥なのです。とにかく鳴き声が不気味です。動詞の shāga' は「鳩が鳴く」という意味から転じて、人間の場合には、一時的狂乱状態に陥るという意味。これで、アラビア語のサジュウがどのようなものとして感じられていたか、気分的におわかりいただけると思います。

ところで昔のアラビアにはカーヒンといわれる人たちがたくさんいました。多くの有名なカーヒンが歴史的な舞台に現われてきます。なかでも有名なのは、預言者ムハンマドに関係があるので、初期イスラーム史上重要な位置を占めるに至ったサティーフ(Saṭīḥ)という人物。

カーヒンは、それぞれ自分専属の妖魔《ジン》を必ずもっていた。それは実に奇妙な個人的関係で、昔の詩にたくさん出てきますが、サティーフも自分のデモンをもっていました。このデモンに乗り移られたときに陶酔状態になり、はじめて巫者としての本領を発揮するわけです。このサティーフというのは、綽名だったと私は思います。といいますのは、Saṭīḥ の語源はペタンと地べたに寝て、平たくなってしまうという意味なのですから。着物なんかぬいで捨てるとペタンとなるでしょう、あれがアラビア語でサタフ、sṭḥ の意味。Saṭīḥ とは、そういうふうにペタンとなった男という意味なのです。

　サティーフについてはかなり文献が残っています。非常に不思議な人間だったらしい。怪物として描かれています。彼はふだんは身体を丸めて、つまり、まるでぬぎ捨てた着物みたいに体をグルグルとまとめて地べたに寝ていたという。全身骨抜き、タコみたいなやつですね。頭だけ残っていた。そりゃ頭まで平らにしてしまうことはできないでしょう。頭はちゃんとしているんだけれども、あとは全身骨がないみたいで、ペタペタしていた。体が小さく、手足が細く萎えて、頭だけ大きかったといわれています。一日中、地べたにペタンと寝ていた。それが、デモンが乗り移って狂乱状態、つまりカーヒン的な状態になると、むっくり起き上がってきて、突然サジュウ調でものを言い出す。大抵、将来のことについての予言だったといわれています。彼の予言で有名なのは、近い将来、ムハンマドという名の預言者がアラビアに出現して大成功をおさめるだろうということだった。この予言のおかげで、イスラーム史家のあいだで彼の点がぐっと上がったのかもしれませんが、ともかく当時有名なカーヒンの一人です。

私が今こんな話をしたのは、カーヒンというものの性質が、これでよくわかっていただけると思ったからです。カーヒンというのはそんな人間なのです。常人じゃない。いわばモンスターです。そして、そういう怪物の使うコトバがサジュウだったのです。しかもサジュウ調で『コーラン』は全篇書かれている。レアリスティックな部分、つまり法律の規定を述べているようなところでも、歴史的な情景を描いているところでも、全部サジュウ調です。『コーラン』という本が、異常な本であることは、この一事をもってしても、おわかりになると思う。『コーラン』には全篇を通じてサジュウ調という統一の糸が通っている。レトリック的にどのレベルであろうと、どんな内容であろうと、サジュウ調だけは終始保たれます。だから、レアリスムでも、普通のレアリスムじゃないというわけです。

17　終末の描写

さて、大変長々と『コーラン』のレトリックについてお話してきましたが、結局、問題は、「開扉」の章の第三節の説明にあったのです。

　讃えあれ、アッラー、万世の主、
　慈悲ふかく慈愛あまねき御神、
　審きの日の主宰者。

いる。シャーマン的なイマージュで描かないで、「審きの日の主宰者」というレアリスティックなレベルの表現で述べている。「審きの日の主宰者」ということは、醒めた意識の人の話す、いわば概念的なコトバです。けれども、既に詳しくご説明しましたとおり、『コーラン』はスタイルの三つのレベルが重なっているのであって、表面がレアリスティックだからといってレアリスティックに終始するものではない。「審きの日の主宰者」という概念的な表現の下に、イマジナルな側面まで読みとらなければいけない。「審きの日の主宰者」という、いわば冷静で客観的な神の描写の陰に、濃密な終末論的イマージュの世界が、パーッと開けてくる。そんなふうに読んでいかなければいけないのです。それが、さっきからお話している『コーラン』のレトリック的構造ということです。

そう考えてみますと、この「審きの日の主宰者」という一句の内容を知るためには、「審きの日」そのもののイマジナルな性質がよくわかっていないとだめだということになります。この点について、先ず注意していただきたいことは、天地最後の日から最後の審判を経て、裁かれた人たちが地獄と天国に分かれていくところまで、本来的には、イマジナルな表現レベルに属するということです。それが終末論的なものすべての本来のあり方なのだけれども、実際には『コーラン』のなかでは、ほかの要素も入ってきて、ある時には物語的になり、またある時にはレアリスティックになる。その微妙なところを読み分けていかなくてはならない。そういう読み方をすると、はじめて『コーラン』の言語テクストとしての面白さがわかってくるのです。順序を追って幾つか例を読んでいきますが、今日はもう時間が足りませんから、大部分は次回にまわすことになります。

第二二章第一節あたりから始めましょうか。このあいだもちょっとお話したのですが、『コーラン』では、天地最後の日から最後の審判とその結末までずっとひと続きの過程として構想されます。「審きの日の主宰者」というのですから、勿論、最後の審判の日のことでしょう。ですけれど、そこには、当然のこととして、審きの日に先立つ復活と、さらにそれに先立つ天地の終末と、この三つの大事件が含まれているのです。全存在世界の終末、死者の復活、それから神の審判、それが「審きの日」というコトバに含まれている。ですから、先ず第一にくるのは、天地が終わるときの状態です。

人間どもよ、汝らの主を懼《おそ》れよ。まこと、かの時(天地終末の時)に起る地震は恐ろしいもの(先ず大地震が起る)。いよいよその日が眼前に到来すれば、乳児《ちのみご》をかかえた女はおのが乳児を忘れて顧ず(自分の一番大事な赤ちゃんのことすら忘れてしまうほど恐ろしい)、孕女《はらみおんな》は腹の物を落してしまうであろう(流産)。誰もかれも酔ってふらふらのように見えるが、本当は酔っているのではなく、ただアッラーの罰のあまりのものすごさに(気もそぞろになって)しまうだけのこと。

終末の日がきたら、こんな恐ろしいことになるというのです。これが序章というところでしょうか。その恐ろしい時が刻々に迫ってくる。このあいだ、「戸を叩く音」を読みましたね、迫りくる終末の日の恐ろしさ。誰か真夜中に戸を叩くものがある、その異様な恐怖。

ついでですから第一〇一章「戸を叩く音」第一節から四節までのところを、も一度見てください。

どんどんと戸を叩く、何事ぞ、戸を叩く。
戸を叩く音、そも何事ぞとはなんで知る。

この「戸を叩く音、そも何事ぞとはなんで知る」はカーヒン独特のスタイル。今度はよくおわかりでしょう。この表現に乗って、戸を叩く音の不気味さがぐっと前面に出てきます。

人々あたかも飛び散る蛾のごとく散らされる日。
山々あたかも搾《むし》られた羊毛のごとく成る日。

終末の日を感覚的に提示する。これは本格的なイマジナルなレベルの言語表現です。

これに対比して第四〇章、第六一節をごらんになると、

時は刻々迫り来る、絶対に間違いない。それなのに大抵の人間は信仰しようともせぬ。

とあります。これはレアリスティックなレベルでの叙述文です。

「戸を叩く……」がイマジナルな形で表現したものを、レアリスティックに描写すると、「時は刻々迫ってくる、絶対間違いない」という表現になる。同一の事柄を一つの客観的事態として述べている。表現の次元が全然違うのです。

第一六章、第七九節もまたレアリスティックな描写です。

間、いや、それよりもっと近いかも知れぬ。まことにアッラーは全能におわします。天地の秘儀はアッラーの司り給うところ。(天地最後の)時の起るは正にまばたき一つの天地終末がいつ起きるかということが、そのころ大問題だった。いつ起きるか、「まばたき一つの間」に起きるかもしれない。つまり、いますぐにも起こりそうだということ。理性的な表現です。

そうなってくると、今度はそれを物語としても展開できます。天地最後の日がくる、終末がくるということに対して、信仰のない連中はそれを嘘だと思っている。どうせ嘘だろうというのでふざけちらしている。それが物語の主題となるのです。例はほうぼうに出ていますが、第二一章、第三九節はそのなかの一つです。

「この約束(岩波文庫の日本訳では、「不信仰者には必ず天罰が下るぞという言葉」だと割註してありますが、必ずしもそうではなくて、天地最後でもいいのです。天地終末でもいいし、復活でもいいのです。)は一体いつ実現するんだね、え、おい、もし君たちの言うことが本当だとしたら」、などと彼らは言っている。

ムハンマドが、天地の最後はまもなく来る、ほら、どんどんと戸を叩く音がするじゃないか、時は必ずくるのだ、絶対まちがいない、と言う。だが、無信仰の連中は、そんなこと信用しない。へー、そんなことがあるのかね、それは一体いつのことさ。もしおまえのいうことが本当なら、すぐここで実現させてごらん、などと茶化す。

信仰なきあの者どもとて、自分の顔が(地獄の)火にじりじり焼かれ、背中も焼かれるのをどうしようもなく、助けてくれる者もないあの時のことをもし知っていたら(いつ来る)どころか、突然襲って来て、彼らはただ呆然と立ちすくむばかり。押し返すことなどできることか、もう絶対に猶予はない。

明らかに半分イマジナル、半分物語的、そして半分レアリスティックです。こういうふうに混っているのです。完全な物語というわけではないが、物語がもう出来かけています。

もう一つだけ最後に、第三四章、第三節。これも完全に叙述文です。

信仰のない者どもは言う、「時なんてやって来るものか」(「時」というのは終末の日)と。言ってやるがよい、「いや、いや、神かけて、必ずやって来る。」

イマジナルじゃなくて、レアリスティックな表現ですね。実際に時なんてくるもんかとみんなが言っている、それが現在の事態。その事態を叙述したものです。ところが、本当に天地終末の日がきたらどうなるか。その時の光景の描写は完全にイマジナルになります。もう時間がきましたので、このつぎに続きをやることにしましょう。

第七講　終末の形象と表現（その二）

18　レトリックの重層性

この前は『コーラン』をレトリック的に見たらば、三重構造をなしているということをお話いたしました。三重構造、レアリスティック、イマジナル、そしてナラティヴ。啓示の時期から見て一番早くに現われてきたのは、二番目のイマジナルです。言語表現のこのレベルでは思想であろうと何であろうと、すべてを強烈なイマージュでもって表現する。激しいイマージュが続いて出てきて、それが不思議な光景を描き出していく。そしてそこから『コーラン』というものが始まるのです。

ところでそのイマージュの内容ですが、ほとんどすべて終末論的であることが特徴です。このあいだ読み始めた個所がその例ですが、あれなどはもうまったく終末論的。こちらに終末論的な感覚がないと、『コーラン』はよくわからないと思います。勿論、終末論的な感覚がぜんぜんなければ、キリスト教もユダヤ教もわかりませんが、イスラームの場合にはなおさらそうです。終末論の感覚がないとおっしゃる方は、『コーラン』とか『聖書』とかを読んで、それを身につけることをなさらないと、人類文化の大事な部分の理解に欠けるところが出てきます。ともかく、『コーラン』というものは終末論的な存在感覚で始まる。

始まっただけじゃなくて、構造的に見ると終末論的な存在感覚が、『コーラン』全体の一種の基盤をなしているといってもいいと思うのです。たとえ表面にはレアリスティックなものが出ていても、その底には終末論的存在感覚が流れているのだということを覚えておかないと、誤解することになります。

天地終末の日は必ずくる、そして終末の日がきて、死者が全部復活して、そして厳正な裁判、審判を受けて、まったく新しい存在秩序にそこから入るのだというほとんど感覚的な、あるいは情念的な確信が全体の基盤にあって、その上に『コーラン』的世界像が展開している。

ですからレトリック的にいいますと、『コーラン』には三つのレベルがあって、そのうちの一つがイマジナルなのですけれども、しかしそのイマジナルなものは表に出ようが、隠れていようが、ともかく『コーラン』全体に流れているということを覚えておかなければいけない。ただそれが濃くなったり淡くなったりしているだけのことです。

realistic	(言語外)	fact-telling, referential
narrative	(言語内)	story-telling
imaginal	(言語内)	mythological, mythopoeic

それらの三つの層は、上図のように三重構造にしてモデル化すると、わかりやすいでしょう。イマジナルなレベルが、時間的には一番始めに出てきて、構造的には一番下にある。その一段上がナラティヴ、つまり「物語(風)」な表現レベル。『コーラン』以外のコンテクストでしたら「神話的」(mythic, mythological)、あるいはもう少し一般化して「神話創造的」(mythopoeic)ということになるでしょうが、『コーラン』では神話という考え方はほとんどな

いのです。神話ではなくて、伝承的、物語的なのです。だからむしろストーリー・テリングといったほうがいいかもしれません。『コーラン』レトリックの全体構造からいうと、この物語層は中間レベルに当たる。つまり下のイマジナルな意識の緊張が緩むと、もう前にいいましたが、イマージュが物語的な展開を示し始めるのです。そして、イマジナルな意識が日常的意識にもっと近づくと、表現形態も表現される内容もレアリスティックになってくる。前段階がstory-tellingであったのに対して、fact-tellingとでもいいますか。事実を告げる、言語外の事態の記述です。これが『コーラン』啓示の過程としては一番最後に、つまりメディナ時代に成立したスタイルで、日本語訳では上巻に収められた長い諸章によって代表されます。

但し、ここに区別した三段階は、あくまで『コーラン』のレトリックの上での区別であることによくご注意願いたい。要するに、すべては言語主体の、その時その時での表現態度の問題なのであって、ある事柄が客観的に事実であるか純主観的な想像あるいは幻想にすぎないかというようなことを問題にしているわけではないのです。

現に、例えば、天地終末の日などということは、我々普通の日本人にとっては一つの想像的事態、つまり言語内の事態ですけれど、『コーラン』の立場では、ちゃんとレフェレントのある客観的な事実です。未来に必ず起きることがきまっていることなのであって、事実、それを信じられない人間はイスラームを信仰できない人間であるというわけです。ただ、天地終末の光景のごときものは、その性質上、主としてイマジナルなレベルで描写される傾向が強いというだけのことで、既に例示しましたように、中段のレベルで物語として、また上段のレベルで事実としても、表現しようと思えばできないことはないのです。

こういう次第で、『コーラン』では、同じ一つの事態を述べるのでも、これら三つのレベルが、ある場合には代わるがわるに現われ、ある場合には混ぜ合わされて現われてくることが可能なのです。これは一つには、始めにご説明しましたように、「オスマーン本」といわれている現行『コーラン』の編纂者たちの編纂方針にもよりますが、この編纂のつごうということを離れて考えても、人間の意識というものは、元来そんなにはっきり分かれているものではないので、非常に浮動的というか、濃くなったり薄くなったり、瞬間ごとに微妙に移り変わっていく。だから、いま鮮烈なイマージュがつぎつぎに飛び出してくるかと思うと、急にそれがゆるやかになって物語的に展開したり、そうかと思うと、それがまた急にイマージュに戻ったり、そういうふうにダイナミックに動いているのです。けれど、構造的には、こういう三つの層を分けて考えておいたほうが分析しやすいと思うのです。

以上申し述べたようなことを頭において、我々の問題をもう一度考えなおしてみましょう。この前から「開扉」の章の第三節、「審きの日の主宰者」という一句を読んでいるのですが、「審きの日の主宰者」という表現は、もうよくおわかりになったと思いますが、レアリスティックなレベルに属します。「審きの日の主宰者」、最後の審判の日がこれからやってくる。その審きの日に、神がそれを主催する。そういう事実を事実として冷静に記述するコトバです、「審きの日の主宰者」というのは。ここには強烈な終末論的イマージュなどほとんどありません。イマージュ的ではなくて、概念的です。「審き」という概念、「主宰者」という概念、「(審きの)日」という概念、それら三つの概念の結合が描き出す神もまた、それ自体としては、概念にすぎない。

しかし、私がここで言いたいのは、「審きの日の主宰者」というこの冷たい概念的な表現の下に、生きた神のイマージュが伏在していること、そしてそれは、さっきからお話ししている『コーラン』レトリックの三重構造のためである、ということです。すなわち、『コーラン』では三つの表現レベルが有機的一体をなしているので、たとえ実際の表現は最上層のレベルでなされていても、潜在的には第二、第三のレベルがそこに働いている。だから、ちょっと動けば、生々しいイマージュが噴出してくる可能性がそこにあるのです。あるいはすぐ物語になりうるのです。

以上のような、レトリック的表現レベルの浮動性のほかに、もう一つ、意味論的に大事なことがあります。それはレアリスティックなレベルにおけるコトバとコトバの意味連鎖ということです。例えば、「審きの日」を取ってみますと、このコトバはこの同じ言語レベルでいくつものほかのコトバと密接に聯関しています。これを意味論では意味領域というのですが、幾つかの語が相互に聯関して意味領域をなしている。つまり、「審きの日」というコトバは独立していない。「審きの日」というコトバ、あるいは概念は、意味聯関によってほかのコトバと連鎖している。ですからレトリック的に三つのレベル相互間の縦の聯関があるだけではなくて、この「審きの日」というコトバが、それの本来所属する意味レベルで、平面的に、つまり横に他のコトバと聯関しているわけです。具体的に申しますと、『コーラン』のコンテクストにおいては、「審判」は、「終末」あるいは「(終末の)時」、それから「復活」という二つのコトバ(概念)とがっしり組合っている。いわば意味三角形をなしていて、その三角形の一頂点としてのみ存立しているのです。『コーラン』では終末の日のことを、普通、「時《ワクト》」と呼んでいます。waqt とは、通常のアラビア語で時間のことですが、それに定冠詞をかぶせて al-waqt といいます。英語でいえば the time「あの時」、つまり終末の時です。

先ず終末の時がきて、復活が起きる。復活のことをキヤーマ(qiyāmah)といいます。直訳すると「立ち上がり」ということです。すべての死者たちが、地下から「立ち上がっ」てくるという考えです。

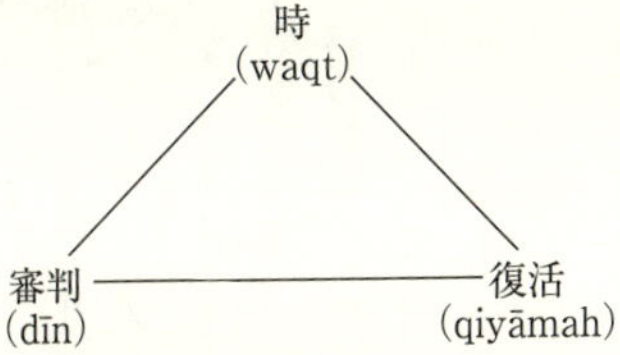

それから「審き」、ディーン(dīn)です。勿論、本当はもっともっとたくさんコトバが組み合わさって複雑な房状体をなしているのですけれども、仮りに極端に単純化してみると、以上の三つが密接な聯関をなしているということになるわけです、dīn と waqt と qiyāmah という三つの語、あるいは概念が。

『コーラン』を読むに際しては、この意味領域的聯関性ということにも充分注意をはらう必要があります。例えば、dīn(審き)というコトバが出てくる。そのとたんに、『コーラン』を誦んでいるアラブの意識のなかには、「終末」と「復活」という二つのコトバが、ほとんど不可避的に起こってくるのです。「審き」はそれだけで独立していない。「終末」と「復活」とがそれと共存しているのです。ここに描いた三角形でいいますと、どの一つの頂点を取ってみても、必ず残りの二つがそこにある。表に出ているのは一つだけだけれど他の二つがすぐそこにひそんでいて、いまにも表に飛び出そうとして待っているという形です。このような意味聯関を意味領域と呼びます。

語の意味領域は言語ごとに違います。例えば我々日本人は「審き」というコトバを聞いて、「終末」や「復活」を憶いはしない。「審判」といえば裁判所を考えたり、裁判官とか、被告とか、弁護士とかそんなことを考えますね。『コーラン』の意味コンテクストでは聯関がまるで違います。「審判」といえば、すぐ天地の終末と、死者の地下からの生きかえりが心に浮かぶ。だから、もし「審判《ディーン》」というコトバが発音されたならば、同時に、潜在的に「時《ワクト》」というコトバと「復活《キャーマ》」というコトバが発音されたと同じことなのです。たとえ「審判」の概念そのものは同じだとしても、それと結合している他の概念が違うから、結局、我々が翻訳を読んで「審判」というコトバから理解する概念とはまるで別の概念です。微妙な――しかし、きわめて重要な――意味の差異がそこにあるのです。その上、この概念的レベルでの意味聯関は、たちまち深層意識のレベルに反射して、そこに複雑なイマージュ聯関をひき起こす。物語レベルは物語レベルで、それに応じて、これまた独自の動きを示す。というようなわけで、たった一つの「審き《ディーン》」というコトバでも、そのまわりに群り渦巻く概念やイマージュまで考えると、なかなか一筋縄でいくようなものではない。しかし、いくら大変でも、それを捉えなければ「審き」一つにしても理解したことにはならないのです。もともと、言語テクストとしての『コーラン』を読むということは、こういう意味での「意味」を読みとるということなのですから。こういうふうに読みとっていかなければ、決して『コーラン』を読んだことにはならない。また、こういうふうに読んではじめて、我々は一つのまったく新しい世界に入っていくことができるのであり、それが解釈学というものだと私は思います。

19　終末の概念とイマージュ

さて、このあいだから天地終末に関するテクストを読み始めているのですが、いま申しましたように「終末」と「復活」と「審判」とは一つの有機的な、意味聯関をなしていて、その意味聯関の開始点は「終末の日」なのです。「審判」が直接の主題である場合でも、「終末」を考えずにそれを考えることはできないからです。時間的にいっても、まず終末が来て、復活が起こってそこではじめて審判ということがありうるのです。先ず終末がくる。それから復活が起こる。その上ではじめて最後の審判ということが可能になってくる。そういう順序があるのです、時間的にも構造的にも。

そこで、終末の日というのは、一体どんな日であるのか。それはどんな概念であり、またどんなイマージュを伴っているのか。この問題をもう少し追求し続けてみましょう。

前回の最後のところで、信仰のない人が終末の日を嘘だ、お伽ばなしだ、と思ってばかにしている、そしてふざけ散らしている、そういう情景を描いた個所を幾つか読みました。同じような例は、もう枚挙にいとまがないほどたくさん出てきますが、そのほとんどすべてが第一のレアリスティックなレベルでいわれています。預言者ムハンマドをめぐる現実の事態を『コーラン』が描写しているのですから当然です。

ところが、信仰のない連中がそうやってふざけ散らし、ばかにしているあいだに、『コーラン』にいわせれば、終末の日、あの「時」は刻々と近づいてきているのですね。いまにも起こりそうなのです。このあいだ読んだ「戸を叩く音」の感覚。これはイマジナルなレベルの描写です。しかし同じ事態がレアリスティックなレベルでも述べられています。

第五三章、第五七節。

この者(預言者ムハンマド)は、古来(神に遣わされた)警告者と同じ一人の警告者。刻々とかの時(al-waqt、終末の時)は迫り来る。だが(それが正確にいつ起るかは)アッラーをよそにして、何びとも明かすことはできぬ。

いつ起こるかは誰も知らない。だが、すぐにも起こりそうだ。「時は刻々に迫って来つつある」という。だから結局これは、第一〇一章の「戸を叩く音」がイマジナル・レベルで感覚的に表わしたのと同じことをレアリスティックなレベルで表現したにすぎません。醒めた意識で言えばこういうことになるのです。「戸を叩く音」のほうは迫ってくる「時」の生のイマージュ。こっちは「時」が迫ってくるという考えです。事実を述べているのです。この二つを比較なさるとレトリックのレベルの違いがおわかりになると思います。

ここでちょっと横道にそれますが、非常に大事なことなのでご注意しておきます。それは第五七節に「この者は、古来(神に遣わされた)警告者と同じ一人の警告者」だといわれている。「警告者」――アラビア語でナズィール(nadhīr)――は『コーラン』のなかで重要な働きをする鍵言葉の一つです。警告者。それに対して喜びの便りを伝える人、それをバシール(bashīr)といいます。nadhīr は警告者、bashīr は喜びの訪れを伝える人、つまり福音を伝える人。

預言者は二つの資格をもってこの世の中に現われる。一つの資格は警告者であり、一つは喜びのうれしい便りを伝える人。これは『コーラン』の宗教思想の根源に関わる最も基本的な概念です。

預言者 { nadhīr ――→ taqwā
　　　 { bashīr ――→ shukr

第二章、第一一三節。

我ら(神)は汝(ムハンマド)を、(人々に)喜びの音信《たより》を伝えるため、また警告を与えるために、真理《まこと》を持たせて派遣した。

とあります。喜びの音信《たより》を伝えるため、また警告を与えるため。これが「使徒」としての預言者の聖なる任務なのです。

「使徒《ラスール》」(rasūl)については前にも一応ご説明しておいたと思います。神が、ある人間を選んで、彼に個人的に語りかけると、その人は「預言者《ナビー》」(nabī)になる。神のそのコトバを他人に伝達するために預言者が人々のもとに派遣された場合

——例えば、ムハンマドがアラブたちのもとに派遣されたように——彼は「使徒」という資格を得るのです。ラスールじゃないナビーもたくさんいます。預言者であるだけの人、つまり、神のコトバを聞いただけでそれを世に伝えることを命じられない人。だから、ある特別のミッションを与えられた預言者がラスール、使徒です。使徒はこのように、神のコトバを他の人々に伝えることを任とする人ですが、彼が伝えるべき神のコトバには大別して二種類あります。それに従って、使徒は警告者であったり、喜びの音信をもたらす人であったりする。

最初にお話したことをまだ覚えていますか。神にはジャラールの側面とジャマールの側面とがある。峻厳なジャラールの恐ろしい側面と、ジャマールのやさしさ、愛の側面と両方あると申しましたね。神のジャラールの側面に対応する使徒がナズィール、警告者であり、ジャマールの側面に対応している使徒がバシールなのです。もちろん同じ一人の使徒の二面であっていいのです。第一八章、第五四節に、

総じて、我らが使徒を遣わすは、ただ喜びの音信を伝えさせ、警告を与えさせるため。

といわれております。終末論的事態の恐ろしい側面をつまり地獄の劫火とか天罰とか、そういうものを描くことが「警告者」の役目でありまして、そういうものを描くことによって人々に警告を与えて、改心しないと、あるいは悪いことをするとこんな目に逢うぞと告げるのです。

そして、そのような警告を受け入れる信仰的態度が、例のタクワー(taqwā)、「怖れ」です。

もう前にご説明したのですが、お忘れになったかもしれない。タクワーは怖れることですが、ただの恐怖とは違う。神が終末論的なイマージュを通じて、そのジャラール的側面を示した場合に、人間がそれに対して畏れ慎む態度をとる、それがタクワーです。だから要するに、「警告者」に警告を与えられた場合、その警告をすなおに受け入れる態度がタクワーだと考えておいていいと思います。通常、英語の訳では piety すなわち神に対する敬虔な態度、というふうに訳してありますけれど、piety とも意味内容がずいぶん違うということがおわかりになりましょう。

それから次は「喜びの音信をもたらす者」(bashīr) のほうですが、ここで嬉しい便りというのは、大体において天国の楽しみ。それが具体的にどんなものであるかは、もう例を読みましたね。善行の人にはこんな賞があるぞ、と告げる喜びの知らせ、それをアラビア語でブシュラー(bushrā)といいます。bashīr と同じ語源からきたコトバ。日本語では福音なんて訳していますけれども、つまりは楽しい便りです。

ところで、この楽しい便りを与えられて、それを受ける人間の態度をシュクル(shukr)という。これも前にご説明しましたね、シュクルとは感謝ということです。タクワーは怖れ、シュクルは感謝、怖れと感謝なんていうと、なんとなく俗っぽく響くかもしれませんけれど、これがイスラームでいう信仰の概念の根本原理なのです。

イスラームでは「信仰」をイーマーン(īmān)といいますが、その内的構成要素は二つ、タクワーとシュクルです。両方とも信仰を構成しますが、その側面が違う。タクワーのほうは、警告を受けて、警告を慎しみいただくこと。シュクルのほうは、喜びの便りを受けて、それをありがたく頂戴すること。『コーラン』的な信仰の両面です。

この辺で話をもとに戻して、終末の日の主題を続けましょう。刻々と終末の時が近づいてくる。それはもう読みました。今度は、いよいよその日がやってくる。終末の日が本当にやってきた場合には、これは当然でしょうけれども、レトリック的にはイマジナルになります。天地終末の有様が恐ろしいイマージュとなって現われてきます。無数に例がありますが、そのなかの幾つか代表的なものを選んで読んでみることにします。

第五六章「恐ろしい出来事」――この表題そのものが終末の日の状況を如実に表わしています――の第一節から第六節まで。

あの事がいよいよ出来して(「あの事」というのは、言うまでもなく、天地壊滅のこと)、誰もその到来を嘘とは言えなくなり(今までは嘘だ嘘だと言ってふざけ散らしてきた人々も黙ってしまう)、人々、あるいは失墜し、あるいは高められる時になると……(その「失墜する」というのは地獄にいくことです。「高められる」というのは天国にいくこと)

大地がぐらぐらと大揺れにゆれ、山々は粉々にくずれ、塵芥となって吹き散らされ、お前らが三組に分けられる時……

これから後は審判に移りますので、ここでは読みませんが、大地がぐらぐらと大揺れに揺れ、山々は粉々に崩れて塵芥となって吹き散る光景、それが終末の日のイマジナルな描写です。第七三章「衣かぶる男」第一四節。

大地が山々もろとも大揺れに揺れ、
山々ことごとく流沙の丘のごとくなるその日。

ついでですけれども、いま読んだ第七三章の第一節、「これ、すっぽりと衣ひっかぶったそこな者。」という呼びかけ。預言者ムハンマドが着物をひっかぶっている。これは一般にシャーマンがよくやることです。着物を頭からすっぽりかぶって、小さく身を縮めている。ムハンマドも、啓示が下りそうだと感じると、衣を頭からすっぽりかぶって小さくなって震えていたらしい。そういう状態にいるムハンマドの意識に、天地終末の日の光景がまざまざと描き出されるのです。この点についてはあとでもっと詳しくお話します。

第八四章「真二つ」第一―三節、

大空が真二つに割れて、畏れかしこみ主の(御《み》言葉《ことば》)に耳傾ける時、
大地が平らに伸び、その中のもの全部吐き出し空《から》になって、畏れかしこみ主の(御言葉)に耳傾ける時。

これも終末の日の光景です。大空が真二つに割れる。大空に起こる異象はほかにもいろいろあります。例えば、大空が巻物のように、くるくると巻き上げられるという表現もあります。「大地が平らに伸び」というのは、山々が飛び散って、大地が平らになってしまうこと。平らに伸びたその大地が、ぱっくり口をあけて、中のものを全部吐き出して空になる、というのですから、もうすでに復活が始まっているわけです。それで、その時がくると……

第二一章、第九六節。『聖書』を読んでいらっしゃる方は、ゴグとマゴグの話をご存知で

しょう。兇暴この上もない巨人族、ゴグとマゴグのことをアラビア語ではヤージュージュとマージュージュというのです。ヤージュージュとマージュージュがその時になるとなだれを打って下りてくる。世の終りの日のことです。

ヤージュージュとマージュージュが解き放たれて(いままでクサリでつながれていたその巨人)、崖という崖からなだれを打って下りて来る……

さあ、そうなったら、信仰なき者ども、恐ろしさに目を据えることであろう。「ああ、情ない、このようなことになろうとはついぞ気がつかなかった。いや、まことに我々が悪かった」(などと言うけれど、もう間にあわぬ)。

これなんか、もうかなり物語的になっていますね。ゴグとマゴグという神話的要素が現われてくる。深層意識的イマージュが物語の形に展開し始めております。

ゴグとマゴグがなだれを打って崖という崖から下りてくるばかりではなくて、天使の大軍も、どっとばかり空から下りてくるのです。第二五章、第二七―三一節。

密雲たちこめた大空が引き裂かれ、天使の大軍どっとばかりに下されるその日、その日こそ、まことの主権はお情ぶかい御神の御手にある(「お情ぶかい」とはちょっと皮肉に聞こえないこともない、みんな罰を受けるのにお情ぶかいというのですから)。信仰なき者どもにとっては、まことに惨澹たる一日となろう。

その日には、さすがの悪性者も己が手に嚙みついて(「指をかむ」というのはこの頃のアラビア語の表現。指をかむ、手にかみつく、しまった、という後悔を表わす)、「ああこんなことなら使徒(ムハンマド)と同じ道を取るのであったに。なんたることだ。ああ、こんなことなら誰それなどと仲よくするのではなかったに(「誰それ」というのは、つまり天地の終末なんて絶対にこないぞといっていた人たち。あんな連中と仲よくつきあったりするのじゃなかった、という)。せっかくお諭《さとし》を戴いたのに(「お諭」とは、さきほどお話した「警告」のこと)、あんなやつのおかげで迷ってしまった。ほんにシェイターン(サタン)は、いざという時になると人を見棄てるものだなあ」などと言う。

『コーラン』はこういう場面になると、きまったように物語的になり、そこにユーモアが入って、滑稽味を帯びてくるのです。悪性者が自分の手に嚙みついているなんていう光景は、どう見ても滑稽です。なにしろ天地最後の日なのですからね。つまりイマージュの緊張はそうとう緩んでいる。そのことは、もうレトリックの三分法でだいたいおわかりになるでしょう。

次は第七七章「放たれるもの」。同じ主題のテクストをずいぶんたくさん読むようですが、お許し願います。たくさん読むことによって、皆さんの頭のなかに、というよりは、皆さんの意識下に、なんとなく『コーラン』的な感覚が出来てくることを望んでいるのです。ただ例を示すだけが目的なら、一つ読めばたくさんなのですけれど。

ところで、この「放たれるもの」、何が放たれるのだかよくわかりません。最初のところに、

さっと放って、また放てば、

風ごうごうと吹き荒ぶ

と書いてありますね。何が何を放つのだか具体的にはよくわからない。天地最後の破壊のエネルギーでしょうか。とにかく、そういうものが、風ごうごうと吹き荒ぶごとく、天地に荒れ狂うのです。ともかく、第八節に進みまして、

きらめく星々その光りを失い、
大空ぱっくり裂け割れて、
山々こっぱみじんに飛び散り、
使徒たち、それぞれ(出頭の)順がきまる時……

使徒たちの出頭の順番。アラブ民族にはムハンマド、ユダヤ民族にはモーセ、何民族には誰、そういうふうに遣わされる使徒が民族ごとに違っている。最後の日になるとそういう使徒たちの出頭の順序も決まるのです。しかし、ここではそのことが特に問題なのではなく、そのことをも含めて、「きらめく星々その光りを失い」云々という終末の日の全体的光景が問題なのです。

全宇宙的な破壊エネルギーが四方八方に向かって解き放たれて、風ごうごうと吹き荒び、全天地があげて阿鼻叫喚の巷と化してしまう、という、終末の日の描写のイマージュ性が問題なのです。

しかし、終末の日というものは、時間的にいっても、それだけで終わるものではないので、終末の日から復活、審判までがひとつながりになっている。第八一章「巻きつける」を見る

と、それがよくわかります。これは前に一度読んだものですけれど、あの時はまだ本当によくはおわかりにならなかったのじゃないか。いまお読みになると、今度は明確におわかりになると思います。

太陽がぐるぐる巻きにされる時(一)、
星々が落ちる時(二)、
山々が飛び散る時(三)、
産み月近い駱駝を見かえる人もなくなる時(四)、
野獣ら続々と集い来る時(五)、
海洋ふつふつと煮えたぎる時(六)、
魂ことごとく組み合わされる時(七)、

これまでが終末。そのつぎの行が復活。

あの時に、一応の説明はしておきましたから、覚えていらっしゃるかもしれませんが、『コーラン』の考えでは、人間は誰でも死ぬと魂と肉体とが分離します。肉体は地中に埋められて――というのは日本みたいに火葬にしませんから、死んだままの姿で埋めますので――それが地の中で腐り、骨はボロボロにくずれてしまう。

他方、肉体から遊離した魂のほうはどこにいくのか、その場所は、『コーラン』には、明示されておりません。ともかく、天地終末の日が到来して、大地が、『コーラン』の表現を使えば、おなかの中に入れていたものを全部吐き出してしまう時、それまでわかれわかれになっていた昔の魂とその体とが一つに組み合わされるのです。

これは輪廻とはぜんぜん違うということにご注意下さい。死んで肉体を去った魂がほかの肉体にまた宿って生まれるということは、絶対にありえない。これほどイスラームの考えに反する考え方はないのです。昔のイスラームには、インドの宗教や哲学について書いた本が幾つもありまして、インド思想をかなり高く評価していますが、輪廻だけは口をきわめて悪くいっている。死んで肉体を去った魂がまた別の肉体に宿って生まれかわるという考えだけは、どうしてもいただけない、というわけです。

ですから、肉体の死とともに肉体を離れた魂は、そのままじっと待ち続けるのです、復活の日が到来するその時まで。何千年でも、何万年でも、何千万年でも、待っている。そして復活の日、昔の魂は昔の肉体と結びつきます。昔の肉体は勿論、白骨になり、土と化しているのだけれども、それが昔のとおりの肉体に戻るのです。例えば、赤ちゃんで死んだ人の身体は赤ちゃんの身体になって戻ってきて、それが赤ちゃんの頃の魂と結びつくのですね、そういう考え方なのです。それが復活です。「魂ことごとく組み合わされる時」という一句はそのことを指しています。そして、そのつぎに、すぐ審判になる。

生埋《いきうめ》の嬰児《みどりご》が(八)、

なんの罪あって殺された、

と訊かれる時(九)、

このあいだ話しましたね、間引きされた子どもたちです。

帳簿がさっと開かれる時(一〇)、

これも審判の一部です。各人の生前の行為は、善も悪も、細大洩らさず、記録天使によって記録されている。それに基づいて厳正な裁判が行われる。

天がめりめり剝ぎ取られる時(一一)、

地獄がかっかと焚かれる時(一二)、

天国がぐっと近づく時(一三)、

(その時こそ)どの魂も己が所業の(結末を)知る(一四)。

これが、裁判の結果です。地獄の罰、天国の賞。「どの魂も己が所業の結末を知る」ということになるのです。

そうすると、第一節から第六節までが終末の光景、第七節が復活の光景、第八節から第一一節までが審判の日の光景、第一二節から一四節までが審判の結果の賞罰。こうしてひとつながりになっている。生々しいイマージュの連鎖です。それが終末、復活、審判というふうにつながっている。意味連鎖がそのままイマージュ連鎖。それが有機的な統一体をなして意識の底にひそんでいるのですから、この連鎖の単位をとってきても、全部がズルズルとついてきてしまう。さっき申しましたように、例えば「審判」というコトバが出たとすると、審判だけが頭のなかに浮かぶのじゃないのです。審判というコトバを聞いたら、いま読んだような終末と復活と天罰とのイマージュがひとつながりになって全部出てくる。そしてそれが「審判」ということの意味なのです。すべてについて、そういうふうに解釈しないといけない。

ところで、ここでは復活を簡単に「魂ことごとく組み合わされる時」という一句で表わしていますが、実はこの復活というのが、宗教としてのイスラームにとって一番難しい問題だったのです。それはムハンマドの教えに触れたその頃のアラブの大多数に、躓《つまず》きの石として働きました。当時のアラブは人生、あるいは人間存在というものを非常に簡単な形で考えていました。この人生は一回だけであって、一ぺん死ねば人はゼロになるのだという考えです。前にも一ぺん読んだことがあるのですが、もう一回だけ念のために、第四四章、第三三節を読んでおきましょう。

この者どもの言うことには(「この者ども」というのは、ムハンマドに反対して、イスラームを信仰しようとしないメッカの人たちです)「わしら一遍死ねばそれでおしまいだ。復活なんてあるものか。(もし復活なんてことがあるのなら、その証拠に)さあ、わしらの御先祖がたを(いま、生き返らせて)ここへ連れて来て見せるがいい、もしお前らの言うことが本当なら」と。

ここで、わしらは一遍死ねばおしまいだというのが、そのころのアラブの人生観です。この人生観が『コーラン』だけでなく、いろんな形でイスラームのなかではたらきます。どうせこの世は一生だけだという考え方。例えば岩波文庫にオマル・ハイヤームというペルシア詩人の詩集『ルバイヤート』がありますね。あれなんかごらんになると、どうせこの世は一生だけという考えが、全体に物憂いようなペシミズムの影を投げかけている。

『コーラン』では、この種の悲観論的人生哲学が、イスラームに敵対する人々の人生観として描かれています。第四五章、第二三節に、信仰のない連中の言い草として、

「どうせこの世は一生かぎり。生きて死ぬ、ただそれだけのこと。『時』がわしらを滅ぼすまでのこと」などと彼らは言う。実は、なにもわかってはおらぬ。

というコトバが記録されています。「時」がわしらを滅ぼすまでのことだ、という。ここでの「時」はさっきご説明しましたwaqtすなわち終末の「時」とは違います。日本語では同じ「時」ですが、原語ではダフル(dahr)といいまして、運命としての時間を意味します。

これはイスラームの発生以前のアラビアに流行して、大変勢力のあった一種の哲学、あるいは宗教的人生観だったのでして、思想史の術語としてはダフリーヤ(Dahrīyah)と呼ばれています。「ダフル信仰」とでも訳しますか。「ダフル主義」といってもいいでしょう。とにかく、時間というものを、この世にある一切のものを生み出しては滅ぼしていく盲目的な力、ほとんど神に近いようなものとして表象する考え方です。すべてのものを生み出しては滅ぼしていく、と申しましたが、特に滅ぼすほうを強く考える。だから、結局、宇宙的な破壊力です。

面白いことに、この点だけについていえば、イスラームに反対した多神教徒たちは、合理主義者だったのです。理屈に合わないものは一切受け入れまいという態度。復活なんてものは理屈に合わない。そんなものはデタラメだとこういうのですね。もし、理屈に合わないこ

とを信じるのが信仰であるとすれば、そんなデタラメはごめんこうむる、という立場です。つまり、ムハンマドに烈しく対抗して最後まで闘ったアラブは徹底した合理主義者だったということができると思います。

第二三章、第三二節から第四〇節にかけて、そういう合理主義者たちの考えることが実に明確に描き出されています。これは形式上ムハンマドではなくて、預言者ノア——例の「ノアの箱舟」のノア——の物語として語られていますが、事実としては結局、ムハンマドのことです。ムハンマドをめぐる合理主義者たちの言動を、「ノアの民」の言動として、物語のレベルで展開しただけのことです。「ノアの民」が言います、

「なんだ、(ノアだって)みんなと同じ只の人間ではないか。みんなの食うものをみんなの飲むものを飲む只の人間だ……」

のものを食い、ものを飲むやつ、という、これはふつうの人間ということ。だから預言者、預言者と偉そうにいうけれども、只の人間だ、食ったり飲んだりしているじゃないかと。いかにも合理主義者らしいですね。なにも我々普通の人間と変わっていやしないんだ。そんなやつのコトバを信じたらとんでもないことになるぞ、というのです。

「お前たち(こんな場合に「お前たち」というのはアラビア語独特の論法で、我々だったらむしろ「俺たち」といいたいところ)、自分と同じ人間(只の人間)の言うなりになったりすると、それこそ大変な損するぞ。お前たち(「我々」)が死んで、塵と骨になってしまってから、また必ず引き出される時(復活)が来るんだとさ。くだらない、ばかばかしい。なんという

預言だ。なあに、この現世の生命しかありはしない。生きて死ぬ、ただそれだけ。(死んでからまた)喚び出されることなんかあるものか。どうせこの男(ノア)が、アッラーがどうのこうのと、いいかげんな造りばなしをしているだけのこと。絶対に信じたりできぬ」と言う。

と、この調子なのです。これをごらんになるとおわかりになりますとおり、ノア、すなわちムハンマドに敵対した人々は完全なる合理主義者だったのです。

次は第一七章、第五二節、みんながひそひそ話し合っている。

「おい、俺たちが骨になり、ばらばらのかけらになってしまったあとで、え、おい、そのあとで、も一度生れなおして生き返るんだとさ」と(みんなで嘲笑《あざわら》いながら)言っている。

「(骨どころか)石になろうが鉄になろうが、それとも何でもお前たち自分で想像できるかぎりのものになろうが(アッラーは必ず復活させ給う)」と言ってやるがよい。そうすると、向うは、きっと、「じゃ誰が俺たちを連れ戻すんだ」ときくだろう。その時は、「お前たちを最初に創り出し給うたお方がだ」と言ってやるといい。(そうすると)、彼らはお前らに向って頭をふり(呆れた、なんという馬鹿だ、という身振り)、「それは、一体、いつのこと」と言うだろう。(これがその頃のアラブのムハンマドに対して繰り返し繰り返し言ったコトバだったのです。「というのはいつのこと」といって嘲笑う)。言ってやるがよい、「案外近いかも知れないぞ、(アッラーが)お前たちを喚び寄せ給うと、お前たちのほうでもお召しに応じて讃美の声を揚げるその日は。お前たち、自分では、ほんの暫くの間しか(死んで地中に)いなかったような気がすることだろう」と。

これなんか短いけれど、もう完全に物語ですね。物語性をもって事態が展開している。事実の描写でもあるけれども、事実というより事実に基づいた物語性、そうあるだろうということを物語的に述べているのです。復活というものがいかに合理主義者のアラブに受け入れがたいものであったか、それが物語的に展開すると、こんな形になって、ちょっとユーモラスな会話になる。前にも申しましたとおり、聖なる書物としては非常に珍しいスタイルですが、『コーラン』ではこの種のユーモアが至るところにあるのです。

もう一つ第三四章、第七節。信仰のない連中が集まって、こんなことをいっている。

「おい、(面白い)男(ムハンマドのこと)がいるぞ、教えてやろうか。聞いて見ろ、お前たち(この「お前たち」は「俺たち」ということ。前にもいいました。アラビア語独特の表現で、我々なら「俺たち」という場合に、話し相手に向かって「お前たち」というわけです、勿論、自分も含めてのことですけれど)みんなぼろぼろに朽果ててしまった後で、また新しく創りなおされるなんて言ってるぞ」。

それでは、あれ(ムハンマド)がアッラーについていいかげんなでたらめでも言ったのか。それとも、あれに悪霊でもとり憑いておるのか。とんでもない。来世を信じようともせぬやつらの方が今からもう天罰を蒙って、迷えるだけ遠く迷っておるのだ。

これなどになると、もう物語性を超えて事実の記述になっています。そして復活を信じない連中が、これはでたらめだ、お伽ばなしだ、つくり話だ、そしてまたもし仮りにそういうことが起こるとすればマジックだ、妖術、魔術にすぎないというようなことをいっている。現実のこの事態を、忠実に記述しようとする態度が見えます。『コーラン』には、これに類する個所が至るところにありますが、わざわざ読む必要はないでしょう。

最後に、第七五章「復活」、これは初期のものです。

いや、復活《よみがえり》の日にかけて誓おう。

いや、(己れを)責めてやまぬ良心にかけて誓おう。

誓いのシャーマン的な表現で始まります。

人間というものは、己れの骨がよもや我ら(神)に集められる(ばらばらになっている骨を寄せ集めて、もとの身体に作りなおす)ことはあるまいと考えているのか、いや、いや、指の先まですっかり元どおりにして見せようぞ。

ええ、人間め、いつまでも末永く道楽三昧したいのか。「復活の日とはいつのこと」などと訊《き》いている。

だが、よいか、いざ目が眩んで(天地終末)、月は光りを失い、太陽と月が一つに集ってしまったら、その時こそ、さすがの人間も言うであろう。「どこぞ逃げ場はないものか」と。

いや、いや、逃げも隠れもなるものか。

その日には、落ちつく先は主のみもと。その日こそ、人間がみなそれぞれに自分のしたこと、し残したこと、すっかり話して聞かされる日。

ここでは天地終末から復活、そして最後審判の日の情景まで、ひとつながりになって出てきています。

以上のように、信仰心のない人々は、復活をまったく信じるに足りない、非合理なこととして、頭からしりぞけてしまう。ところが、『コーラン』の側の立場としては、復活とはそんなに非合理的なことではないのです。多神教徒たち、偶像崇拝者たちは、復活などというものは理屈に合わないから信じられないと言うけれど、『コーラン』の立場からいうと、復活には立派に合理性がある。なぜなら、復活は、要するに、新しい創造にすぎないからなのです。勿論、これとても、もし第一回目の創造というものを信じなければ、合理的にはなりませんよ。しかし、第一回の創造なるものを事実として信じるならば、第二回目の創造が可能であることは、問題なく信じられるはずです。

第二九章、第一八節。

だいいち、彼ら見たことがないのか、アッラーが万有を無からお創りになって、それからまた引き戻し給うところを。これくらいアッラーにはいともやさしいこと。言ってやるがよい(信仰のない人々に)、「地上をあちこち旅して歩き、よく眺めてごらん。アッラーがいかにしてまず最初創造の業《わざ》をお始めになったかを。やがてまた第二の創造を興し給うであろう。アッラーは全能におわします」と。

地上をよく歩き回って見るがいい。そうすると、いかにすばらしいものを神が創られたかということがわかるだろう。そんなことができた神であってみれば、第二回目の創造などわけはない、と。これは理屈ですね。レトリック的にいえば、いちばん上層のレアリスティックなレベルで成立する理屈です。ところが、その同じことがイマージュ的にも表現できるのです。

第三〇章、第四七節。

アッラーは風を吹き起して雲をかき立て、大空に思いのままにうち拡げ、千々《ちぢ》に散らし給う、と見るうちにその只中からざあっと雨が降って来る。それで御心のままに僕《しもべ》らの誰かれを打ち給えば、彼らは大喜び、たった今まで、(雨の)降って来る前は、あんなにしょげかえっていたのも忘れたように。

さ、よく見るがいい、アッラーのお慈悲の跡を。枯死した大地を蘇らせ給うこの有様を。これこそ、本当に死者を蘇らすということではないか。

枯れ死んだ自然、草木が雨で生き返る、その強烈な印象。これは砂漠でなければない感覚だと思います。砂漠の雨の感覚。一天にわかに掻き曇って、沛然と雨が降ってくる。いままで萎れていた自然がたちまち生き返る。その感覚が復活の感覚なのです。復活というのはそういうことなのです。

それでいよいよ復活が始まる。そうなるとまたイマージュ的です。嚠喨《りゅうりょう》たるラッパの音と

ともに復活が始まるのです。これもたくさん出てきますが、例えば第二七章、第八九節、

嚠喨《りゅうりょう》と喇叭《らっぱ》が吹き鳴らされるその日、天にある者も、地にある者も、アッラーの特別の思召しをいただいた人のほかは、誰もかれもぎくっとなり、誰もかれも打ちしおたれて御前にやってくるその日。押しても突いても動かぬように見えるあの山々が、なんと、みるみるうちに飛雲のように目の前を流れて行く。これもみなかつて万物を見事に作りなし給うたアッラーの御業。

嚠喨たるラッパが鳴ると、地下に眠っていたあらゆるものが動き出す。そして地上に現われ出てくるのです。みんなが出てくるその光景を描いたものとしては、第二〇章、第九九節から第一〇四節にかけて、

嚠喨と喇叭が吹き鳴らされる日、その日こそ我ら（神）は罪ふかい者どもを一人のこらず召し寄せてやる（罪深い者どもだけを召し寄せるわけではなくて、ほかの者もみんな召し寄せるんだけれども、ここでは主に罪深い者のことを考えているのです）。みんな青い眼をした者ばかり（「青い眼をした」というのが、昔からだいぶ問題があるので、なぜ青い眼になるのか、盲目になった眼の色だと古い註釈に書いてありますが、はっきりはわかりません。ただ悪いことをした連中の目の色であることだけはたしかです）、ひそひそ声でお互いに、「（死んで地下に）いたのはほんの十日ほどだなあ」などと言い合っている。中でも一段と見事な行いをして来た者が（「見事な行い」、見事な悪事、皮肉ですね）、「いや、たった一日しかいなかった」と言えば、みんながああだこうだと喋り出す、そんなことまで手にとるように我ら（神）は

全部知っている。

嚠喨たるラッパの響きとともに、悪いやつらがみんな青い眼をしてゾロゾロ這い出してくる。地下に埋められて何万年か何千万年かたってから、急に地上に出てくるのですから、わけがわからなくてキョトキョトしている。十日ぐらい眠っていたのかな、と言っている。なかでも「見事な行い」をしてきた一番悪いやつ、これが一番馬鹿なのですね、たった一日しか地下にはいなかったなんて言う。俺たちが眠っていたのは一日間だ、と。そうするとみんなが、いやそんなことはないとか、そうだとか、いろいろ喋り出す。そういう光景を描いたものです。

なかなか面白い物語的展開じゃないですか。このあいだやりましたね、古いアラビアの民話、洞窟の民話、洞窟の中に三百年も眠っていた若者たちが目が覚めてみて、さていく日ねたのか、一日ぐらいねたのかななどと言い合う。あれが復活の感覚なのです。

ラッパのかわりに突然、耳をつんざく喚び声が天地に響きわたることもあります。第五〇章、第四〇節。

耳そば立てて聴いておれ、よいか、喚び手の喚び声がいきなり直ぐそばから聞こえてくる日。耳をつんざく叫喚が本当にみなに聞こえてくるその日。それこそは喚び出しの日。万物に生を与えるのも、死を与えるのもみな我ら(神)の司るところ。万物ことごとく我らのもとに還り来る。

大地は四方八方に裂け割れて、その裂け目から人々は、倉皇と走り出て来る。これこそは大召集。我ら(神)にして見れば(その程度のことをするのに)なんの造作もありはせぬ。大地が四方八方に割れる、というんですから、ほとんど終末と同じですね。むしろ終末の状態がそのまま復活につながると考えるほうが正しいでしょう。ラッパのかわりに、ここでは喚び声、耳をつんざく叫喚、ギャーッという声が天地いっぱいに響き渡る。そうすると人間が割れた地面の裂け目からゾロゾロ、ゾロゾロ出てくるのです。印象的なイマージュに充ちた物語的光景でしょう。レトリックのレベルということを考えて読まないと、何がなんだかわからなくなってしまいます。思想として理性的にも表現できることを、ここでは物語的に展開させているということです。

特に面白いのは、地上に出てきた人たちが、コミカルな筆で描き出されていることです。大変『コーラン』的な――『コーラン』的というか、アラブ的というか――とにかく特徴的です。天地終末、復活、とても大変な時でしょう。すべての人間が、これほど真剣になる時はないはずです。それなのに、その真剣な状態の真只中で、コミカルなことがいわれたり、されたりする。不思議なアラブ的感覚のスタイルです。

もう一つ、第七九章「引っこ抜く者」の第六節から第一二節まで。第一節から第五節までは、復活には関係ない。人が死んで、魂が肉体から引っこ抜かれる有様を描いたものです。それはそれでおしまいになって、第六節から第一二節までが復活の光景です。

天地をとよもす響き《どよめ》きに
続いてまたも第二声、

昔の註釈書には、天地をとよもすどよめきの第一番目の声は復活で、「続いてまたも第二声」という、その第二声は最後の審判だ、などと書いてありますが、そうかもしれません。ともかく、

さ、その日こそ、心臓はどきどき
目はうつぶいて、
「やや、それではやはり旧《もと》の姿に引きもどされるのか。こんなぼろぼろの骨になった我々が」と言う(もう安心かと思っていたのに)。
「だとすれば、これはまことに歩の悪いお戻りだ」と言う。

始めから申し上げていますように、『コーラン』は商人的なものの考え方で考え、商人コトバでものを言う。すぐ商人のコトバが飛び出してくるのです。「まことに歩の悪いお戻りだ」、「歩が悪い」というのは商売で損するという意味です。こんな大変なときに、商売が損するの得するのと呑気なことといってはいられないはずなのですが。白骨になったのがまた引き戻されて苦しい思いをさせられるのでは大損だというわけです。

しかしそれよりも私がここで言いたいのは、深層意識に直結するイマージュがいかに物語的に展開しやすいか、ということです。喚び出されたイマージュは、なにかというとすぐ、前にご説明しましたレトリックの中間レベルに移行して、物語的に展開しようとする。『コーラン』のテクストの復活に関する部分では、いま引用した例でも明らかなように、それが頻繁に起きるのです。

復活した人々は、すぐそのまま審きの庭に引き出されます。その最後の審判の日の光景、それを次回の始めに読むことにします。

第八講　実存的宗教から歴史的宗教へ

これで今日一回やりますと、あと二回になってしまうのですね。本当に時の流れは早い。十回あると思ってゆっくりやっていたら、たちまちのうちにもうあと、今日を入れて三回ということになってしまいました。少ししか読めなかったので本当に申しわけないと思っています。しかし短いテクストを詳しく読んで、読みとれるだけのものを読んでみるという練習も悪くはないのではないかと考えますので、お許し願います。

今日はこのあいだの続き、終末論の説明の途中なのでして、まず天地が終末し、地中から死んでいた人が全部復活して、それで審きの庭に引き出されるという順序になっております。

このあいだお話しましたように、復活の知らせは、天地に鳴り響く瀏喨たるラッパの音。そうでなければ、すさまじい叫喚が天地をとよもす。

ついでですが、このもの凄い叫び声、「喚び手の喚び声」、アラビア語でハーティフ、hātif の叫び声、ハーティフというのは喚び手というのですけれども、訳しようがないからそう訳しただけで、本当は不思議な声なのです。どこからくるか、誰が叫んでいるのかわからない、そういう異様な喚び声で喚ぶ人のことをハーティフといいます。どこからともなく不思議な声が呼びかけてくる。古いアラビアの神秘主義の文献などによく出てきます。とにかく、復活の時にもそういう喚び手の喚び声が、地下で眠っている人たちの耳にいきなり猛烈な衝撃を与える。もう鼓膜が割れそうになってしまうのです。

耳をつんざく叫喚が本当にみなに聞こえてくるその日。それこそは喚び出しの日。「それこそは喚び出しの日」、そこで墓から死者が復活して出てくる。地上に出てみると、このあいだ読みましたように、みんな戸惑ってしまう。これはおかしい、何だか様子が変だ。おろおろしているうちにそのまま審判の場所に引いていかれてしまう。第三四章、第五〇節—五一節に、そんな復活の有様が、例によってコミカルに描かれています。

まったく汝に見せてやりたいもの(とムハンマドに神様がいっている)、彼ら(信仰のない連中)が逃げ場を失っておろおろし、すぐそばで捉えられてしまうところを。

「すぐそばで」というのは、遠くに逃げのびないうちに、ということ。逃げようとするが、遠くにいかないうちにぐっとつかまれてしまう。いまやまさに審判の場所に引っぱっていかれようとしているのです。

「信じます、信じます」と叫んでは見るものの、もうこんなに遠くなっては(つまり本当の信仰に戻ろうにも戻れないほど遠くに来てしまった今となっては)どうして(それに)手がとどくものか。

というわけです。

第五〇章、第一八節—第一九節には、もっと詳しく、人間の死ぬところから書いてあります。全体が実に早いんです。死んだと思うともう審判の場にきている。

そして、そのうち断末魔がやって来る。「さ、これこそお前が今まで逃げて来たもの。」(死にたくない、いつまでも生きたいと願っていた。だが、いよいよ死に直面しなければならない。ところが、死んだと思うとすぐ今度は復活です)やがて嚠喨と喇叭《らっぱ》が鳴り響く。「さ、これがあの恐ろしい約束の日。」(そしてたちまち審判です)どの魂も、みな追い手一人と証人一人に伴われてやってくる。

「追い手」一人と証人一人。両方とも天使です。人間一人につき天使が二人付き添うのです。だから、ごまかそうと思ってもそうはいかない。

(現世にいた頃)お前はこのことを甘く見ていた。さあお前の目隠しをはずしてやったから、今日こそ(審判の恐ろしさが)お前の目にも曇りなく映るであろうぞ。」

こう神様がおっしゃるというのです。

この日の恐ろしさをコーランはどんなふうに描写しているかというと、先ず目につくのは「幼児が白髪の翁となる」という有名な表現です。第七三章、第一七節の後半、

……幼い子供まで白髪の翁に化するあの(審判の)日。

と書いてあります。幼い子供の頭が真っ白になってしまう。これが一つの表現。

もう一つさかんに使われる表現に、「心臓がノドまで昇ってくる」というのがあります。第四〇章、第一八節。

さあ、みなに迫り来る(裁き)の日を警告してやるがよい。心臓が喉元《のどもと》まで上って来て息がつまってしまうあの日のことを。

これは、アラビア的な表現で、『コーラン』の外でもひろく使われる表現です。心臓が喉元までのぼってくるというのは死ぬ直前の感覚なのです。

しかしこれよりもっとアラビア的な言い方として「裾をまくって脛を出す」というおかしな表現があります。これも『コーラン』だけではなく、アラビア語では古くから一般に使われている表現です。第六八章、第四二節。

　　いよいよ裾まくりして脛を出す時がやってきて、さあ跪け、と言われても、それすらままにならず、ただもう目を伏せて、徒らに恐れ入り奉るばかり。

「裾をまくって脛を出す」、昔の物語や詩にもよく出てきますが、人が本気になったことを表わす面白い表現です。これは大変なことになったぞという時に、人は裾をまくる。ソロモンとシバの女王の話では、女王が裾をまくって脛を出すところがあります。もっとも、あれは水の中に踏み入ろうとして裾まくりするのですけれども、やはり真剣さを表わしています。

ともかく、こんな具合で、審判の日というのは本当に恐ろしい日なのです。だが、単純にただこわいという意味で恐ろしい日なのではない。それにはきわめて特殊な含みがある。いわば哲学的な恐ろしさ。実存的に恐ろしい日なのです。では、なぜ実存的に恐ろしいのか。この問いにたいする答のなかに、実は『コーラン』的宗教の、ある根本的な立場が隠されているのです。

それをちょっと考えてみましょう。『コーラン』によると、最後の審判の時には個人が独りで、宗教的実存として神の前に立つ。たった一人になる。こんなこと皆さんは別に何とも思われないかもしれませんが、その当時のアラビアでは大変な革命的意味をもっていたのです。個人が実存的に独りで立つということ、そんなことは考えられなかったことなのです。非常に大事なことですから、テクストを読みましょう。レアリスティックな場合とイマジナルな場合と両方あります。

先ずレアリスティックのほうとしては、第二章、第四五節が典型的な例です。さすがに『コーラン』の第二章といえば、後期の啓示ですから、散文的です。従って言っていることも理性的です。

誰も他人の身代りになれず、取りなしも容《い》れられず、償いも取って貰えず、誰にも助けて貰えない日のことを畏れ憶うがよい。

これは最後の審判の日のことをいっているのですけれど、実に冷静なコトバ使いです。誰も他の人の身代りになれない、取りなしをしようと思ってもそれは容れてもらえない、償いもとってもらえない。誰にも助けてもらえないというのは、たった独りでお前は神の前に立つのだということなのです。

ところが、イマジナルになると表現が急に違ってきます。第七〇章第八節―一六節。

大空は溶けてどろどろの銅のごとく、山々は色とりどりに(風に吹き散る)羊毛のごとくなる日。もはや親しい友も友の安否を問いはすまい、たとい顔つきあわせて眺め合ったとて。罪を犯した者は、もしこの日の罰さえ免れることができるなら、己が息子、己が伴侶、己が兄弟、己れを庇ってくれた親戚縁者はおろか、地上の人間そっくりそのままでも差出しかねない気持であろう、それでもし自分が救われるものならば。大空は溶けてどろどろの銅のごとく、山々は色とりどりに風に吹き散る羊毛のごとくなって、情勢はもう親戚がどうの、親がどうの、子がどうのと言っていられないというのです。誰もが自分ひとり。

だが、そうは行くものか。ほれ、ぼうぼう火が燃える。頭の皮を剝ぎ取ろうとて、頭の皮から先ず燃やしていくのですね。そんな差し迫った状態ですから、親兄弟のことなんか考えていられない。読めばただそれだけのことで、あんまり恐ろしい状況だから、誰もがひとのことなんて構っていられないということだろうとお考えになるでしょうけれど、その当時のアラブにとっては、そんな単純な意味ではなかった。どういうことかといいますと、部族制度の無効性の主張を意味するコトバだったのです。ちょっとご説明しましょう。

アラビアでイスラームが起こる以前の時代をジャーヒリーヤ(jāhiliyah)ということはご存知ですね。ジャーヒリーヤ、訳して無道時代。無道時代のアラビアでの最大の特徴は、近代的、あるいは現代的意味での個人というものは存在しなかったということです。いかなる人も必ず、なになに部族の誰々の子の誰々なのです。なになに部族の誰々の子の、そして御先祖は誰々であり、伯父さんは誰々であるという資格での誰々なのです。そういう部族的、家系的規定のはっきりしている人だけが、「人間」なのであって、その他のものは奴隷、あるいは人でなし。つまり、自分はなになに部族の誰々の息子の誰々だということがいえないような者は人間じゃないのです。奴隷も人間だといえば話は別ですけれど、その頃の奴隷などというものは品物あるいはせいぜい動物です。

そういう「人でなし」が、イスラームが起こるころ、アラビア砂漠にたくさんいて、うろついていました。何か悪いことをして部族から追い出された人間とか、絶縁された人間。そういう人たちが浮浪者となっていっぱいいました。古いアラビア詩によく出てきます。そしてまたそういう連中のなかにすばらしい詩人がいたのです。浮浪者の詩、アラビア文学の一つの特殊なジャンルで、まだ日本には紹介されていませんが、実に面白いものです。

要するに、浮浪者というのは、部族のシステムからはみ出した人たち、あるいは、始めから奴隷であって部族の一員とは認められない人たちです。こういう人は人間じゃない。人間とは認められない。どういうことかと申しますと、近代的な意味での個人というものは、その頃はありえなかったということなのです。

ところが、いま読んだような個所で『コーラン』は、審判の日にはそんな部族制度などというものはぜんぜん意味をなくしてしまうのだ、無効になるのだ、と主張している。しかし、審判の日にはそういうものが意味をなくしてしまうということは、もうひとつ考えてみると、審判の日の前だって、そんなものは本質的には無意味なのだ、無効なのだということです。審判の日になって、はじめて無効になるわけじゃない。本質的には今だって無効なのだということなのです。

部族制度にたいする『コーラン』のこの否定的態度は、イスラーム独特の「共同体」の観念に基づくものです。『イスラーム文化』のなかで詳しく書いておきましたので読んでくださったかもしれませんが、共同体、ウンマ(ummah)、これはイスラーム文化の形成において決定的な役割を果す重要な観念です。イスラーム共同体、信仰共同体は、イスラーム以前の部族至上主義に対立して起こったものであって、宗教としてのイスラーム、文化としてのイスラームの根本原理です。

ウンマは、親戚縁者一党というような部族システムの無効性の意識の上に立ってでき上った信仰共同体の概念。この概念があったからこそ、イスラームは世界宗教の一つになりえたのです。それでなかったらアラビアのあるいはアラブの宗教にすぎなかったでしょう。ウンマだから、部族関係とか、血の結びつきというものが作用しなくなって、ただ信仰一筋で、神と人間とが個人的に対面することができる。だから、どこへもっていっても宗教でありえたわけで、日本へきたってそれで成立つわけなのですね。もしこれが、なになに部族の誰々の息子という血の結びつきで人間が結ばれているのならば、ある一人の人間が神の前に立つにしても、決して純粋に個人ではない。なにしろ重い人間関係を後ろに引きずっているのですから。イスラームはこの複雑で重苦しい人間関係を一挙に切り棄てた。そういう意味で世界性を獲得したのです。

ともかくも、イスラームを通じて、アラビアでは、個人が個人になりきるということがわかってきたのです。個人が個人になりきる。しかし、この場合、個人が個人になりきるのは、神と向かい合ったときだけです。それがまた現代的意味での個人主義というものとは違うところです。現代人は、個人であるために、別に神様なんてもちこんできませんからね。イスラームではそうじゃない。イスラームでは必ず神というものがいて、神の対極としてのみ人間が個人でありうるのであって、それを宗教的実存というのです。そういう宗教的実存が素っ裸になって神の前に立つ。そして、そのような実存的状況において、彼のすべてが審判の日に暴き出され、それに従って公正な裁きが下されるというのです。

これが神の正義。神の「義」、アドル('adl)といいます。神の正義というのは、ですから本来は終末論的な概念です。ただ単に神は絶対に正しいとか、正義の存在だという意味ではない。最後の審判の日に、人間、個人個人にたいして現わされる公正さなのです。

審判の日には、人はそれぞれ個人として神の前に立つ。だからこそ、誰も他人の荷物を背負わされることはない。誰もが、自分ひとりで自分の責任をもつのです。この考えは『コーラン』のなかでレアリスティックにもイマジナルにも述べられています。ちょっと読んでみましょう。

レアリスティックなところでは、第三九章、第九節。

> 誰一人、他人《ひと》の荷物を背負うことはない。お前たちみないずれは主《しゅ》のみもとに帰って行き、自分の(現世で)して来たことを逐一(アッラー)から話して聞かされる。

「誰一人、他人の荷物を背負うことはない」、つまり他人のやったことの責任を誰も負わない。自分のやったことだけについて自分が責任をもつのです。これは実は、アラビアでは驚天動地の宣言だったのです。皆さんはあたりまえだ、とお思いになるでしょう。他人の荷物を、ばかばかしい。誰が他人の荷物まで背負うものか、と。しかし、その当時のアラビア社会のコンテクストにおいてみると、この宣言の重大さがわかってきます。

さっきお話したようなアラビア社会の構造では、ある一人の人間がしたことは、その人の所属する部族の成員全体の責任です。他人の荷物をみんなが負わなければならない。例えば、ある部族に属する人が、よその部族の誰かを殺しますね。そうすると、その殺人の責任は、殺した当人だけの責任じゃない。部族全部の責任です。だから、本当からいうと、その償いのためには、殺人者の部族の成員、全部が殺されなければならない。でなければ、それに値するだけの代金を払わなければならない。これを「血の値段」といいまして、通常は駱駝で支払われます。とにかくそれだけの責任を負うのです。そうして見ますと、「誰一人、他人の荷物を背負うことはない」という『コーラン』のコトバが、その頃のアラビアでは、一つの激烈な革命的命題であったことがわかります。

これがイマジナルになりますと、第九九章「地震」。これは前に読んだと思いますが、いまお話したような意味合いでは読んでいません。特に最後の二句を読みませんでしたから。

大地がぐらぐら大揺れに揺れ、
大地がその荷を全部吐き出し、
「やれ、どうしたことか」と人が言う（復活して地上に出てきた人々が戸惑っている）。
その日こそ、（大地）が一部始終を語り出でよう、
神様のお告げそのままに。
その日こそ、人間は続々と群なして現われ（復活して）、己《おの》が所業を目のあたり見せられ

る(みんな、ひとりひとりが、です)。

ただ一粒の重みでも善をした者はそれを見る。
ただ一粒の重みでも悪をした者はそれを見る。

この最後の二行、これが非常に有名なもので、みんながよく引用します。「ただ一粒の重みでも善をした者はそれを見る」というのは、その善を、天使が記録しておいたとおりに、すっかりそのまま見せられて、それに見合ったご褒美をいただくということ。「ただ一粒の重みでも悪をした者はそれを見る」、自分が現世でどんな悪をしたか、例えば人殺しなら人殺し、がまざまざと見える、そしてそれに見合った罰を受ける。しかもこの場合、善であれ悪であれ、一切の責任はそれをした人だけに帰される。こんなことは、イスラームが起こる以前のアラブの考えてもみなかったことです。

ここで、大地が一部始終を語り出でて、みんなが思い知るだろう、といわれていますが、もっと詳しく申しますと、各人が自分の帳簿を渡されるのです。非常に物語的な形ですけれど、各人、彼の過去の行為の一切を記録した帳簿ができているのです。よいことをした帳簿と悪いことをした帳簿と。最後の審判に際して、一人一人がそれを手に渡される。但し、それを右手に渡される人と左手に渡される人とでは大変な違いがあります。右手に帳簿を渡される人は善いことをした人、左手に帳簿を渡される人は悪いことをした人。

左手のかわりに背中にのっけられる者もいます。第八四章「真二《まっぷた》つ」、第六節—一五節。

これ、人間よ、主のみもとへ辿り行く汝の道は辛《つら》いけれど、必ずいつかは逢いまつる身ぞ(神に逢う、とは最後の審判のこと)。

その時、右手に帳簿渡される者は、あまいお点を戴いて、喜び勇んで家族のもとへ帰り行く。

これに反して、背中に帳簿を戴く者は、(本来なら左手に渡されるはずですが、ここでは、どうしたわけか背中に乗せられる。が、どっちみちろくなことはありません。ついでですけれども、すべて右は祝福された側であり、左は呪われた側です。)いっそひと思いに殺して、と叫びつつ、劫火に焼かれることであろう(描写が物語的になっていることにご注意下さい)。

この男とて、かつては己《おの》が家族のもとで楽しく嬉しく暮していたに。

二度とアッラーのみもとに戻ることなぞあるまいとたかをくくった(のがいけなかった)。

いや、いや、この男のすることはすっかり神様が見てい給うた。

第六九章、第一三節―二九節。

さて、いよいよ喇叭《らっぱ》が一吹き嚠喨《りゅうりょう》と鳴りひびき、大地が山々もろとも持ち上げられ、ぐしゃっとただ一打ちに叩きつぶされてしまう時、その日こそ見るも恐ろしい光景が出来《しゅったい》する(これは終末の日のことですね)。

空は裂け割れ――その日にはあの(硬い空も)脆いもの――あたりには天使らずらりと立ちならぶ。その日、主の玉座を頭上に捧げまつるは八天使(八人の天使が玉座をもつ、これはもう審判の日です)。

さ、その日には、お前たち、みなむき出しで、何一つ隠せるものはありはせぬ。己が帳簿を右の手に渡された者は(嬉しさのあまり)言うだろう、「さあ、みなさん手に取って読んで下さい、このわしの帳簿。なあに、いずれは自分の決算(商人コトバ)にお目にかかると思っていましたよ」と。そしてまあ、今度は生活《くらし》のなんとも言えぬ心持よさ。食べよ、飲めよ、心ゆくまで。

というふうに天国に入る。

これに反して、帳簿を左手に渡された者どもは、きっとこう言うことであろう、「ああ、情ない、こんな帳簿など貰わぬ方がましだった。自分の決算など知らぬ方がましだった。ああ、いっそ何もかも終りになってしまえばいいに。山なす財産もついにものの役には立たなかったか。かつてのわしの威勢は消え去ったか」と。

こう叫ぶというのです。こうして右手に渡された人と左手に渡された人との二群に分けられる。右手に帳簿を渡された人は、右側のほうに、つまり祝福の方角に進んでいく。行く手には天国がある。左手に帳簿を渡された人は左側のほうに進んでいく。呪いの側です。呪いの側に進んでいくと、そこに地獄の劫火が待っているという仕組みになっているのです。

こうなると、もうすっかり物語の様相を呈していますね。しかも根幹をなしているのは、あいかわらず終末論的イマージュで。シャーマン的意識の緊張が緩むにつれて、イマジナルな次元から物語的次元に移行していく過程がよくわかります。

審判のあとは、天国と地獄の描写ということになるのですが、これはもう前に読みましたので、これで終末論が一応終わったことにいたします。

そこで、また「開扉」の章に戻りましょう。「審きの日の主宰者」というところからこれだけのことをお話したのですね。

「審きの日の主宰者」mālik^{i} yaum^{i} al-dīn$^{(i)}$ ——最初に申しましたように、これは概念的なレベルでの表現です。醒めたる意識でものをいっている。事態を概念化して捉えることができるまでに意識が冷静になっていないと、こんな言い方はできません。けれども、その陰には、別の二つの表現(あるいは意識)レベルがひそんでいる。これまで挙げてきた例でよくおわかりになるでしょう。レアリスティックな表現のすぐ下に、物語的な意識の次元が、そしてまたその下にはイマジナルな意識次元がひそんでいて、この三重構造体の表面に、「審きの日の主宰者」といういかにも冷静を装ったような表現が出てきているのです。そこまで読みとらないといけない。「審きの日の主宰者」、つまり最後の審判の日にこれを主宰する神のことか、という程度の読み方ではだめなのです。私はこの節を読みはじめるにあたって、イスラームの終末論、全エスカトロジーがこの一句に含まれていると申しました。今ではその意味がわかっていただけたことと思います。

20　神の奴隷

まずまず、これで第三節、ずいぶん長く時間をかけたものですが、「審きの日の主宰者」という行が終わりまして、ようやくその次にいきます。

汝をこそ我らはあがめまつる、汝にこそ救いを求めまつる。

īyā-ka na'bud^{u} wa-īyā-ka nasta'īn$^{(u)}$

まず「汝をこそ我らはあがめまつる」というコトバなのですが、まず第一に、īyā-ka というのは「汝をこそ」という意味です。-ka は「汝を」ということ。īyā-ka はそれを強めて「汝をこそ」、「汝だけを」。強めると同時に、表現がかなり感情的になります。もっと普通の言い方では na'budu-ka です。「汝を」(-ka)「我々は」(na-)「あがめる」(-'budu)。この -ka を感情的に強調した形が īyāka na'bud^{u} です。

na'budu「我々はあがめる」という動詞の基になる語根は'B. D. です。

この動詞、あるいは語根については、ぜひともお話しておかなければならない重要なことがあります。「汝をあがめる」というのだけれども、これはただの「あがめる」じゃない。'B. D. というこの語根は、もともと奴隷という概念なのです。ご承知でしょうけれど、語根というのは動詞でも名詞でもないので、訳すのに困ってしまいます。「奴隷的あり方」とか「奴隷性」といっておきましょうか。とにかく、そういった概念がこの語根の意味でありまして、それが動詞になったり名詞になったりする。動詞になると、「奴隷づとめをする」「奴隷として仕える」ということ。名詞形('abd)は、勿論、「奴隷」とか「奴僕」とかいうことです。これは第一節の「讃えあれ、アッラー、万世の主《しゅ》」という、あの「主」(rabb)に対立し、対応する語です。ラッブに対してアブドという。主人に対して奴隷という意味。死ぬも生きるも主人の意のまま、生殺与奪の権を完全に握られて、もうまったく主人の所有物なのです。

『イスラーム生誕』や『イスラーム文化』のなかで相当詳しく書きましたので、お読み下さった方には、これ以上ご説明の必要はないことなのですが、実はこの「奴隷」という概念がイスラームでは決定的重要性をもつものなのです。イスラームという宗教をそれが根本的に決定するのです。

人間は奴隷、神は主人。それが人間の神に対する態度なのです。我々なら、神を祭るとでもいうところですが、イスラームでは奴隷として神に仕えるというのが人間の神にたいする基本的姿勢です。奴隷感覚、奴隷制度の感覚のない我々には、それがどれほどの烈しさをもつものであるか、想像するのもむずかしいことですが、昔のアラブには、実によくわかったのです。よくわかったからこそ、イスラームが起こった時に、全アラビアに囂々《ごうごう》たる非難の声が捲き起こったのです。

さきほどジャーヒリーヤのことお話しましたね。イスラーム以前の状態をジャーヒリーヤといいます。ジャーヒル(jāhil)という語は、現代アラビア語では「ものを知らない」「無知、無学」という意味ですが、昔のアラビア語では「無知」ではなくて、「無軌道」「無法者」という意味。中国風にいったら、礼節を知らざる者とでもいうところでしょう。ですから、ジャーヒリーヤといえば、無道時代とか無法時代とかいうことになります。このジャーヒリーヤのアラブたち、さっき申しました、部族制度でもってがっちり固められて、個人というものがないアラビア、そういう部族社会に生まれ育ったアラブたちに、イスラームのどこが一番気に入らなかったかというと、人間と神の関係を主人《ラッブ》と奴隷《アブド》の関係と見る態度だったのです。

元来、ジャーヒリーヤのアラブにとって、奴隷ということほど恥ずべきことはなかった。さっきいいましたね、奴隷というのはもう人間じゃない。それほど賤しむべき状態であったのです。だから、イスラームが人間と神の関係を主と奴隷の関係として確立した時、これはもう我慢できない下劣さ、意気地なし、卑屈、臆病、等々として受け取られました。当然のことです。他人の支配にめめしくも屈して、その奴隷になる、相手が神であろうが何であろうが「他人」には違いない。他人に対して自分の主体性を捨てて奴隷として仕えるなどということは、とても耐えられない屈辱だったのです、ジャーヒリーヤのアラブたちにとっては。これがイスラームの歴史的に先ず第一にぶつかった大障害でした。

「イスラーム」(islām)というコトバ自身、英語なら total submission というんですかね、とにかく己れのすべてを挙げてサブミットする、相手の言うなりになるということです。相手の意に任せる、任せきる、つまり奴隷ですね。だから要するにアブドというのと同じことです。はたしてイスラームでは、神に対する人間の信仰の態度をイバーダ('ibādah)といいます。イバーダの語根は'abdと同じ奴隷性。神を崇める、信仰する、とかいうことをイバーダというコトバで表現した。奴隷になることです。これはイスラームのいわば大きな実存的決断でした。あのようなアラビアで、よくもこんな決断ができたと思うほど大胆な決断です。神に対する人間の根本的態度を、イバーダ、奴隷性、奴隷として仕えることと思い定めたのですから。

日本仏教などでも、浄土真宗なんかで、親鸞が法然に対して、そして法然を通じて仏に対してとった絶対服従的な態度、絶対信頼、絶対帰依の態度は、根本的構造としてはこれに近いと思います、もっとも奴隷とまではいかないけれども。ですから、浄土真宗の方は、イスラームにおける信仰の性格をわりに同情的におわかりになると思うけれども、その当時のアラビアでは、浄土真宗的とは正反対の態度でそれを受けとった。それが大問題となったわけです。

イスラームの信者の正式の名称はムスリム(muslim)という。これは文法的にはislāmの能動分詞形、いわば「イスラームした人」です。自分のすべてを投げ出して相手の支配に屈することがイスラームでしょう、それを決意し、断行した人がムスリムなのです。絶対帰依者という訳が一番適切だと思います。帰依する、すべてを挙げて神に捧げきってしまうのです。

第一二章、第一〇二節途中から、

> おお、天と地の創造主よ、汝こそ、現世においても来世においても私の(唯一の)守護者におわします。願わくば、私を帰依者としてお傍に召し、義《ただ》しき人々の列に加え給え。

ヨセフ(ユースフ)物語の重要な個所です。テクストではヨセフが言うことになっていますが、本当は誰が言おうが同じことなのです。私を帰依者《ムスリム》としてお傍に召し給え、という。この場合には、「帰依者」というのは、単にイスラーム教徒ということではない。神に対して自分のすべてを任せきった人という文字通りの意味がそのまま生きています。つまり、「ムスリム」というのは、後には正式にイスラーム教を信奉する信者の名称になりますけれども、『コーラン』ではまだそういう意味ではなくて、イスラームした人というもとの意味を保っているのです。この例を見ると、それがよくわかります。「私を帰依者としてお傍に召してください」、私のすべてを汝に捧げた人間として、奴隷として私を受容して下さいということなのです。

こうして、絶対帰依という、その当時のアラビア、ジャーヒリーヤの人たちから見たら、実に屈辱的な、屈辱そのもの、卑屈そのものであるような態度を、あえてイスラームがとって、それをイスラームという宗教としての公式の名称にまでして、それによって一つの独立した宗教の宣言を行ったということに、イスラームの宗教史上における大きな意味があると思います。

21　アブラハムの宗教

預言者ムハンマドがメッカからメディナに移ったのを機として、次第に彼のまわりにウンマ(信仰共同体)なるものが出来上ってくる。そうすると、今度はその共同体の宗教の公式の名称として「イスラーム」が選定され、確立されるに至る。これはイスラームにとって実に重大なことだったのです。先ず一個の独立した宗教として建立されたイスラームの宣言を読んでみましょう。第五章、第五節。

今日、ここにわし(神)は汝らのために宗教を建立し終った。わしは汝らの上にわが恩寵をそそぎ尽し、かつ汝らのための宗教としてイスラームを認承した。

イスラームの堂々たる自己宣言。まさにここからイスラームは歴史的宗教としてのコースをたどり始めるのです。今日、ここにわしは汝らのために宗教を建立した、それが汝らに対するわが恩寵なのである、という。同時にこれは神自身が、いま建立されたばかりの新しい宗教にイスラームという名を与えるという命名式でもあるのです。

しかし、このことはまた、イスラームが、最初期の実存的宗教としての段階から共同体的な律法的宗教の段階に移っていったということをも意味しています。初期の実存的決断、例のキルケゴールなどで皆さんもご存知のあの決断としての宗教、そういうものじゃなくて、一定の儀礼、リチュアル方式を備え、一定の信仰内容が信仰箇条の形で与えられているような、一つの社会制度としての宗教が成立したということなのです。それが『コーラン』自体のなかで、このような形で明確に宣言されているという事実は大変意味深いことだと思います。

この段階に至ってイスラームは、自己が唯一絶対の宗教であることをも宣言します。第三章、第一七節、これまた歴史的に非常に重要な役割を果した有名な命題です。

アッラーの御目よりすれば(アッラー自身の見地からすれば)、真の宗教はただ一つイスラームあるのみ。

これは何を意味しているのか。「真の宗教はただ一つイスラームあるのみ」ということは、イスラームの歴史的展開につれて、いろいろに解釈されていきました。一つの解釈としては、この言葉を非常に狭い意味に取るやり方です。この狭い解釈では、イスラーム以外には真の宗教は絶対に存在しないということになる。真の宗教でないならば、つぶしてしまえばいい。そうなると、ユダヤ教やキリスト教は勿論、仏教でもヒンドゥー教でも何でも妥協の余地なしに、みんな叩きつぶさなければならない。なぜならば、イスラームだけが真の宗教で、その他はいずれも贋物だからです。

だが、同じこの命題を、もっとゆるやかな、広い意味に取ることもできます。事実、『コーラン』自身、多くの個所でそういう解釈をしています。つまり、神に対してすべてを投げ出すという態度がありさえすれば、歴史的形態やその伝統的背景はどうであれ、それで立派にイスラームなのだという考え方です。そうなればいろんな宗教がこれに入ってきます。それでも、仏教やヒンドゥー教のような場合は問題がありますが、少くともキリスト教とユダヤ教とは、問題なく、イスラームの一つの形として認められるというわけです。「イスラーム」を歴史的宗教の名称としてではなく、内容的に解釈すると、です。

それはとにかくとしてさっき引用したコトバによってイスラームは、一個の歴史的宗教としての独立性、独自性を高らかに宣言した。まさにイスラームの独立宣言です。

しかもこの趣旨の独立宣言はわりに初期の頃になされていますので、イスラームには始めからそういう態度があったということがわかります。第一〇九章「無信仰者」の全章。

言うがよい、「これ、信仰なきやからよ、
お前らの崇めるものをわしは崇めない。
わしの崇めるものをお前らは崇めない。
お前らの崇めて来たものをわしは崇めとうない。
わしの崇めて来たものをお前らは崇めとうない。
お前らにはお前らの宗教、
わしにはわしの宗教」と。

こう唱えよ、というのですから、まさしく一種の独立宣言です。もしこの態度を終始貫き通せば、イスラームというものは、単純ですっきりした、だがきわめて特殊な宗教になったと思いますが、この態度ではなかなかやりきれるものじゃないんですね。「お前らにはお前らの宗教、わしにはわしの宗教」と言いきり、言い通せればいいんですけれども、そう簡単にはいかなかった。特にユダヤ教、キリスト教との関係にはきわめて微妙なものがあったからです。

このようにして、独立の宗教として自己を確立したイスラームの内容は何であったのか。言うまでもなく絶対一神教です。唯一なる人格的一神に人間が奴僕として、すなわちすべてを任せきって、相手の言うがままになってお仕えする、そういう意味での絶対一神教。しかしここで注意しておかなければならないのは、一神教とはいっても、抽象的な一神教ではないということです。絶対一神教などというと、何か形而上学的な絶対者を頂点とする宗教であるかのように響くかもしれませんが、『コーラン』のいわゆる一神は、きわめて具体的、きわめて特殊な神なのです。すなわち、イスラームの神は、アブラハムの神、イサクの神、ヤコブの神としての人格神です。有名なパスカルのコトバ、ご存知でしょう。自分が信仰するのは哲学者の神ではなくて、アブラハムの神、イサクの神、ヤコブの神、である、という。あれと同じです。抽象的な哲学的な神ではない。イスラームという宗教の性格を具体的に規定する上で、これが非常に大事なことになってきます。

第一二章、第三七節—三八節をごらん下さい。「ヨセフ物語」の章で、物語としては、話し手はヨセフということになっていますが、思想的にはムハンマドが言うのと同じことです。ま、お聞きなさい、アッラーを信仰せず、また来世のことを信じない人たちの宗教を私は棄てた(来世を信じない、というのは、終末論的な形象を作り話だとして信じないことです)。今では私は、御先祖イブラーヒーム(アブラハム)、イスハーク(イサク)、ヤアクーブ(ヤコブ)の宗教を奉じている者です。

イブラーヒーム、イスハーク、ヤアクーブ、すなわちアブラハム、イサク、ヤコブの宗教を信じている、という。イスラームをこういう宗教と考える。イスラームとは、イブラーヒーム、イスハーク、ヤアクーブの神を信じる宗教なのだ、と。そして、さらに続けてヨセフは言います。

アッラーとならべて、何かほかのものを崇めるようなことは私たちは絶対にしない。これこそ、我々だけでなく、全人類にたいして示されたアッラーの恩寵なのです。

これが、絶対一神教の内容です。絶対一神教それ自体としては抽象的にも考えられます、一種の「哲学者たちの神」として。しかし具体的に考える場合には、どうそれを具体化するか、どういう形で具体的に把握するかということで、いろいろ違った形が出てきます。イスラームでは、アブラハムの神、イサクの神、ヤコブの神としての神に奴隷として仕える、ということなのです。

そして、その観点から、また新しく宣言が行われています。同じ「ヨセフ物語」の章、第一二章、第一〇八節。

> 宣言せよ、「これぞ(イスラームこそ)我が辿る道(「我が」というのはムハンマドが自分自身を指すコトバ)。確実な知識に基づいて、わしはアッラーを喚《よ》び申す、わしも、それからわしに従うすべての者も。アッラーに栄光あれ、わしは偶像崇拝者の一味ではない」と。

これがすなわち絶対一神教なのであって、この「絶対一神」アッラーを、分析的に表現すれば「アブラハムの神、イサクの神、ヤコブの神」ということになるのです。

このように、イスラームの考え方によれば、アッラーは「アブラハム・イサク・ヤコブの神」ですが、これをもう一段つきつめて考えた場合、アブラハム・イサク・ヤコブは結局アブラハムひとりに帰着する。ということは、つまり、イスラームは、歴史的にはアブラハムにさかのぼる宗教である、ということです。この観点から、『コーラン』はイスラーム的一神教を「アブラハムの宗教」と呼んでいます。ディーン・イブラーヒーム(dīn Ibrāhīm)。dīn

は宗教、Ibrāhīm はアブラハム。すなわちイスラーム自身の自己意識においてイスラームはアブラハムに歴史的淵源をもつ宗教、「アブラハムの宗教」なのです。これはイスラームの本質を理解する上で非常に大事なことですから少し時間をかけてご説明しましょう。もともとイスラームという名称そのものが、『コーラン』によれば、アブラハムにさかのぼるのです。そのことを述べた第六章、第七四節―七九節は、全『コーラン』のなかで最も有名な個所の一つ。みんなが引用しますから、少くとも一ぺんは読んでおかれたほうがいいと思います。これも物語的レベルで展開します。

またイブラーヒームがその父アーザルにむかって……

アブラハムのお父さんの名がアーザル(Āzar)だということは『旧約聖書』をいくら調べてみても出てきません。ご存知でしょう、アブラハムの父の名はテラハ(Terah)であってアーザルじゃない。アラビアの歴史書でもターラハ(Tārah)という名で出てきます。『コーラン』のこの個所だけに使われているアーザルという名前がどこから来たのかわかりません。ま、それはどうでもいいとして、アブラハムがお父さんのアーザルにむかって、

「偶像を本当の神とお考えになるのですか。まことに、私の見るところでは、お父上も、お父上の御一党も、みんな明らかに迷いの道を歩んでおいでです」と言った時のこと(を憶い起こすがよい)。

さらに我ら(アッラー)は次のごとくイブラーヒームに天と地の王国を見せ、彼を確乎不動の信仰者に仕立ててやろうとした。

ここから第七六節、有名な個所にかかります。すなわち、夜のとばりが頭上にうち拡がった頃、彼は一つの星を見て、「これぞ我が主《しゅ》じゃ」と言った(バビロニア的な星信仰です)。だが、やがてそれが沈んでしまった時、「わしは姿を没するようなものは気にくわない」と言った(すなわち、星崇拝に基くバビロニア的な信仰を捨てた、ということ)。

それから、月が昇って来るのを見た時も、「これぞ我が主じゃ」と言った。だが、やがてそれも沈んでしまったので、「やれやれ、神様が手引きして下さらなかったら、あやうく迷いの道に行くところだった」と言った(月を神様とまちがえるところだった)。それから、太陽が昇って来るのを見て(偉大な天体、太陽の信仰はマルドゥク信仰として、典型的なバビロニアの宗教です)、「こんどこそ我が主じゃ。これが一番大きいから」と言った。だが、これもまた沈んでしまった時、彼は「これ、皆の衆、これでわしはお前たちの崇拝しているものとはきれいさっぱり縁を切ったぞ。今こそわしは、天と地を創造し給うたお方のほうにきっぱりと顔を向けた。今やわしは純正信仰の人、多神教徒の仲間ではない」と断言した。

これは宗教史的には、バビロニア・アッシリア的な宗教、天体信仰の否定なのですが、より一般的に自然崇拝、アニミズムとか一切の多神教的な態度、多神教的な宗教に対する絶縁状という意味に解釈されて、何べん引用されるかわからないほど引用されることになります。アブラハムは、先ず星信仰にはしるが、それから救われる。次に、月が神様かと思うが、これも克服する。最後にはバビロニアの最高神である太陽が昇ってくるのを見て、あの太陽こそ神だと思ったが、それの崇拝もきっぱりやめる。

しかし、いま引用した個所の最後のところ、第七九節に、それよりもっと重要なことが言われているのです。「純正信仰の人」と訳したものがそれです。

「純正信仰の人」というコトバ、アラビア語ではハニーフ(ḥanīf)という。

「純正信仰の人」というのは、コンテクスト的な意味を取って考えた訳語ですが、ハニーフの語源はよくわかりません。語源不明ではあるけれど、しかし実際にこの語が使われているコンテクストから、意味ははっきりわかります。元来『コーラン』は、ユダヤ教そのものでもキリスト教そのものでもないけれども、ユダヤ教やキリスト教や、その他すべての絶対一神教の根底に、「永遠の宗教」なるものを考えます。その「永遠の宗教」がアブラハムによってシンボライズされるのです。そして、そういう意味での「アブラハムの宗教」を信奉する人をハニーフと名付けます。

ですから、ハニーフの宗教はあらゆる形での多神教に鋭く対立する純正一神教である、ということになります。ユダヤ教でもないし、キリスト教でもないが、ユダヤ教もキリスト教もそこから派生してきた根源としての「永遠の宗教」を考えるのです。それがアブラハムから始まって、一神教の伝統となる。勿論、その名のごとく永遠の宗教ですから、アブラハムから始まるといっても、アブラハム以前は無であったというわけではない。もともと天地の創造以前から、神とともにあった宗教なのですが、歴史的にはアブラハムを通じて具体的な形をとって現われた、というわけです。その意味で、それを「アブラハムの宗教」とも呼びます。

「アブラハムの宗教」は、その歴史的展開の過程において、いろいろな一神教的宗教を生み出していきます。その主なものは第一にユダヤ教。それから少しあとになってキリスト教が出る。もっとあとになってイスラームが出る。そしてイスラームの出現とともに、「アブラハムの宗教」は最後の完成に達する。

ですから、イスラームの考え方からいうと、イスラームは「アブラハムの宗教」すなわち「永遠の宗教」の歴史的完成態であって、「永遠の宗教」は、もうこれ以上、新しい宗教を生み出さないということになります。こういうわけですから、ユダヤ教とキリスト教とについては、イスラームは原則的には否定的ではありません。否定はしないけれども、「永遠の宗教」の本道から少し脇の方にはずれてしまった形である、と見るのです。つまり、ユダヤ教とキリスト教が歪めてしまったものを、イスラームはもとの純正な姿に戻そうとする。それを自己に課された歴史的任務であると考えるのです。元来の根源的な姿においては、ユダヤ教もキリスト教もイスラームもみんな一つの宗教であって、こういう意味で「永遠の宗教」を信ずる人をハニーフというのです。だからユダヤ教徒でもキリスト教徒でもイスラーム教徒でも、この宗教伝統にのっとって正しい信仰生活を送っている人は全部ハニーフです。

人類の歴史上、最初に現われたハニーフは、アブラハム。だから、こういう考え方からいうと、結局イスラームの歴史的起源はアブラハムにあるということになりますね。それが

『コーラン』のなかで、はっきり認められています。第二章、第一二一節以下、アブラハムがイスマイールといっしょにメッカのカアバの神殿の礎石を置くところが描かれていますが、メッカの神殿を建てたということは、事実上イスラームを創始したということにほかなりません。テクストを読んでみましょう。アブラハムとイスマイールが声を合わせてこう言います。

「われらが主よ、なにとぞ(この家を)われら両人の手から御嘉納下さい。まことに汝は全てを聞き、あらゆることを知り給う。われらが主よ、なにとぞわれら両人をして汝に帰依し奉るまことの信者となし給え。

ここに「帰依する」と訳したのは、前にご説明した muslim というコトバ。つまり「イスラームした人」です。

またわれらの子孫をば汝に帰依し奉る信仰深き民となし給え。

この「帰依する」も同じくムスリム。「汝に帰依し奉る信仰深き民」というのが前からお話しているイスラーム共同体、ウンマのことです。

われらの(今後践《ふ》み行うべき)祭儀をわれらに示し給え(イスラーム共同体の守るべきリチュアルを定めて下さい、ということ)。(われらの罪を赦して)御顔をわれらの方に向け給え。まことに汝は(罪人を)よく赦し給う慈愛深き神にまします故に。

主よ、彼らの間に、彼らの一人を使徒として興し、彼らに向って汝の徴《しるし》(啓示のコトバ)を読み聞かせ、彼らに聖典と聖知とを教え、彼らを浄めしめ給え。まことに汝は全能にして全知におわします」と。

これによると、アブラハムはムハンマドの出現を予知していたということになりますね、あらかじめ神に祝福をお願いしてあったのです。

　されば、その心愚鈍な者でなくして何人《なんびと》がイブラーヒームの宗教を嫌悪しようぞ。彼（アブラハム）こそは我ら（神）自ら現世において特に選んだ者。まことに来世においても彼はまた、正しき人の内に数えられるであろうぞ。
主《しゅ》が彼に向って「帰依せよ」と申されると（「帰依せよ」(aslim)、これがイスラームのもとです。アスリム、とは「イスラームせよ」という意味で、動詞の命令形）、彼は「帰依し奉る、万有の主に」とお答えした。

「帰依し奉る、万有の主に」Aslamtu li rabbi al-ʿālamīn[a]。「万有の主」は前に出てきたからおわかりですね。aslamtu は「私はすべてをお任せいたします」。Aslamtu の「tu」は「私は」ということ。動詞一人称の形です。神が、「イスラームせよ」と言われたら、アブラハムが「私はイスラームいたしました」とこう答えた、というのです。こういう次第でアブラハムは史上最初の帰依者となった。「帰依者」の原語は、さっき申しましたように、muslim ですから、ムスリムという語の意味の取りようによって、アブラハムが史上最初のムスリムすなわちイスラーム教徒第一号という意味にも、また文字通り、イスラームした最初の人という意味にもなります。

　かくてイブラーヒームはこの帰依の宗教を己が子供らに遺言し、ヤアクーブ（ヤコブ)また(それに倣った)。「これ、子供たち、まことにアッラーがお前たちのためにこの宗教をお選びくだすったのだ。だからお前たち、かならずかならず帰依者として最後を遂げるのだぞ。」

汝ら(「イスラエルの子」たち。ここから神がユダヤ人に語りかける)、ヤアクーブの臨終に居合わせて、彼が息子たちに「わしなき後は、お前たち何を拝むつもりか」と訊ねた時、彼ら、「私たちは汝の神、汝の父祖イブラーヒーム、イスマイール、イスハークの神、唯一なる神につかえまつり、これに帰依致します」と答えたところを己が目で見たのか。「己が目で見た」のじゃなくて、『聖書』を読んではじめてわかったんだろうと、イスラエルの子ら、つまりユダヤ教徒に言いかけているのですね。だからお前たちもそんなに偉いわけではないんだぞ、と。

それから少しとばしまして、第一二九節。

彼らは、「お前たちもユダヤ教徒かキリスト教徒におなり。そうすれば正しい道に行けるから」などと言う。(それに対して)言い返してやれ、「いや、いや、わしらはイブラーヒームの宗旨をとる。あれこそ純正な信仰の人だった(あれこそハニーフの典型だった)。偶像崇拝者の類《たぐい》ではなかった」。

大変長い引用でしたけれど、これでハニーフということも、帰依《ムスリム》ということも、そしてイスラームということも、よくおわかりになったことと思います。

このハニーフとしての体験が、中期の啓示(岩波文庫本の中巻に収められている部分)では、さかんに物語として展開されております。その数は非常に多い。なかでも代表的なものとしては第二一章、第五二節以下。なかなか面白い物語仕立てで、読みたいけれど長いし、もう時間も残り少いので、あとでご自分でお読みください。それから第二六章、第六九節以下。これも物語なので、お読みになればすぐわかりますが、このほうはちょっとご説明しておくべきことがあるので引用します。

それからイブラーヒームの話しをみんなに誦んでやるがよい。あれが父親とその一族の人々に向って、「貴方がた一体何を拝んでいらっしゃるんです」と言った時のこと。「わしらは偶像神がたを拝んでおるのじゃ。これればかりはどんなことがあってもやめないぞ」と一同が言う。「貴方がたの祈る言葉があれらに聞こえるとでもいうのですか。良いことであれ悪いことであれ、貴方がたに何かしてくれるというのですか。」(とアブラハムがいうと)「そうではないが、ただ我らの御先祖様もみんなこうしていなすったのだからな。」

つまり習慣だというのですね。習慣上自分たちは偶像崇拝、多神教なんだ、と。

そのあと、アブラハムが自分の一神教の信念を述べるところがありますが、これは読んでごらんになればそのままわかる性質のものですし、あまり時間がありませんから読まないでおきます。

ただここで、いま読みました最後のところ、「ただ我らの御先祖様もみんなこうしていなすったから、そのとおりやっているんだ」という、この考え方、こういう行動のパターンをアラビア語でスンナ(sunnah)といいます。昔からの慣習という意味です。これは実はアラビア社会を最も強力に支配していた、といったほうがいいかもしれません——考え方なのです。先祖伝来のやり方。それを一歩も変えまいとする。だから新しいことは何一つできない。あえて新しいことをすれば、宗教的には神聖冒瀆、社会的には犯罪です。

それに対してイスラームは、その先祖伝来のスンナを否定したのですから大問題になった。その意味でイスラームは一つの社会革命でもあったのです。さっき部族の話をしましたね。要するに部族制度に対する革命ですが、それが同時に宗教的革命でもあったのです。

多神教が善いとか悪いとかいうだけのことじゃないのですね。多神教がアラブの神聖なスンナだった。歴史的にどこまでさかのぼるかわからない古い古い慣習です。この慣習を破るということは、宗教的に罪悪だったのです、そのころのアラビア社会では。それを敢然として預言者ムハンマドは、父祖伝来の慣習などというものには意味がないのだということを宣言した。悪いものは悪い、慣習があろうとなかろうと。そこがイスラームの合理主義というか、理性主義であったのでして、これがイスラームの一つの大きな特徴になって後世に発展していきます。

しかしながら、アラビア人にとってスンナというものがどんなに大事だったかということは、イスラームはこうやってジャーヒリーヤのスンナを破壊しましたけれども、自らのスンナをもつことになる、その一事がよく物語っています。このイスラームの新しいスンナ、それが「ハディース」(Ḥadīth)というものなのです。

「ハディース」というのは、『イスラーム文化』をお読み下さった方はおわかりだと思いますが、預言者ムハンマドの言行録です。しかし、この預言者の言行録が、単なる言行録ではなくて新しいイスラーム社会を法律的に規制する新しい慣習になっていく。そこに我々は、アラビアにおけるスンナの異常なねばり強さを見るべきであると思います。

たしかに、イスラームはそれまでのジャーヒリーヤの多神教的なスンナを破壊することには成功しました。しかし、スンナそのものを破壊することはできなかった。すぐまた新しいスンナを立てることになってしまったからです。新しいスンナ、それが預言者ムハンマドから始まるスンナだったのです。ムハンマドがいつ、どこで、どういうことをした、どう言った、というその詳細が記録され、「ハディース」つまり神聖伝承の形を取って、イスラーム共同体を支配することになるのです。アラブにとって、スンナというものは至上価値であって、どうしてもそれから抜け出ることはできなかった。スンナなしに生きるということは考えられないのです。それがここによく出ております。

以上、私はハニーフ的な絶対一神教なるものをいろいろな側面から説明してまいりました。およそこのような性格をもったものとしてイスラームは一つの歴史的宗教として自己を確立します。そしてそれがさきほどから読んでいます『コーラン』第一章第四節の「汝をこそ我らはあがめまつる」というコトバの底にある思想なのです。「汝をこそ我らはあがめまつる」、なぜ「汝をこそ」といっているか、絶対一神教だからです。「汝をこそ」——無道時代の宗教であった多神教のスンナを破壊して、その上に成立した新しい宗教、絶対一神教のすべてがこの一語にこめられております。それが「汝をこそ」なのです。

では、その「汝」はどんな汝なのかというと、「アブラハムの神、イサクの神、ヤコブの神」。そして「我らはあがめまつる」ということは、そのような神を己れの「主《しゅ》」と認め、あえてそれの「奴隷」となるということです。奴隷となってお仕えしますということです。「汝をこそ」、すなわち絶対一神、生ける神「アブラハムの神、イサクの神、ヤコブの神」だけにたいして主人—奴隷の関係に身を置くということ、それがイスラームの内容なのであり、結局このコトバは、自分たちは「アブラハムの宗教」の伝統につながる正統的な信仰共同体であるという宣言以外の何ものでもないのです。

「汝をこそ我らはあがめまつる」という簡単なコトバの底に、イスラームのそれだけの信念がひそんでいる。そういうふうにお読みになるとこのコトバが生きてくると思います。なぜ「汝をこそ」なのか、「あがめまつる」というその「あがめる」がどういう意味であがめることなのか、そして「汝」は一体何なのか。それがわからなければ、一句の意味するところが本当にはわからない、ということですね。

次回に読むことになりますが、その次の「汝にこそ救いを求めまつる」、この一句にもまた相当複雑な内容があります。要するに「お助けください」ということなんですけれど、実はそう簡単ではありません。神に助けを求めるというが、なんで助けを求めるか、どういう形で助けを求めるのか、特に人間が神に助けを求めずにはいられない精神的コンテクストが問題になってくるからです。こんど詳しくお話しますけれど、この問いに正しく答えるためには、どうしても「存在の夜」ということを考えなくてはならない。存在の昼じゃなくて、存在の夜に生きている人間が、さっきからお話しているような「汝」、絶対的一神に救いを、助けを求めるのですね。存在の夜ということ、不思議な妖気の漂ったような世界、そういう世界で人々が神に救いを求めている。また、そういう状態においてはじめて預言という現象の意義が正しく理解できるのです。人間が神的「汝」に助けを求めないではいられないような存在の夜のまっただなかにおいて、預言という現象が起きる。それが『コーラン』の世界なのです。だけど、そこに話が入ってしまうと、非常に面倒なことになりますから、今日はこのくらいでやめにして、この次に続きをお話することにいたします。

第九講　「存在の夜」の感触

「開扉」の章の第四節、このあいだ読み始めたのですが、

īyā-ka naʻbud(u)

wa-īyā-ka nastaʻīn(u)

そのうちの、īyā-ka naʻbud(u)というところだけやったのですね。「汝にこそ仕えまつる、我々は」というこの一句の下に伏在しているイスラームの根本的理念を、このあいだご説明しました。「汝にこそ我々は仕えまつる」、あるいは「汝だけに我々は仕えまつる」ということが、絶対的、無条件的他力信仰としてのイスラームの根本理念を表わしている。そして、その理念を下から支えているイスラーム的な宗教的感覚というものがある。その宗教的実存感覚とは、神を主人とし、自分はあえてその奴隷となって、そういう形で神と自分とのあいだに人格的関係を結ぼうとする。結ぼうとする、というよりも、もう結ばれているという感覚です。自分を神の奴隷だと感じる実存感覚なのです。

これは我々などにはあまりよくわからない感覚ではないかと思う。そもそも、奴隷ということが実感的にわからないから。けれど、これはアラビア砂漠へもっていくと大変なことになるのです。あの誇り高きアラブに向かって、お前たちは奴隷だとか、奴隷になれとかいうんですからね。イスラームが起こった頃の砂漠の人々が反発したのも無理はない。謙譲の美

徳を誇るような民族だったら、それでもいいかもしれないけれど、なにしろ、あの誇り高きことをもって世に有名なアラブですから、自分が奴隷であるということには耐えられるはずがありません。しかし、イスラームはあえて、その「屈辱的な」実存感覚を基礎にして、それに基づいて一つの宗教を立てたのです。

ただし、人間は奴隷だといっても、誰に対しても奴隷であるというわけじゃない。奴隷として仕える相手が問題です。無道時代のアラブたちは、それを下劣、卑屈、弱さへの誘いと受取ったのでしたけれど、実際はそうではない。相手かまわず誰に対しても奴隷になるというのではなくて、ただ一人、あるいはただ一個、絶対超越的主権者としての神にたいしてのみ奴隷である。それがこの「汝にこそ」(īyā-ka)という表現の含意です。īyā-ka とは「あなただけに」つまり、だけという感じを強調する。ただ汝のみに我らは仕えまつる。ほかの人には仕えない。ほかの誰の奴隷でもない。そういう神と人との人格的関係なのです。

この宗教的感覚が、初期、メッカ時代に、審きの日、最後の審判の日、の主宰者のイマージュを中心として結晶したのです。だから、当然、畏れの感情が支配的になる。恐ろしい「審きの日の主」にたいして、人間は己れを奴隷の地位に置く。実存的恐怖を出発点として、そういう神に対する奴僕としての自分の在り方をきめる、それがイスラーム最初期の宗教性の中核です。

メディナ時代になりますと、この根源的な宗教感覚がもっと理念化されて、宗教的理念となり、イスラームの旗じるしとして、そういう人と神との人格的関係が確立され、働き出すことになる。そして、それが働き出すと同時に、イスラームは「ウンマ」(ummah)、つまり宗教共同体となる。宗教共同体の成立とともに、イスラームはキリスト教、ユダヤ教とならんで独立の一神教として自己を確立し、かつ自己の独立を、世界に向かって公けに宣言するにいたるのです。その宣言自身が『コーラン』に出てくる。自らの絶対一神教としての独立を宣言するということは、それが明瞭に意識されたということでありまして、この意識の成立とともに、イスラームはひとつの歴史的宗教となり、その形で人類の歴史のなかに組み込まれていくわけです。

この歴史的宗教としての、正式の名が「イスラーム」であり、その意味の解き明かしが、「汝にこそ我らは供えまつる」(īyā-ka na'bud$^{(u)}$)、つまり「神のみを唯一無二の主として、我らはこれに奴隷のごとくお仕えする」です。Islām = īyā-ka na'bud$^{(u)}$ なのです。「イスラーム」というアラビア語は、前にお話ししましたように「自分のすべてを引き渡す」ということ。相手に一切を任せきる、奴隷のようになる、どうされようと相手の意のまま、ということです。イスラームというコトバ自体がそういう意味を表わしている。

文法的には islām は、英語などのいわゆる不定法《インフィニティヴ》に当たる形でありまして、動詞の活用形は aslama です。「アスラマ」は三人称単数形で、「彼は自分のすべて、己れのすべてを相手に引き渡した」という意味。それのインフィニティヴが「イスラーム」です。だから、この観点からすると、イスラームは動詞の不定法を名前として採用した宗教だということになりましょう。もっとも、厳密には、不定法というより、むしろ動名詞といったほうがいいかもしれない。動詞的意味を抽象的に表わす名詞形。まあ、どっちでも同じことです。

　歴史的発生の順序から申しますと、ユダヤ教、キリスト教、イスラーム教というふうにならびます、お互いに独立しながら、しかも聯関しながら。イスラーム教の観点からいうと、その聯関性がアブラハム的宗教性なのです。このあいだお話しましたね、アブラハムの宗教。アブラハム性がこれら三つのセム民族的宗教を一つの線につなぐ。一本の線につながれてはいるけれども、三つはそれぞれ違った独立の宗教です。名称からして違います。キリスト教というのは、キリストを神の子として、あるいは神として崇める宗教でしょう。その意味で、キリスト教。ユダヤ教はユダヤ民族の民族宗教。だから、もしキリスト教に倣っていうなら、イスラーム教はアッラー教とでもいうべきでしょうし、ユダヤ教に倣っていうなら、アラビア教とかアラブ教とかいうべきものです。とにかく、「イスラーム」とは、非常に特徴のある名前だといわなくてはなりません。自己放下、自己放棄、絶対的神依存、の観念を宗教の名前としているのですから。

　神とさっきお話したような人格関係に入るためには、人の側に一種の実存的飛躍が必要なのであって、その実存的飛躍が自己放下、あるいは自己放棄ということなのです。そういう自己放棄をあえてした人のことをムスリム(muslim)と呼ぶ。muslim は、文法的には aslama という動詞の能動分詞形。複数は muslimūn (muslimīn)。今申しましたように、自己放下の実存的飛躍を決断し、己れのすべてを挙げて神に捧げ、絶対服従を誓った人を意味します。

22　存在の夜

以上で īyā-ka naʻbud(u) の説明は終わりということにしまして、そのつぎの、wa-īyā-ka nastaʻīn(u) に移ります。wa- というのは「そして」、īyā-ka は「汝をこそ」あるいは「汝にこそ」、nastaʻīn(u) の na- は「我々」という意味の接頭辞、staʻīn(u) というのは「助けを求める」ということ。全体で、「そして我々は汝にこそ助けを求めます」ということになるのです。神は主《しゅ》で、人間は奴隷。人が奴隷として仕える神は、唯一なる人格神、絶対的超越者です。そのような神に向かって人間のとる態度は、ひたすら助けを乞うだけなのです。奴隷の身としては、自分から積極的に、ああして欲しい、こうして欲しいなんていうことはできない。ただ御心のままなのです。せいぜいできることはお助けを乞うことなのです。

同じく「宗教」といっても、その内的構造は実に様々です。例えば、バラモン教のように、人格的神を立てないで、ブラフマン(「梵」)というような非人格的な形而上的絶対実在を中心に置く宗教もあれば、大乗仏教のように「空」という形で存在の究極相を考えるものもある。「空」は、勿論、神ではありませんし、まして人格神などではありえない。大乗仏教でも、禅宗などになると、もっと神から遠くなります。このような宗教の場合には、ブラフマンにせよ、空にせよ、無にせよ、とにかく絶対者にひたすら助けを乞うなんてことは考えられないのです。人格的な神だからこそ、人間がこれに向かって助けを乞うということが起こってくる。セム的な人格的一神教はそれを典型的な形で示すのであって、イスラームは、勿論、その一つです。

超自然的な絶対的な人格者としての神を認めた場合に、その神にたいして、人間としてはどういう態度を取ることができるか。従来の宗教学では、二つの違った態度があるとされます。一つは「呪術」(magic)、もう一つは「宗教」(religion)。これはどちらかといえば十九世紀的な考え方で、少し古いのですけれども、わかりやすいからそうしておきます。

呪術《マジック》と宗教《レリジョン》。呪術とは何か。といっても、問題はなかなか複雑で、そう簡単に割り切れるようなものではありませんが、今我々が主題としている事柄のコンテクストで申しますと、呪術は人間のほうから神に働きかけるということがその第一の特徴です。神が人格だから、人格神だから働きかけることができる。自分が望むことを、自分の意志を、極端な場合には神に押しつけるといいますか、人間が働きかけて、無理にでも神を動かそうとするのが呪術です。それが形式化されれば、いわゆるリチュアル(ritual)、祭儀になるわけですが、とにかく人間の意志が主導的に働く。人間の意志を実現してくれるように、神に働きかけ、神を動かすのです。

ところが、宗教《レリジョン》となると、こんどは自分の意志をできるだけひっ込めて、そして神の意志の実現に協力しようとする。たとえその神の意志が人間にとって快いものでなくとも、すべてをお任せする。動かそうなんてしない。

西洋の十九世紀以来の宗教学では、呪術よりも宗教のほうが一段上だということに、もう常識的に決まっているのです。この問題自体もこれからいろいろ考え直していかなければいけないと思いますが、簡単にいうと、宗教学的パターンとしては、人格的な神にたいする人間の対処の仕方は呪術か宗教か、呪術は一段下、宗教は一段上です。呪術では、人間が自分の力で神を動かそうとする。悪くすると、神を強制しようとする。宗教では、人間が神を強制などいたしません。向こうの意志のままです。この場合に、人間が神にお願いするということが出てくるわけです。祈るということが出てくる。せいぜいお祈りするだけなのです。

こう考えてみると、「あなたにこそ私どもは助けを求めます」ということは、明らかに、呪術ではなくて宗教のほうだということになります。相手は同じく生きた人格的な神であるにしても、それにたいする人間の態度は呪術的態度ではなくて、宗教的態度なのです。但し、これでいちおうの説明はできるけれども、それではイスラームという宗教の生きた力はまったくつかめていない。イスラームという宗教、この、īyā-ka nastaʿīn[u]「汝にこそ我らは助けを求めまつる」という一句に籠められたイスラームの宗教性の本当の生きた力を理解するためには、イスラームがそこで起こり、そこで発展した精神的世界の性格を感覚的に理解しなければいけない。イスラームという宗教の底にひそんでいる世界感覚を了解する必要があると私は考える。

このあいだ最後にちょっと予告的に申しましたけれども、イスラームの宗教性を底辺部で支えている一種独特の世界感覚なるものを考えてみると、「存在の夜」という形象が浮んでくるのです。存在の昼じゃない、夜です。近代人なんかには想像もできないような一つの不思議な現実がそこに開けてくるのですね。我々現代人は、古代世界を考える場合でも、やはりともすれば現代的感覚でそれを表象する傾向があります。これはなかなか問題だと思います。我々の今の感覚で古代的世界を見ると、古代人の生きていた世界が昼間の世界みたいに見えてくるのですね。底のほうに暗いもやもやしたものがあるにしても、はっきりした構造をもった昼間の世界なのです。

しかし、遠い昔の書物、いわゆる古典、を読むためには、そのテクストが成立した現場といいますか、生きたシチュエーションが、読む人のなかに再現されなければいけないと思う。これは、いちばん最初にお話ししましたパロールのシチュエーションに当たります。『コーラン』の場合には、神がムハンマドに話しかけるそのパロール、発話行為を取り囲んでいるシチュエーションがはっきりつかめないと困る。それを私は『コーラン』の世界感覚という表現で定着させようとしているわけです。

そこで、『コーラン』的パロールのシチュエーションを具体的につかまえようとしてみると、それが暗い夜の世界だということがすぐわかってくる。我々には、ちょっと想像もできないほど陰湿な世界で、それはあるのです。陰湿とか暗いとかいうと、何だか嫌がっているみたいですけれども、別に否定的価値評価をしているわけじゃない。客観的事実なのです。『コーラン』を読むためには、暗い夜の感覚といったものが我々にどうしても必要になってくるのです。

ともかく、このような態度で臨んでみると、『コーラン』の世界は、我々の常識的世界とはまるで無縁なものとも思われかねないような暗い世界なのです。この点では、『旧約聖書』もまったく同じ。もともと『旧約聖書』と『コーラン』は姉妹関係にある聖典ですので当然かもしれませんが、どちらも濃密に妖気漂う世界です。さっきは存在の夜といいましたが、深ぶかと闇に包まれた世界。悪霊、妖鬼——よく百鬼夜行などといいますが、そういうものが空中にうごめいている、そんな世界なのです。

ただ、『旧約』では闇が世界の表層まですっぽり覆っているのに反して、『コーラン』では、それが深層にかくれていて、表面にはやたらに出てこないので、ちょっとわかりにくい、という違いはありますが、深層まで掘り下げてみれば、ここでもやはり同じ存在の夜の闇に我々は出合います。前に一度読みましたので、覚えていらっしゃるかもしれませんが、もう一回やってみましょう。非常に大事なところですから。『コーラン』の最後の二章、いずれも僅か数行の短いものです。一一三章と一一四章。私が今お話している存在の夜というのはいったいどんなものか、これでちょっと味わっていただきたい。

一一三章は皮肉にも「黎明」と題されていますが、そこに描かれているのは、まさに存在の闇の光景です。

　言え、「お縋り申す、黎明の主に、
　その創り給える悪を逃れて、

深々と更《ふけ》わたる夜の闇の悪を逃れて。
結び目に息吹きかける老婆らの悪を逃れて、
妬み男の妬み心の悪を逃れて。……」

「言え」――「言え」といっても「唱えよ」といってもいい。「お縋り申す、黎明の主に」、神は黎明の主なのです。けれども人間の実存の世界は暗い。「その創り給える悪を逃れて」、「悪」というのは道徳的な悪の意味ではなくて、殃災とか妖異とかの意味。勿論、第二次的には、倫理的悪とも結び付きますが。「深々と更《ふけ》わたる夜の闇の悪を逃れて」、非常に不気味な夜です。「結び目に息吹きかける老婆らの悪を逃れて」、これの説明は前にもしましたし、註にも書いてあります。「妬み男の妬み心の悪を逃れて」、これが存在の夜、恐ろしい世界なのです。

先ず第一に現われてくるのが、結び目に息吹きかける老婆らの呪い。日本にもありますね、人形をつくってそれに釘を打ちつけたりする呪いの形式。あれによく似ている。ああいう行為から発散する破壊的エネルギー。それから「妬み男……」、古代の世界で、嫉妬はただの人間の心理じゃない。呪いです。嫉妬することは、相手に呪いをかけることです。そういうものの「悪」を逃れて、黎明の主である神にお縋りしたいという。

「お縋り申す」は原語で a‘ūdh^{u}。「お縋りする」「私は縋る」です。a‘ūdh^{u} の a- は一人称単数、「私」。この a‘ūdh^{u} と、前にご説明した nasta‘īn^{u}「我々は助けを求める」と並べてごらんなさい。nasta‘īn^{u} の na- は一人称複数のしるしでしたね。その na- から n を取り去って a-

とすれば「私」の意味になる。つまり、astaʿīnᵘといえば「私は助けを求める」です。aʿūdhᵘも結局、同じこと。要するに「助けを求める」ということだけれども、始めにお話したように、レトリック的な違いがある。nastaʿīnᵘ(単数にすればastaʿīnᵘ)という、「開扉」の章に出てきたほうのコトバは、レアリスティックな表現レベルに属する言い方です。つまり、醒めた人間の意識のコトバ。醒めた人間が理性的に考えて、「神に助けを求める」のがnastaʿīnᵘ。ところが、aʿūdhᵘのほうには、感情的な興奮がある、とでもいいますか、とにかく、イマジナルなレベルでのコトバなのです。呪いとか祝福とか、悪霊とか悪鬼、そういうものがうごめくような世界の真只中で助けを求めるのがaʿūdhᵘなのです。だから、ほとんど同じ意味だけれども、それを表現する意識の次元が違う。

こんなことは普通『コーラン』を読む人は気がついていないけれど、レトリック的なレベルの違いということを考えるとよくわかってきます。「開扉」の章は、つまり、レアリスティックな、醒めた意識の表現だ、ということです。いわばアプローチが理論的、理性的なのです。ところが、この一一三章、一一四章にいたっては、これはもうまったく感覚的、想像的、シャーマニズム的です。ですからコトバも違ってしまう。同じ助けを求めるのでも、片方はnastaʿīnᵘ、こっちはaʿūdhᵘなのです。

次に一一四章を読んでみましょう。表題は「人間」。これが『コーラン』ではいちばん最後の章です。前にお話しましたように、最後においてあるから最後の啓示というわけではない。この章が啓示されたのは、文体からだけいっても、最初期のものです。

言え、「お縋り申す、人間の主に、
人間の王者、
人間の神に。
そっと隠れて私語《ささや》く者が、
ひそひそ声で人の心に私語きかける、
妖霊《ジン》も私語く、人も私語く、
その私語の悪をのがれて。……」

「言え」というのはまた「唱えよ」ということ。「お縋り申す」、また a‘ūdh^{u} ですね。このコトバが使われるだけでシャーマニズムの世界に一挙に入ってしまいます。意味の上では、「開扉」の章でおなじみの iyā-ka nasta‘īn^{u} と同じことです。

ついでにこれをアラビア語の原文で読んでみましょうか。なにしろ非常に短くまとまった章ですから、大して時間は取りませんし、それに、これだけでも少しは『コーラン』をアラビア語で読んだことになるでしょう。

Qul: a‘ūdh^{u} bi-rabb^{i} al-nās$^{(i)}$
malik^{i} al-nās$^{(i)}$
ilāh^{i} al-nās$^{(i)}$
min sharr^{i} al-waswās^{i} al-khannās$^{(i)}$

alladhī yuwaswis^{u} fī ṣudur^{i} al-nās$^{(i)}$

min al-jinnat^{i} wa-al-nas$^{(i)}$

これが一一四章の原文です。説明を聞けば実にやさしい文章で、アラビア語の初歩をちょっとやっていればすぐ読めます。簡単に文法の説明をしながら読みましょう。最初の一語、qul は「唱えよ」、命令形です。aʿūdh^{u}。「私はお縋りする」、bi-「……に」という前置詞。rabb は「主」、nās は「人々」ということ。al- は定冠詞。だから「人間の主に私はお縋りする」。この「主に」を、続いて同格名詞で展開していく。malik は「王者」ということ、「人々の王に」、malik^{i} というふうに語尾に -i 音が付いているのは、前置詞 bi- の統辞的支配力が続いているからです。それから (bi-) ilāh^{i} al-nās^{i} と、まだ同じ前置詞の力が作用している。ilāh は「神」ということ、「人々の神に」。始めから読むと、「唱えよ、私は人間の主にお縋り申す、人間の王にお縋り申す、人間の神にお縋り申す、と」。次に来ている min は「……から」という前置詞ですけれども、これには「逃がれる」という含意がある。「なになにから逃がれて」という「から」です。sharr は「悪」。さっき申しました、「殃災」の意味での「悪」。waswās は「ささやく者」「ひそひそ声でささやく人」ということ。アラビア語の形態論では、この形は習慣とか専門とかを表わす語形です。つまり、しょっちゅう何かひそひそささやいている、ささやきごとの専門家、といったらちょっとおかしいけれど、ささやき屋。次の khannās も同じ語形。このコトバは訳しにくい。人のうしろなんかにちょこっと姿を隠すやつのことです。隠れ屋とでもいうところでしょうか。例えば、歩いている場合に、人の背中にちょっと身をひそめるような行為をいつもするやつをハンナースという。この語のもとになるkhanasaという動詞がありますが、それはちょっと身をひそめる、人の背後やカーテンみたいなもののうしろにちょっと身をひそめること。khannāsはそれを専門に、あるいはいつもやっているやつ。だからwaswāsと合わせて、いつもちょっと隠れてはひそひそとささやきかけるやつ、そういうやつの悪から逃がれて、という。alladhīは関係代名詞、「なになにするところの」。どんなことをするのかというと、yuwaswis^{u}。これはwaswasaという動詞の三人称・男性・単数で、「彼はささやく」ということ。fīは「……の中に」。ṣudūrは「胸、心」ということです。al-nāsは「人々」ですから、「人々の胸のなかにささやきかけるところの」という意味。だから全体は、「人の心のなかにそっと妖しいことをささやきかける隠れ屋の悪を逃がれて」ということ。そのつぎのminが「……から」という前置詞であることはご存知のとおりですが、こんどは意味が少し変わって所属を示す。所属、つまりなになにの類に属す、ということです。ここでは、それがどんな類であるのかというと、妖霊《ジン》です。『千夜一夜物語』をお読みになっていらっしゃる方には、ジンはお馴染みだと思います。西洋のお伽話などに出てくる妖精と同じようなものです。アラブの意識のなかに生きているジンは、性質がいろいろで、なかにはとてもいいことをする者もいます。『千夜一夜』に出てきますね。頭がよくて、なかなか愛嬌のあるやつ。しかしたいていの場合、ジンはよくないことをする。祟ったり、人に取り付いて気を狂わせたり、とにかく危険な存在です。今我々の読んでいるテクストに出てくるjinnatというのはjinnの複数。min al-jinnati「ジンの類に属するところの」結びの一句 wa-al-nāsi は「そして(wa)人の類に属するところの」という意味です。

以上の説明に基づいて、全章を直訳してみましょう。「人間の胸にそっとささやきかける、そっと隠れてささやくことを常とする(妖しい)ものたち――それがジンであれ、人間であれ――がひき起こす災害を逃がれて、私は人間の主、人間の王、人間の神(であるアッラー)にお縋りいたします」。これが第一一四章全文の意味です。わかりますね。さっきもいいましたように、表面の意味は非常に簡単で、どこにもむずかしいところはないが、それの含意するところを感覚的につかむとなると、そんなにやさしくはありません。やさしそうに見えてはいるけれども、これがなにか不思議なシャーマン的なアラビア語だなとわかるのにはだいぶかかります。ただ文法を習っただけじゃとてもだめです。

以上、『コーラン』の第一一三章、一一四章をやや詳しく読みましたのは、この二つが『コーラン』的世界感覚の深層に揺曳する「存在の夜」の気を実に生々しく表わしているからです。「ささやく」という語がありましたでしょう。「ささやく」、存在の夜の闇から立ち昇ってくるコトバ。現代の世界でも、ひそひそとささやいてばかりいるやつはうさん臭いでしょう。だが、古代では、うさん臭いなんてものじゃなかった。何か超自然的なことをやっているのです。しかも、十中八九は悪いことです。このあいだも申しましたように、低音のハスキー・ヴォイスでものをささやいている人間は危険人物だったのです。

これは『コーラン』にはあまり表面に出てきませんが、無道時代のアラビアの詩や『旧約聖書』にたくさん出てきます。例えば「詩篇」ひとつ取ってみても、無数に実例があります。「詩篇」の第四一篇のなかに有名な一節がありますね。

すべて我を憎む者、互いにささやき、我をそこなわんとて相はかる。

という。ついでですから、ヘブライ語もやりますか。

yaḥad ʿālai ithlaḥăshū khol-son'ăi.

yaḥad は「みんな一緒に」ということ。ʿālai の ʿal は英語でいえば against、-i というのは「私」ですから against me「私に対して」「私に敵意をもって」。ithlaḥăshū の laḥăshū というのが「ささやく」ことで、ith- というのは「お互いに」という意味を表わすための接頭語です。だから laḥăshū は「彼らはささやく」。ithlaḥăshū は「彼らは互いにささやき合う」。khol というのは「すべて、全部」。sōn'ăi というのは、ヘブライ語の初等文法をご存知ない方にはちょっと文法的に説明しにくいけれども、「憎む人々」という複数です。最後の -i が「私」。「私を憎む人々のすべてが、みんないっしょになって、私に反対してお互いにささやき合っている」と、まあ大体こういうことです。

lāḥash「ささやく」、古代のヘブライ語では、ただの「ささやく」じゃない。呪詛、呪縛の意味です。古代ヘブライの世界では、蛇使いが蛇をチャームする時などにもささやきかけます。皆さんよくご存知の形としては、笛の音でやりますね。昔はコトバでよかったのです。低い声でささやけばいい。それを専門家がやれば、蛇はたちまちチャームされてしまう。そういった気分のコトバです。

だから、『旧約聖書』をお読みになって、「すべて我を憎む者が互いにささやいている」、つまり、私を嫌いな人たちが集まって、ただひそひそ悪口かなんか言っているんだろうなどと考えたら大間違い。群をなして呪っているということです、互いにささやき合いながら。ちょうど『コーラン』第一一三章の、あの結び目に息吹きかける妖しい老婆たちの呪いのように、それからまた、第一一四章の、ひそひそ声で人にささやきかけるジンや人間たちの呪いのコトバのように。第一、「すべて我を憎む者」という、この「憎む者」がただの憎む者じゃない。「憎む者」とか「敵」とかいうコトバが『旧約聖書』にはふんだんに出てきます。覚えていらっしゃいますか、「敵」「憎む者」、今の我々が普通に考えるような意味での敵とは違います。私の破滅をはかって、恐ろしい呪詛をかけようとしている人たち、という意味です。さっきも申しましたように、古代社会では、憎んだり嫉妬したりすることは、そのまま相手を呪うこと。呪いのエネルギーを自分の内部から相手に向かって吹きつけることです。

そのようなことが日常行われている世界、『旧約聖書』にせよ、『コーラン』にせよ、それがどんなに暗い、不気味な世界であるか、おわかりになると思います。それは、悪霊的なものがウヨウヨしている世界。悪霊たちがうごめいているだけじゃなくて、『コーラン』のテクストにもありますように、人間がささやいた声、それから結び目に息吹きかけた老婆らの息、そういったものが全部、一種の呪いの力になって空中に漂っているのです。妖霊とか悪霊とか、そういう魔性的な存在のほかに、人間の意識の深層から発散する悪霊的な力も、一つ一つが独立した魔性のエネルギーとなって空中を満たしているのです。ユダヤでは、聖なる「律法《トーラー》」は厳罰をもってそういうものの信仰を、あるいはそういうものを行使する呪術を禁止しました。第二イザヤのような預言者になると、そういう悪霊とか、呪いとか、祟りとか、そんなものは実在しない、根拠のない迷信にすぎない、本当に実在するものはエホバ(ヤハヴェ)だけなのだということを強調しました。第二イザヤ――第二イザヤといってもおわかりにならないかもしれませんけれども、そこまで説明したらキリがない。とにかく「イザヤ書」の第四〇章から第五五章に活躍する無名の預言者です。まあ、そういう人がいた、ということにしておいてください――は断乎として否定しましたけれども、一般の民衆はそれに従わなかった。

こうして、「律法《トーラー》」も禁止しましたし、偉い預言者もそれの実在性を否定しましたけれど、それでも抑えることはできなかった。ユダヤ的な世界というのは非常にデモーニッシュな世界です。これが中世の『タルムード』時代になりますともっとはっきり出てきまして、『旧約聖書』ではまだ控え目になっていたのが、一変してものすごいデモノロギッシュなものになる。つまり実存的に暗い夜の世界です。このような夜の世界のなかで、もし宗教的な救いというものがあるとすれば、その救いは、悪霊的エネルギーに充ちた実存の深い闇をつんざく一条の光というような形でなければ起こりえない。こう考えてみてはじめて、『コーラン』の「神にのみ助けを求め」「神にのみお縋りする」という態度の意義が実感的にわかってくるのだと思います。

ですから『旧約聖書』などでは、「詩篇」の大部分はアンティ・マジカル、つまり、マジックに対する対抗策、俗なコトバでいえばお祓い、あるいはお守りとしての役を果している といわれております。「詩篇」は、元来、呪詛を退けるためのもの、アンティ・マジックだと主張したのは、十九世紀のドイツの旧約学者ですけれども、それには反対が起こって、今日ではこの説をそのまま信奉している人はいないようです。けれども、ユダヤ人が、「詩篇」の多くをお守りとして使ってきたということは事実なのです。特に中世では、それが顕著でした。なかでも「詩篇」の九一篇。六七篇もこの点で有名ですが、九一篇のごときは、「悪の襲撃を防ぐ歌」とまでいわれている。悪の襲撃——その「悪」にしても現代的な悪じゃない。evil spirit です。つまりそういう悪霊的なものの襲撃を防ぐ歌、それを護符にして身につけてユダヤ人はもって歩いていた。要するに、ユダヤ人の生活空間そのものに、悪霊的なものが充満していた、ということです。

様々な形を取った悪霊的なエネルギーが、スキあらば人間に襲いかかってこようとしている。そういう直接の危険だけじゃない。evil eye などといいまして、悪意に満ちたまなざしが、いつもどこかで貴方を見つめている。呪詛、憎悪、嫉妬、ひそかに隠れたところでそういう悪の力が渦巻いている、そのような世界であるのです、『コーラン』の世界も、『旧約聖書』の世界も、その点では同じことなのです。

私がなぜこんなことを申し上げたかというと、一つには、そのような世界においてこそ、あなたにだけ私たちは助けを求めます、あなただけにお縋りします、という人間の神にたいする訴えかけのコトバが切実に響くからなのです。そういう世界感覚のなかに置いてみないと、神に縋りつく人間のコトバの切実さがわからない。それが一つ。

もう一つは、このような存在の夜、このような暗い雰囲気のなかでこそ、『旧約聖書』や『コーラン』の宗教性の中心をなすところの「預言」ということが成立するからなのです。

23　預言者と預言現象

なにしろ十回のセミナー、時間が足りなくて、『コーラン』を全部読むことはできませんでしたけれども、主なことだけはだいたいお話しできるのじゃないかと思う。しかしいちばん大事なことがまだ残っている。それは預言という宗教現象です。預言は『コーラン』の中心です。

『コーラン』の宗教性の基礎をなす預言現象の意味を理解していただくためには、今お話したような存在感覚が先ず第一にわかっていていただかないと困るのです。陰湿な世界、暗い世界、底の知れない闇のような実存の世界のなかで、はじめて預言ということが成立してくる。このコンテクストで預言といいますものは、予言ではありません。未来のことを予知し、それが起こらぬさきに前以て告げることとは意味がぜんぜん違う。では、存在の夜の世界に生起する預言とは何か。一体、どんなことがそこに起こるのか。それを次にお話しましょう。

『コーラン』と『旧約聖書』に共通する一種の深層的存在を、私は「存在の夜」というコトバで規定し、それがどのようなものであるかを相当詳しくご説明してまいりました。預言という決定的重要性をもつ現象の生起と構造とを論じるための準備として、どうしてもそれが必要だったのです。

「預言」、アラビア語ではヌブーワ(nubūwah)。預言者はナビー(nabī)。ヘブライ語だと、預言者のことをナービー(nābhī)といいます。ヘブライ語では、母音と母音のあいだに b のような破裂音がくると摩擦音に変わる。摩擦音に変わった b を表わすために bh という形で転写します。現在のヘブライ語ではこれを v と発音します。ナーヴィーだけど本当はナービー、口唇を合わせるだけで破裂させない b です。

ナビーもナービーも一見して同じコトバだとすぐわかりますね。語根は N.B.'。アラビア語とヘブライ語は、兄弟姉妹みたいなものですから、両方に共通の語根がたくさんあります。ナビーとナービー、「預言者」、語根は同じナバア。ナバアという語根の意味は、「低いうめくような声を出す」ということです。それから、水なんかの場合に「ブツブツ泡が湧き出す」こと。「預言者」の概念を理解する場合、この語根的な、つまり根源的なイマージュを下敷きにして見ないといけない。「ナビー」というアラビア語をそのまま単純に「預言者」と日本語訳して、それでわかったつもりになったらとんでもないことになってしまう。「ナビー」は、我々が普通「預言者」というコトバで理解するものとは非常に違った何かなのです。それを先ず皆さんがおわかりにならないと、預言現象ということがよくわかってこないのです。

しかも『コーラン』における預言現象の意味を発生的に理解するためには、『旧約聖書』と『コーラン』とをならべて考察することが必要です。と言うことがもし言い過ぎなら、『旧約』の預言概念を参照することが、『コーラン』の預言概念を理解する上に大いに助けになる、と言っておきましょう。それは、「預言」に関するかぎり、『旧約』の古代ヘブライ語の意味のほうが、古典アラビア語よりも古い意味を明瞭に残しているからです。古典アラビア語には既に整理された意味しか出てこない。ですから、もっと前の、源初的意味を知ろうと思ったら、『旧約聖書』までいかないとだめなのです。そんなコトバがほかにもたくさんあります。逆の場合もありますけれど。

語根ナバア、さっき申しましたように、「低いうめくような声を出す」ことがもとの意味。この意味を出発点として、預言者とはどのような人であるのかという問題を考えてみましょう。先ず、この「低いうめくような声」がどこから、つまりどういう意識から、出てくるのか、という問題。それが、普通の人間の、日常的意識から発出するものでないことは確かです。ナビー、預言者、「低いうめくような声を出す人」――彼は醒めた意識の人ではありません。彼は「正気を失った」人です。常識的な人が見たら一種の狂乱状態としか見えないような状態に彼は陥っている。口からブツブツあぶくを吐きつつ、狂乱状態であらぬことを――少くとも外からそれを眺めている平凡な人間の耳には、あらぬことと響くような異常なコトバを――低い声でうめくように口走る。そんな人の姿がナビーの根源的イマージュです。

古典アラビア語では、語根ナバアは情報伝達を意味します。情報を伝えるとか、宣言する、アナウンスするとかいう意味だから、『旧約聖書』に出てくるヘブライ語の用法のほうが古い意味を残しているわけです。

情報伝達といえば、勿論、一種の言語現象ですが、ヘブライ語に残っているこの語根の古い意味に照らして考えると、それがある異常な言語現象であることがよくわかります。ナバアとは決して普通にものを言うことではない、その最大の特徴は、人が自分から、自分の意志で、ものを言うのではなくて、自分の意志とはぜんぜん関係なしに、外から何か不思議な力に働きかけられ、それにつかまえられて、それに促されて、コトバを吐くということです。そんな時、その人は正気を失っている。脱魂状態、いわゆるエクスタシーです。コトバがひとりでに口から流れ出してしまうのです。このようにエクスタティックな状態に陥って、普通の人の目には狂乱状態としか見えない姿を示すことを、ヘブライ語ではヒスナッベー(hithnabbē')という。この語の後半部、-nabbē' は語根ナバアが変化して現われた形。前半部の hith- は——ヘブライ語の文法でよく exhibitionist mood などと呼んでいます——内なるものを表に暴露する、露見させる、現わすことを意味する接頭辞です。だから、hithnabbē' とは、ナバア状態が心内に起こっているのを、身体的に表に出すということなのです。つまり、何か不思議な霊的力の作用を受けて正気を失い、狂乱状態になっている、その狂乱状態がそのまま内面に留まっていないで、肉体的に表にあらわれ出るのがヒスナッベーなのです。内的に荒れているだけではなくて、表面に、身体的に、荒れる。だから気違いのように見えるのです。但しそれが必ず一時的な現象であることがヒスナッベーの特徴です。

古代イスラエルの宗教史では、ナービー、「預言者」と呼ばれる人々の集団がありました。この人々の系統は世襲的。代々親から子に伝わる。ギルドではないけれども、ほとんどギルドに近い形で預言者の団体があった。一種の専門的、職業的なクラスです。そういう人たちはみんなこのヒスナッベー状態に陥ることができる人、あるいは陥る傾向のある人だったのです。そういう世襲的なクラスに属している人々は「預言者の子どもたち」と呼ばれていました。ベネー・ネビーイーム(bĕnē-nĕbhī'īm)。nebhī'īm は nābhī' の複数形。bĕnē というのは「息子たち」。単数形では ben-nābhī'。「預言者たちの息子たち」というのがこの特殊集団の正式の名称だったのです。この集団のメンバーが「預言者」です。ですから、普通の人が突然預言者になるということはほとんどありえなかった。

『旧約聖書』の「アモス書」――預言者アモスの言行を記録したものです――の第七章にこんなコトバがある。古い日本語訳で読みます。もっと現代風の文体がお好きな方のためには岩波文庫に私の友人関根正雄さんの訳があります。

アモス対《こた》えて……言いけるは、「我は預言者にあらず。また預言者の子にもあらず。我は牧者なり。桑の樹を作る者なり、と。然るにエホバ羊に従う所より我を取り往きて、我が民イスラエルに預言せよ、とエホバ我に宣えり」(第七章、第一四―一五節)

アモスがこう言うのですね、「我は預言者(nābhī')にあらず」、私は職業的預言者じゃない。

「また預言者の子(ben-nābhī')にもあらず」今申しましたでしょう、「預言者の子」とは預言者のギルド。私はそんな正式の職業的集団に属している者じゃないというんです。ただ、「自分は預言者じゃない、お父さんも預言者じゃなかった」という意味ではない。預言者階級の人間ではない、ということです。「我は牧者なり」、私は羊飼いだという。「桑の樹を作る者なり」、桑の樹は「シクマー」(shiqmāh)、桑の実というけれど、イチジクに近い。重要な食べ物です。「然るにエホバ(ヤハヴェ)羊に従う所より」、私が羊飼いしている場所から、私をつかまえて、預言者になれという。これは預言者のイニシエーション、一種の儀式です。突然そういうことが起こった。預言者についてのイスラエルの古い伝統的考えによると、非常に珍しい事件です。初期にはこういうことは絶対になかった。初期の預言者は、さっきも申しましたように、世襲的な、ほとんどギルドに近い集団をなしていた。アモスの場合は、これとはまったく違う個人的預言者の誕生です。

アモスのような個人的預言者の立場をもっとよく理解するために、初期の集団的預言者がどんなことをやっていたか、ちょっと観察してみましょう。初期の預言現象の第一の特徴は、それがダンスと音楽に密接に結びついていることです。集団的ダンスと音楽で互いに刺激し合って恍惚状態、忘我の境に入る。体のリズミカルな動き、太鼓の音、そして神の名を呼び続ける。いわゆる踊る宗教によく似ていますね、初期のイスラエルの預言は。

このイスラエル宗教史初期の預言現象の実態に関しては、『旧約聖書』「サムエル前書」に、サウルとダヴィデの感動的な物語があります。第一八章、大変有名な説話なので、多分、お読みになった方もおありのことと思いますが。

次の日、神より出でたる悪鬼、サウルにのぞみて、サウル家の中にて預言したり。次の日神から発出した悪鬼(原文 rūaḥ rāʿāh「悪い霊気」)がサウルに襲いかかって彼の身体に乗り移り、その結果、サウルは家の中で「預言したり」、さきほどお話した例のヒスナッベー(hithnabbēʾ)です。直訳して「預言したり」となっていますけれど、このままでは誤訳になってしまう。普通に我々が考えるような意味で「預言」したのじゃないのです。「預言したり」なんていうと、まるで予言したみたいでしょう。そうじゃない。自我意識のコントロールを失って荒れ狂ったということです。家の中で狂乱状態に陥った。それがヒスナッベーです。

ちょうどその時ダヴィデは壁にもたれて琴を弾いていた。狂乱状態に陥っていたサウルは、たまたま手にもっていた投げ槍を振り上げて……日本語訳を読みますと、

ダヴィデを壁に刺し通さんとてその投げ槍をさし上げしが、ダヴィデ二度まで身をかわしてサウルを避けたり。

あやうく刺し通されそうになったが、身をかわして二度逃げた。なにしろ相手がわれを失って一時的な狂乱状態に陥っているのだから、あぶない。ヒスナッベーの状態になると、こんなことをやるのです。

その頃、カナンの地には、「バール」といいましていろいろ邪神をたくさん祀っていた。その邪神の神官たちは、みんなヒスナッベー的能力をもっていたのです。この状態に陥ると、

彼らは剣やナイフでもって自分の体を傷つけたといわれています。後世イスラームのスーフィズムのある集団でも、これに類する集団的憑神現象が見られますが、イスラームだけではなく、インドにも、其他の国々にもあります。

このようなヒスナッペーの現象を背景に考えてごらんになると、イスラエルの宗教発展史初期の預言が、我々の常識的に理解している「預言」と非常に違ったものであることがよくおわかりになりましょう。特にここで注意していただきたいのは、この種の「預言」現象が、「啓示」(revelation)とはおよそ関係の薄いものだということです。勿論、こういう憑神的脱魂状態に陥ることそれ自体が一種の啓示だといえばそれまでですが、それにしても、神からコトバを受け取るわけでも何でもない。神的言語現象、つまり神がひそかに人間に語りかけるという意味での啓示ではないのです。

ところが、それが後期になって、さっき読んだアモスとか、そのほかエレミヤとかイザヤとかになると、預言の内容が根本的に変わってきます。ただわれを忘れて狂乱状態に陥るのじゃなくて、正気を失った状態で異常なヴィジョンを見たり、異常なコトバを受けとったりするようになる。

そうなるとはじめて、本来的意味での「啓示」が起こってくるのです。自分の内部からではなく、自分の外からくる不思議な力にとらえられて、意識がふだんとは違った次元で働き出す。日常的な次元でないところで意識が異常な働きを始める。思いもかけないコトバを預言者は語りだす。それも一種の狂乱状態であり、ヒスナッペーではあるけれども、この場合、外から働きかけてくる霊的エネルギーが神のコトバだというところに特徴があり、預言者はそれを自分ではっきり意識している。

同じ『旧約聖書』でも、後期の預言者たちの出現とともに、預言現象の性格と形態がこんなふうに変わってくるのです。たんに神霊的なものが、突然人間に臨んで、彼を憑神状態に陥らせるのではなくて、それは彼の深層意識に働きかけ、日常的意識では絶対に見ることのできないヴィジョンを見せ、聞くことのできないコトバを聞かせる。それが啓示です。一言でいえば、不可視の世界からメッセージがやってくる。そのメッセージが、今度は預言者の口から人間のコトバとなって流れ出る。我々はアラビアの預言者ムハンマドに、まさにこういう状態で出合うのです。ですから、『旧約聖書』でいいますと、イスラームの預言者ムハンマドは、後期の預言者の系列につながっている。前期じゃない。アラビア語で nabī とは、神のコトバを伝達する人、不可視の世界の情報を伝える人という意味です。

イスラームの預言者ムハンマドを、このように、イスラエルの預言者たちと結び付けて考えた場合、ぜひ注意しておかなくてはならないことがあります。第一に、『旧約聖書』の後期の預言者たちは、神の啓示を受けてそれをまわりの人々に伝える点では、ムハンマドと同じだけれども、その啓示、あるいはコミュニケーションの内容が、もっぱら未来に向かい、未来にかかわっているという点で、イスラームの啓示と根本的に違っています。自分の聞いた神のコトバ、あるいは自分の見た神的ヴィジョンを通じて、イスラエルの預言者は未来に起こることを前もって知る。彼は未来を予見する。それが預言者たるものの第一の条件です。遠い、あるいは近い将来に起ころうとしていることを知り、それを人々に告げ知らせる、それが預言者の務めです。だから、この意味で、イスラエルの預言は文字通り予言であり、「預言者」は字義そのままの prophet「前もって言う人」なのです。

『旧約』の預言のもう一つの顕著な特徴は、神的メッセージの性質上、それが人間の現状にたいして批判的立場を取るというところにあります。仮借なき現実批判。もっとも、『旧約』的「預言」本来の機能としては、未来に起こるべき事件、事態を予見することが第一義的なことなのであって、社会批判はあくまで第二次的機能にすぎません。しかし、預言者の予見する未来の事態は、たいてい悪いこと、望ましくないことだった。悪い事態がなぜ起ころうとしているのかというと、現在の人間、現在の社会が悪いからである。とすれば、未来に生起すべきことは人間の現状に直結しているわけでして、未来を語ることが、どうしても現在を批判することにならざるをえない。つまり、この時代のイスラエルの預言者たちは、今の社会文明評論家みたいな役をしていたのです。非常に峻厳な道徳的、倫理的な基準でもって現代を裁く。強烈な倫理性が『旧約』の預言者の大きな特徴です。

けれど、いまも申しましたように、第一義的には未来に起こるべきことをまざまざとヴィジョンで見る、あるいはコトバで聞くこと、それが預言なのです。この場合、未来に起こるべきことというのは、たいてい、イスラエル民族にとっての歴史的大事件であることも特徴的です。例えばイスラエルという国はこれからどうなるだろうかとか、エルサレムの神殿がいつ、誰に、どうやって、何が原因で破壊されるのかとか、あるいはユダヤ人はいつどうやってバビロンに連れていかれるのかとか、そんな歴史的事件を予見し、予言する。いわゆる本当の予言です。

　これに反して、イスラームの預言者ムハンマドの場合は、未来に関する予言というものは一切ありません。アラビアが今後どうなるだろうとか、メッカの神殿は破壊されるだろうとか、そんな歴史的事件をムハンマドは一切予言しない。未来に起こるべきことを予言しないし、またしようと思ってもできないと彼は自分で公言している。未来はただ神のみ知り給う、と。これが『旧約聖書』の預言概念と『コーラン』的預言概念とが、相互に非常に共通点が多いにもかかわらず、著しく違うところなのです。イスラームの預言者が未来の歴史的事件を予言しないということが。

　それから『旧約聖書』の預言者の場合には第二次的であった現実批判、人間の倫理的な現実批判ということが、『コーラン』の預言者の場合には第一次的となる。それが大変大きな違いです。

　イスラームの預言者は、未来のことには一切関わらない、と今申しましたが、そうなりますと、当然、次のような疑問が起こってくると思います。このあいだから二、三回にわたってお話した終末論的ヴィジョンはそれでは、どうなんだろう、と。テクストをご一緒に読みましたね、天国と地獄、天地の最後の時がきて、人間が復活し、墓から出てきて、最後の審判の場所に引き出され、神の審判を受けて、判決に従って地獄に落ちたり天国に入ったりする。その光景がまざまざとヴィジョンで描き出されている。あれは未来図ではないのか。未来の事件の予言ではないのか、と。

考えてみれば、世界の終末とかなんとかいうのは、たしかに、これから起こるはずのことだからある意味では未来に起こることです。だが、これは現実の歴史的事件の予言じゃない。エルサレムが何年何月に陥落して、ユダヤ人がバビロンにいつ連れていかれるかというような歴史的事件の予言とはまったく性質が違う。人間が墓から呼び出されて、審きの庭に引き出され、地獄や天国に行くだろうなどということは、いくらヴィジョンがはっきりしていても、これは歴史的事件の予言じゃなくて、超歴史的な事件の描写です。というより、ある種の強烈な実存的感覚の形象的自己表現なのです。天地の終末、死者の復活、最後の審判、天国と地獄、この一連の終末論的事件——それを見ている意識は現実的、日常的意識ではない。我々が今こうして生きている具体的な現実のまま未来の方向に延ばしていって、その先端にこれらの事件を予見するというようなことではない。それとは意識の次元が違う。異次元の意識に生起する超現実的存在感覚の顕現なのです。

歴史的時間とはまったく違う別の次元の時間の地平に現われる事象なのですから、終末論的な出来事は、すべて「歴史的《ヒストリカル》」な事件ではなくて、「メタ・ヒストリカル」な事件です。今、仮りに、歴史的時間の流れを、一方向的に流れていく一線であらわすとしますと、その線があるところまで来て急に途絶え、終末の日がきて、死者たちが復活し、審判が起こって、その線の続きがすぐにこんどは彼岸的な世界の時間になる、というようなことじゃない。終末まで来たら、そこで歴史的時間とその存在秩序は完全に断絶し、こんどはまるで別の次元に、異次元の時間が、異次元的存在秩序を伴って流れだすのです。同じ一つの時の線が、ここまでは歴史的、ここからは超歴史的《メタ・ヒストリカル》というふうに、終末の日を境として性質を変えるのではない。あるまったく違う存在秩序が、まったく違う次元に生起し始める、それが「終末」の内的構造です。従って、終末論的事件のヴィジョンは、歴史的事件――それがどんなに異常なものであれ――の予言ではありません。少くともイスラーム的見地からすると、それは予言ではないのです。

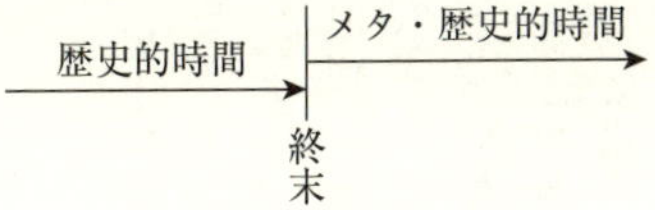

ここで、今まで申し上げてきたことを一応結論的に綜括しておきましょう。『旧約聖書』の預言者と、イスラームの預言者とは、同じセム民族のセム的宗教精神の現象であって、多くの点で同性質、同傾向でありますけれども、根本的に違うところは、未来の歴史的事件を予言するか予言しないかということにある。両者に共通する最も顕著な特徴は、峻烈な倫理性。つまり、ユダヤ教もイスラームも、ともに倫理的、道徳的宗教です。そして、この倫理性は激しい人間の現実批判となって現われます。但し、そこにも一つの違いがある。『旧約聖書』においては、預言者に関するかぎり、この倫理的道徳性は第二次的特質であって、第一次的には「預言」は「予言」、つまり、未来に起こるべき事件を予知し予言するほうが先にくる。これに反して、イスラームの場合には、

倫理的見地に立って仮借なき現実批判が第一次的なのです。

以上のほかにもう一つ、『旧約聖書』と『コーラン』とのあいだには実に顕著な共通点がある。それは神と預言者との人間的な近しさ、親密さ――英語で personal intimacy なんていいますね――です。これは同じセム民族の宗教でも、ほかにあまりないことです。例えば『旧約』の歴史的先行者であるバビロニア、アッシリアの宗教は、同じセム民族の宗教ですが、パーソナル・インティマシーに基づく神と預言者の結び付きなんていうことはそこではぜんぜん考えられない。『旧約聖書』とイスラームにだけは共通してそれがある。

神と預言者。これは非常に特殊な人格的交流関係です。神と預言者を両端として、そのあいだに親密な霊的交流の磁場ができ上がる。一度でき上ると、この交流の磁場は不断に両者を包み込んで、人と神とを存在の不思議な次元で出合わせるのです。両者の交流から発出するエネルギーはときどき、突然、顕在化し、感覚的経験の形で現われてきます。顕在化の一つはヴィジョン、もう一つはコトバ。

ヴィジョンの場合には、『旧約聖書』では「エゼキエル書」がいちばん特徴的です。ご存知でしょう、いわゆる「黙示録」。預言者エゼキエルが黙示録的なヴィジョンを見る。見たヴィジョンを彼はコトバで描く。「エゼキエル書」はその記録です。ヒスナッペーの状態に入った預言者がどんな不思議なヴィジョン体験をするか、「エゼキエル書」を読むと、それがよくわかります。

もう一つのほう、つまりヴィジョンではなくてコトバによる神人交流の顕現のほうは、神のコトバがそのまま預言者に聞こえてくるのです。それを「啓示」という。アラビア語で「ワヒイ」(waḥy)。神の語りかけるコトバが、預言者の深層意識に響いてくる、そういうコトバが waḥy です。

預言者のなかには、聴覚型と視覚型とがあります。が、ムハンマドは明らかに聴覚型の預言者です。もっとも、彼がヴィジョンを全然見なかったわけではない。特に「聖伝集《ハディース》」といって彼の言行を記録した書物などを見ますと、強烈なヴィジョン体験が彼にもあったということが出ております。『コーラン』の場合にも出ています。それをひとつ調べてみましょう。第五三章、「星」。ここに二つの有名なヴィジョンが記録されています。

沈み行く星にかけて……(「かけて」という誓言形式の表現はもうおわかりですね)。お前たち(メッカのアラビア人)の仲間(つまりムハンマド)は迷っているのでもない、間違っているのでもない(これは、ムハンマドは迷っているんだ、間違っているんだと批判する人がたくさんいたものですから、それにたいする応答です)。いいかげんな思惑で喋っているのでもない。あれはみな啓示されるお告げであるぞ(さっきご説明したような意味での「啓示」、神のコトバそのものを伝えているだけなのだ、という)。

そもそも彼に(啓示というものを)教えたのは恐ろしい力の持主、

ここで、ちょっと一言。「恐ろしい力の持主」という謎めいた表現を私は割註で説明して「天使ガブリエル」と書いておきましたが、これはイスラームの常識に従ったまでのでして、学問的には絶対確実というわけではありません。天使ガブリエルかどうかわからないのです。普通、イスラームでは、ガブリエルのことだとされております。

(天使ガブリエルは)智力衆にすぐれたお方。そのお姿がありありと遙かに高い地平の彼方に現われ、と見るまにするすると下りて近づき、その近さほぼ弓二つ、

「弓二つ」というのは、普通の解釈では、弓矢の有効射程距離をだいたい三百メートルとして、六百メートルぐらいまで近くきたという意味とされています。あるいは、弓をほんとに二つならべたぐらい近くへきたというのかもしれません。

いやそれよりもっと近かったか。

かくて僕《しもべ》(預言者ムハンマド)にお告げの旨を告げたのであった。

しかと己れの目で見たものをなんで心が詐《いつわ》れるものか。彼がしかと見たものを、お前たちはああだこうだと文句つけるつもりか(第一節—一二節)。

メッカの無信仰のアラブたちに向かって神様がこういっておられる。ある時、ムハンマドに、遙かに遠い地平の彼方に不思議なもののお姿が見えた。何やら神々しいものの姿が見えたのです。「智力衆にすぐれたお方」「恐ろしい力の持主」というんですから、神々しさのあまり、ひれ伏さなければならないような異様な者の姿が地平の彼方に見えたというのです。ヴィジョンです。エゼキエルのヴィジョンにちょっと近い。エゼキエルとくらべたら、まるでもう比較にならないほど小規模ですけれども。ともかくそういうヴィジョンを見た。そのヴィジョンに現われたお方が、ムハンマドに啓示というものを教えた、つまり、啓示を与えた、と

いうのです。それが普通の解釈では、ガブリエルだったということになっている。だが、もっと古い解釈では、神そのものだったという説もあります。とにかく、はっきりはわからないのです。それがもし神だったとすると、ムハンマドは直接神のお姿を見たことになる。これはイスラームの常識では考えられないことです。イスラームの常識では、神というものはどんな人でも、たとえ預言者でも、直接に目で見ることはできない。ですから天使ガブリエル、ということになっている。でも、もともとは本当に神を見たというのかもしれません。それだと、神様を人間が肉眼で見たことになってしまいますね、地平の彼方に神々しいそのお姿を。イスラームの常識では、それは困ることです。天使としておけば、間違いがない。

　今読んだ個所の続きに、もう一つ別なヴィジョンが記録されています。

　　そう言えば、もう一度お姿を拝したことがあった(ここでも天使ガブリエルと註をつけておりますが、これも常識的な解釈です)。(天の)涯なる聖木《シドラ》のところであった(この木は、よく宇宙樹などといって、シャーマニズムによく出てきます。宇宙のまん中に、宇宙の枢軸として聖なる木が立っている)。すぐそばには終《つい》の住居の楽園があった。聖木の葉かげがこんもりと覆うところ。目はじっと吸いつけられたよう、さりとて度を過ぎて不躾《ぶしつ》けに眺めはしなかった。あのとき眺めたのは主のお徴《しるし》の中でも最高のもの(第一三—一八節)。

ムハンマドは、宇宙の果ての聖なる木のところで神々しい方のお姿を見たという。葉がこんもり繁っているところ。目は吸いつけられたように見ていた。だが不躾けにジロジロ眺めはしなかったと。こんなことをわざわざ注意する、それがアラブ的とでもいうんでしょうね。

とにかく、やはり異常なヴィジョンです。但しここでも、神を見たのか、天使ガブリエルを見たのか、よくわからない。イスラームの伝統的解釈では、勿論、天使ガブリエルのお姿だということになっています。

ところで、この「天の涯なるシドラ」というコトバ。シドラ(sidrah)は英語では lotus-tree、フランス語では jujubier などと訳しています。聖なるナツメの木。まあ、なんの木でもいい、要するに世界樹、宇宙樹。どこでもよく出てきます。神話的世界像で、世界の中心をなしている木です。『コーラン』にはこれ以上のインフォーメーションがありませんけれど、イスラームの伝承文学では、さかんにこのシドラが出てきます。物語的にも非常に面白い主題なので、アラビア人の想像力を刺激しまして、この木はいろいろに描かれています。

そのなかの一つをご紹介しますと、この木の枝は真珠、ルビー、ダイヤモンドで、神様のお坐りになる玉座の右側にある。右というのは祝福された側です。このあいだ言いましたね。そして第七天の上に生えている木だという。枝もたわわに、えもいわれぬ甘い実がなっている。(アラブの場合には、もうどうしても甘い実が欲しい)。その葉は、それのただの一枚でも地上に落ちてきたら、全世界が明るく照らし出されてしまうほど明るい。そしてこの木の大きさが、これまた普通の巨木なんていうものじゃない。その回りを騎手が馬を全速力で、ギャロップで走らせても、走りきらないうちに老人になってしまうというんですから、ものすごい。そういう木が生えているのです。そしてこの木の幹から二つの泉が出ている。一つはサルサビールの泉(Salsabīl)、これは天国の飲み物のなかでいちばんおいしい水の源。もう一つ

です。

く見せてくれる個所です。実は前にも読んだかもしれないのですが、もう一度。天国の描写

わりのないことですが、読んでみましょう。『コーラン』における終末論の明るい側面をよ

サルサビールのほうは、第七六章、第一一節に出てきます。我々の当面の主題には直接関

はカウサル(Kauthar)。

されば、アッラーも、必ずや彼ら(現世で信仰深く、行い正しかった人たち)をその日(終末と審判の日)の禍いから守って下さろう。そして明るい喜びの気持を与え、長い間の辛抱の褒美に楽園と絹(の衣)を授けて下さろう。

みな、そこ(楽園)で臥牀にゆったり身をのばす。そこではもう灼けつく太陽にも、凍る寒気にも襲われずにすむ(アラビアで寒気とはおかしいと思われるかもしれないけれど、砂漠の夜の寒気はものすごいのです)。木蔭は低く頭上を蔽い、房なす果実は身を垂れて取り放題(これはオアシスの状況です)。

一座にまわる白銀の水差しとたけ高の盃、見ればこれは見事な玻璃《はり》づくり。いや、実はそれがぴったり量ってつくった銀の玻璃の盃。

そこでは生薑《しょうが》をほどよく混ぜた盃がまわる。(いまでもアラビアではショウガ茶をよく飲みます。実においしいのです。お砂糖を入れたショウガ湯です)。サルサビールと呼ぶあそこの泉の水で。

お酌してまわるお小姓たちは永遠の若人、(その美しいこと)あたり一面まき散らした真

珠かとまごうばかり。これを見たら(真の)幸福、偉大なる神の国とはいかなるものかとしみじみさとることであろう。

こういうふうに天国が描写される。そのなかで、サルサビールの水を沸かし、それにショウガを混ぜ、お砂糖を入れた——とまでは書いていないけれど、おそらくお砂糖は入っているでしょう——飲み物が出される。最高の天国の飲み物です。これはお酒だという人もあります。サルサビールの泉から湧き出す水は、本当は水じゃなくて、お酒だ、と。これは酒飲みの人の意見。だけど、飲んでも酔わないという。ご承知のとおり、イスラームでは、人を酔わせる飲物は一切飲むことがかたく禁止されている。宗教法でそう規定されているのです。それはともかくとして、サルサビールの水は、酒であるにしても全然人を酔わせない、そういうすばらしい泉がこのシドラの幹から出ているのです。不思議な木です。

サルサビールの説明で道草を食ってしまいましたが、我々の本題とするところとしては、サルサビールや天国が問題なのじゃなくて、ヴィジョンが問題なのです。見神体験、あるいはそれに近いヴィジョンがムハンマドにもあったということ。しかし預言者ムハンマドの預言者性において、いちばん重要な働きをなしたのは、ヴィジョンではなくて、むしろコトバだったのです。神のコトバを聞く。どんな形で神のコトバが彼のところへやってきたか、つまり、彼がどんなふうに「啓示」を受けたかを、次回、このセミナーの最終回に詳しくお話いたします。

第十講　啓示と預言

いよいよ今日は最終回です。皆さんよく辛抱して聞いてくださいました。十回というのはなかなか大変でしたでしょう。でも、何かしら得るところがあったと感じていただければ、私としては幸いです。

なにしろはじめに計画したよりもずっと、お喋りしすぎてしまいまして、十回話してもまだほんの入口みたいなものです。申し訳ありません。けれども、とにかくこれで古典を読むということのひとつのやり方が、なんとかおわかりいただければいいと思っています。

今日はこのあいだお約束しましたように、最初の一時間でいちおうこの「開扉」の章を全部読み終えまして、二時間目にはこのあいだいただきましたご質問にお答えするということにします。質問というのですけれども、皆さんあまり質問なさらなかったのですね。結局は、私信みたいなのが多い。ですからお答えするほうでも、うっかりすると個人的なご返事みたいになってしまう。たとえば、あなたはどんな生活をしていますかとか、あなたはいろんなコトバを勉強したらしいけれども、どうやって勉強しましたかとか。『コーラン』だけに限定してくださいとお願いしておいたつもりなのですけれども、なかなか聞き入れてはいただけなかったようです。

このあいだは「開扉」の章のまん中あたりまで読みました。

汝をこそ我らはあがめまつる、汝にこそ救いを求めまつる。

「汝にこそ救いを求めまつる」――レトリック的にいいますと、ごく普通の叙述的な文章の形をとった表現ですけれど、この底にある存在感覚みたいなものまで探ってみると、「汝に救いを求めまつる」といっても、ただ「お助けください」と言っているんじゃない。実存の暗闇のなかから、深刻な魂の叫びとして、こういうコトバが出てくるのだということがわかっていただきたかったのです。それをご説明するために、私は「存在の夜」という表現を使いました。文目《あやめ》もわかぬ暗い世界。混沌とした、呪術的なエネルギーに満ち満ちて、そういう危険なエネルギーが流れている世界のまっただなかに投げ込まれた人間が、自分ではどうにもしようがなくなって、「汝にこそ救いを求めまつる」と神様に愁訴している。救いを求めるという、この感覚がはっきりつかめないといけないのです。

それで、このあいだは預言者の話をし始めました。元来『コーラン』は啓示の書ですから、結局、啓示を受けた預言者というのはどんな人間かということ、あるいは社会的にどんな位置にあるのかということがわかっていなくては、『コーラン』を読んでもぜんぜんわけがわからないということになってしまいます。

まず第一に、「汝に救いを求めまつる」というコトバが出てくる暗い存在感覚の世界、いま申しました「存在の夜」とでもいうべき不気味な世界、そういう世界のなかで、はじめて預言ということが成立するのである、ということにご注目願いたいと思います。『コーラン』でいちばん大事なこと、というよりすべての中心点、『コーラン』の原点に当たるものがいまいいましたように預言なのですけれど、預言というこの特殊な精神現象が、存在の夜においてはじめて現われてくる、そうでなければ預言などというものがあれだけの迫力をもつはずがないということをわかっていただきたい。その二つの観点から、つまり一つには預言が『コーラン』の原点であるということと、もう一つはそれが「汝に救いを求めまつる」という叫びの底にひそんでいる暗い存在感覚の一つの現われであるということ、この二つの観点から預言についてお話して今回のセミナーを終わろうというわけなのです。

24 啓示の構造

預言については、このあいだだいぶお話しました。テクストも読みました。このあいだ読みましたテクストは、預言者ムハンマドが一種のヴィジョナリー、つまりヴィジョンを見る人、であったということを示す部分だったのですが、実は、前にもちょっと申し上げたかもしれませんが、『コーラン』においては、あるいはイスラームの啓示においては、預言者がヴィジョンを見るということよりも、神のコトバを聞くということのほうが、はるかに重大な役割を果たしております。ですからムハンマドは視覚的な預言者であるよりも、むしろ、聴覚的な預言者だったといってもいいと思います、無理に分類すれば。

もういままでずいぶん終末論のところを読みましたでしょう。啓示の初期に当たる部分ですね。その頃の啓示が著しくヴィジョン的であるということは、皆さんもうおわかりですね。初期の啓示テクストには強烈なヴィジョンが描かれています。終末の日、復活、それから最後の審判、天国と地獄、一括してこれを黙示録的なヴィジョンといってもいいと思うのですが、その種のヴィジョンは『コーラン』に満ち満ちている。けれども、これは預言者ムハンマドがそういうヴィジョンを自分でありありと見たというのじゃない。そこが大事なところです。つまり、ムハンマドの心眼(あるいは肉眼)に映った異常なヴィジョンが描かれているのではなくて、それを描き出しているのは、無理にいえば、神様なのです。神が神のヴィジョンを描いているのです。ムハンマドがそういうヴィジョンを見て、自分が見たヴィジョンを自分のコトバで描いているというのではない。終末論的、黙示録的光景を描く神のコトバを聞いているのです。但し、この前読んだ二つのヴィジョンだけは別です。あれはムハンマドが見たヴィジョンを描いたものですから、ムハンマドのヴィジョンの記録です。しかし、そのほかの、初期のテクストを満たしている強烈な黙示録的ヴィジョンは、ムハンマドが見たままの光景を描いたのじゃなくて、いわば神自身の意識に生じたヴィジョンを神が描いている。その神のコトバをムハンマドは、ただ耳で聞いているだけなのです。

ところで、いま神のコトバと申しましたが、それは一体どんなコトバだったのか。『コーラン』がアラビア語で書かれていることは皆様ご承知のとおりです。つまりアラビア語で啓示が下ったわけですが、それでは神のコトバは、もともとアラビア語だったのかということ、それが問題です。結論を先に申しますと、それはアラビア語ではなくて、「神のコトバ」だった。つまり、具体的にどんなコトバだかは誰にもわからないのです。それがアラブ民族にムハンマドというアラブの預言者を通じて伝達されたときにアラビア語になった、アラビア語として啓示されたということであって、「神のコトバ」が神のもとで、原初的にアラビア語だったということではない。ただアラブが非常に誇りとしていることは、神が、人間にたいする語りかけのコトバとしてアラビア語という言語を選んだということなのです。

神のもとから、何語だか知らないけれども、永遠のコトバで書かれているものを、アラビア語にしながら。――今のコトバでいえば、アラビア語に翻訳しながら――ムハンマドに伝えたのは誰だったのか。啓示についての普通の考え方でいきますと、神が直接語りかけたということになるのでしょうが、イスラーム本来の考え方では、天使ガブリエルが、仲介者として、神のコトバを預言者のところへもってくるということになっている。普通のコミュニケーションと違って第三者が入っているのです。

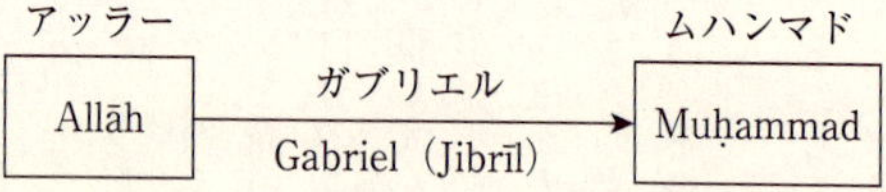

図示するまでもないと思いますが、ここ(左端)にアッラーがあるとしますと、そのコトバがムハンマド(右端)に伝わってくる。それが直接じゃなくて、第三者を通じて行われる。そ

れが天使ガブリエルである、という考えです。アラビア語でジブリール(Jibrīl)といいます。ですから、これは普通の言語のように話し手と聞き手だけの問題ではなく、そのあいだに仲介者、第三項が入ってくる。三項関係のパロール構造です。二項関係じゃない。

啓示を受け始めた最初の頃は、ムハンマドは、啓示が下るたびにガブリエルの姿を見たといわれておりますが、これが実は、どうもはっきりしない。ムハンマドは本当に天使ガブリエルを見たのか。たしかになにか不思議なものの姿が現われたという印象だったけれども、それがガブリエルなのかどうか、彼自身もあんまり自信はなかったのですね。それがだんだんと、これはガブリエルに違いないということになってきたのです。

ともかくも、はじめのうちは、ガブリエルらしきものとの強烈な出合いがあったわけなのです。それが『コーラン』では、もうはじめに読みましたね、第九六章「凝血」。非常に有名な章句です。

誦め、「創造主《つくりぬし》なる主の御名において。
いとも小さき凝血から人間をば創りなし給う。」

「誦め」、つまり「唱えよ」という、これこそムハンマドがそもそも最初に受けた啓示のコトバの記録。年代的に申しますと、西暦六一〇年のことだといわれています。もっとも、これは伝承であって、絶対確実というわけではありません。とにかくイスラームの伝承では、西暦六一〇年にこのコトバ、この啓示を受けた。それから約三年たって六一三年ころから、メッカにおけるムハンマドの預言者としての活動が始まったということになっているのです。

第一回目にお話しましたように『コーラン』というものは一度に全部そのまま啓示されたのではなくて、二十年かかって次つぎに断片的に出てきたもので、これが全啓示の一番最初のコトバだったというのです。

その辺の詳しい事情については、『コーラン』だけ見ていてはわかりません。どうしても「ハディース」に頼らざるをえない。「ハディース」というのはイスラームの聖伝承です、私の『イスラーム文化』など読んでくだされればおわかりになります。ここではあまり詳しく説明している暇はもうなくなってしまいました。とにかく、預言者ムハンマドが言ったこと、したこと、特に言わなかったこと、しなかったことなどを信徒の記憶するままに細大洩らさず記録したものです。それが『コーラン』と同じぐらいの宗教的権威をもって伝わってきている。それを「ハディース」と申します。『コーラン』の初期の啓示は叙述が詩的、象徴的で、あまりに短いので、「ハディース」によっていろいろ補わなければならないのです。『コーラン』だけでは内容がわからない。

そこで、今問題にしている最初の啓示を、「ハディース」によって補ってみますと、大体次のようなことがわかってきます。預言者ムハンマドがヒラー(Hirā')山の洞窟にお籠りしていた時のこと。ヒラーというのはよく出てきますが、メッカの町の郊外あたりにある山。山といってもあまり大きくはないのですが、そこに洞窟がある。昔から修行者が、とくにキリストの修行者だと思いますが、お籠りしていた場所なんです。そこへ、ムハンマドも四十歳近くなってくると時々、いくようになるのです。なんとなく精神的に不安になってきて、お籠りするんですね。そのヒラー山で例のとおりお籠りしていると、ある日突然、天使が現われたというのです。ある有名な「ハディース」には「天使」と書いてあります。だけど、これがガブリエルかどうかはわからない。ジブリールとは書いていない。ただ「天使」と書いてあるだけです。しかし、後世の聖典解釈学は、もう当然のことのように、これはガブリエルを指すのだとしております。ともかく天使が現われて来て、突然ムハンマドに「誦め」と言ったという。「誦め《イクラア》」('iqra')。これが第九六章の最初の一語、「誦め」なのですね。

天使が「誦め」と言う。ムハンマドは「私は誦めません」と答えた。これもまた非常に有名なコトバです。この答が非常に有名になったというのは、この発言がもとになって、イスラームの預言者ムハンマドは文字を知らなかったということになったからです。つまり、学問がなかった、読み書きできない人だった、という。これも実は根拠がないのです、本当は。けれど、イスラームの宗教的立場としては、そういうことになっている。文字も読めない、読み書きできないなら、『旧約聖書』や『新約聖書』を自分で読んで勉強して、それにならって『コーラン』という偽物をつくったという非難は当たらないことになる。読み書きできないということは、そういう一種の護教的な考え方も働いているのです。読み書きできないのに、あんな立派なアラビア語を語るということは、神の力がなければできなかったろう、という考え方なのです。ともかくも、天使が突然現われて「誦め」と命じた。ムハンマドは「私は誦めません」と答えた。

そうすると――ここから「ハディース」の原文をちょっと訳してみます――天使は私（ム

ハンマド)をむんずとつかまえて胸を締め上げた。私は苦しくて死にそうになった。天使は手を離して、また「誦め」と言った。私はまた「誦めません」と答えた。すると天使はまた私をつかまえて締め上げた。私はまた死にそうになった。同じことが三べん繰り返された、と。

そのあとで、ぐったりしたムハンマドに向かって天使は、この第九六章のはじめの「創造主なる主の御名において。いとも小さい凝血から人間をば創りなし給う。……」というコトバを誦んで聞かせた。切羽詰まったムハンマドは、仕方なく耳で聞いたとおりに、それを繰り返したというのです。それがこの個所に記録されているので、これが『コーラン』の啓示のそもそもの始まりだった、という説です。

いったい二十年も長くかかった『コーラン』の啓示のどの章句が最初だったのかということは非常にむずかしい問題です。今お話したのが一番有力な説ですが、これとは別にもう一つ説がある。第七四章「外衣に身を包んだ男」——さっきの第九六章じゃなくて、この第七四章こそそもそも最初の啓示だったという説です。「外衣に身を包んだ男」、つまり着物を頭からすっぽりかぶって縮みこんでいる男。勿論、ムハンマドのことです。そんな状態にあるムハンマドに天使が呼びかける。

これ、外衣にすっぽりくるまったそこな者、さ、起きて警告せい。己が主はこれを讃えまつれ。己が衣はこれを浄めよ。穢れはこれを避けよ。

こういうふうにして最初の啓示が下ったというのです。

この「これ、外衣にすっぽりくるまったそこな者、さ、起きて警告せい」のアラビア語は、こうです。

Yā ayyuhā al-muddaththir
Qum fa-andhir

アラビア語をローマ字で書くとものすごく読みにくくなってしまうんですね。でも仕方がありません、アラビア文字で書いたらもっと読みにくいと思いますから。

Yā ayyuhā というのは「これ、そこな者」「これ」「おい」という呼びかけです。al- は定冠詞。muddaththir は「着物を頭からすっぽりかぶって縮こまっている男」のことです。qum は「立ち上がれ、という命令法。fa- は「その上で」、「そうしておいて」、つまり「立ち上がっておいて」ということ。andhir は「警告せよ」。このあいだお話したんですけれど、もうお忘れになったかもしれません。ムハンマドを通じて人々に伝えられる神のコトバには互いに正反対の二つの側面があって、一つは警告、すなわち威嚇、であり、もう一つは福音、すなわち喜びの便り。両方あったのです。初期の啓示は、ほとんどすべて警告です。福音ではない。つまり悪いことをしている連中に対する警告です。それを indhār という。andhir はその動詞の命令法、「警告せよ」。

このコトバをこれだけ読みますと、なんとなく最初の啓示に違いないというような感じがしないでもない。着物を頭からすっぽりかぶってすくんでいるそこな男よ、さあ、立ち上がって、人々に警告せよというのですから。「立て、警告せよ」——「立って」というコトバを「預言者として立ち上がって」という意味に取って、これが最初の召命体験だと、こう考えるわけです。だが、よく考えてみると、これはだいぶ問題です。「起きて警告せよ」と言ったからといって、必ずしも預言者として立ち上がれ、という意味であるとはかぎらない。うずくまっている人に向かって、立て、と命令しただけかもしれない。とにかく、さっき読んだ第九六章のほうが、むしろ一般に支持されております。ただ、私がこれをわざわざ読んだのは、「外衣にすっぽりくるまったそこな者」というコトバそのものに深い意味があるからなのです。これと全く同じ意味のコトバが、その前の第七三章「衣かぶる男」にも出てきます。これは前にも読んだと思いますが、

これ、すっぽりと衣ひっかぶったそこな者、

ここで実際に使われているアラビア語は、muddaththir とはちょっと違って、muzammil ですが、結局、意味は同じで、「衣をひっかぶった男」。いずれにしても、預言現象なるものの性質を理解するための重要な手がかりになるコトバです。

そもそも啓示ということは、神が預言者に語りかけるということなのですが、それを受ける預言者の側ではどんなことが起こるかというと、それは一つの、想像を絶する異常な内的事件として体験されるのです。それがあまりに異常な体験だから、当人は着物を頭からひっかぶって震えだしてしまう。この奇妙な行為、それを普通、通俗的な解釈では、恐怖のあまり、身を隠したのだ、と申します。しかもこの解釈には「ハディース」にちゃんと根拠がある。大変有名な「ハディース」ですから、ちょっと訳してお聞かせしましょう。ムハンマド自身のコトバです。

「私がある日歩いていると、突然、あのヒラー山上で（さっき申しましたね、お籠りしていたのです）見覚えのある天使が、玉座に座って、天と地のあいだに現われ出た。私は恐怖にかられて家に駈け込んで、ハディージャのところへ逃げ込んだ。」

ハディージャ（Khadījah）というのはそのころのムハンマドの奥さんです。ムハンマドが二十五歳のころ結婚した最初の妻で、そのときすでに四十歳ぐらい、年はとっていたが、すごい美人で大金持、気性が強くて竹を割ったような性質のすばらしい女性だったらしい。だから、この奥さんが生きているあいだは、さすがのムハンマドも二番目の奥さんを絶対もらわなかった。このハディージャの財力と、それから知恵とに助けられて彼は預言者として成功したといってもいいくらいなのです。何か事件があると、すぐハディージャのところへ飛び込んでいく。この時も、異様な天使の姿が空中に現われたから、恐怖にかられて家に飛び込んで、ハディージャに縋り付いた。「頭から着物をかぶせてくれ」と私は叫んだ、とムハンマド自身がこの「ハディース」のなかで言っております。

「ハディース」に、恐怖にかられてと書いてあるのですから、当然、ムハンマドはその時、恐怖のあまりそうしたんだということに、普通はなっています。けれど、これはごく常識的な解釈にすぎない。シャーマニズムなどを研究していらっしゃる方はすぐおわかりになると思いますが、着物を頭からひっかぶる、それは迫ってくる啓示、霊感を受けるための身構えなのです。あるいはまた、そういう異常な精神的興奮を引き起こすための準備です。地球上、いろいろなところで、いろいろな形で記録されている、ひろく知られた事実です。

ここで一つだけ例を挙げておきますと、『タルムード』(Talmūd)——中世ユダヤの聖なる書物、イスラームでいえば、ちょうど「ハディース」に当たるようなもの——にこういう記録があります。その大筋だけをちょっと訳してみます。

二人のラバイが「エゼキエル書」の天の車の幻について語っていた。天の車の幻、「エゼキエル書」、いちいちご説明している暇がないのが残念です。ともかく「エゼキエル書」というのは、『旧約聖書』のなかでも特に黙示録的なヴィジョンに満ちた重要な本です。そのなかに一つの有名なヴィジョンがある。エゼキエルが天に神の車を見るのですね、メルカーバー(mĕrkābhā)という語が使われています。メルカーバーは、アラビア語のマルカブ(markab)と同じで、いまなら汽車か何かでしょうけれど、車です。神の玉座を載せる神聖な車。その幻をエゼキエルが見る。

このメルカーバーのヴィジョンは非常に有名です。「メルカーバー神秘主義」という表現をお聞きになったことがおありですか。ショーレム(G. Scholem)の『ユダヤ神秘主義の主潮流』という本をお開きになると、最初の方に出てきます。メルカーバー・ミスティシズム。つまり、幻視的預言者エゼキエルの天の車のヴィジョンに基づいた神秘主義なのです。

それはとにかくとしまして、『タルムード』によりますと、二人のラバイが「エゼキエル書」の天の車の幻についてあるとき語り合っていた。その内容があまり神聖で秘教的《エソテリック》なので、彼らは人里離れたオリーブ畠に退き隠れ、身をひそめて、そこで語り合うことにした。ラバイのうちの一人は、自分の意識をエクスタシー、脱魂状態に引き入れるために、衣をすっぽり頭からかぶった。そう書いてあります。そうやって用意をととのえたそのラバイに、もう一人のラバイが、「エゼキエル書」の天の車の幻を描いたくだりを読んで聞かせる。読んでいるうちに突然、二人は火が天から下ってくるのを見た。火は見る見る天から下って、そこの畠のすべての木を取り囲み、燃え立つ火が「詩篇」一四八篇の第九節を歌い出した。「火よ、霰よ、雪よ、霧よ、御言葉に従う嵐よ、諸々の山、諸々の岡、実を結ぶ木々、すべての香柏よ、……、エホバを褒め讃えよ」と。そういうコトバを燃えている木が歌い出したというのです。そして炎々たる焰のなかから天使が語りかけてきた、と『タルムード』に記録されています。

つまり、一人が着物をすっぽり頭からひっかぶって小さく体を縮めて緊張させているのですね。そうすると不思議な意識状態になってヴィジョンが起こってくる。その人だけに起こるのじゃなくて、それがもう一人の人のほうにも伝染して、その人までそういうヴィジョンを見る。今日のコトバでいえば、要するに、異常心理現象の記録ですけれど、これを見てもわかるとおり、ムハンマドの場合でもすっぽり着物をひっかぶっているということは、啓示を受ける預言者の側の態度を描いているのです。

それでは、啓示を受けるムハンマドの側ではなくて、啓示そのものはどうやって下ってきたのか。それは『コーラン』には書いてないのでして、やはり、「ハディース」にだけ記録されている。「ハディース」を集めた本は幾つもありますが、なかでも最高の権威があると認められているものに、ブハーリー(Bukhārī)の『(ハディース)正伝集』というのがあります。

このブハーリーの書物の第一巻に、「啓示はいかにして下ったか」と題する興味深い章があって、啓示降下についての具体的な伝承がそこにたくさん記録されております。

この種の「ハディース」を伝える主な人物はアーイシャ（'Āishah）で、ムハンマドの愛妻です。ムハンマドがいちばん愛していた奥さん。この女性の膝に枕しながらムハンマドは最後の息を引きとったというくらいですから、いつも預言者の身近にいて、預言者の身に起こったことをいろいろ見ていたわけです。勿論、さっきお話したハディージャが死んでしまってからあとでもらった奥さんで、ずっと若い人。この人の伝承は非常に権威あるものとされています。今問題にしている啓示の下り方についても、最も主要なものは大抵アーイシャの証言です。それがブハーリーの『正伝集』第一巻に記録されて今日に残っているのです。

たとえば、その一節にこんなふうに書かれています。つぎに読みますのはアラビア語からの翻訳です。

誰かがムハンマドに尋ねます、「神の使徒よ、あなたにはどんなふうにして啓示が下るのですか」。預言者がつぎのように答えた。「時によると、啓示はベルの音のように私のところにやってくる。この形式の啓示がいちばん苦しい。だが、やがてそのベルの音が止み、フッと気がついてみると、それがコトバになって意識に残っている」というのです。訳すとだいたいそうなります。

「時によると、啓示はまるでベルの音のように」、ミスラ・サルサラティ・ル・ジャラス、mithla ṣalṣalat^{i} al-jaras$^{(i)}$.「ジャラス」というのはベルです。ごらんになったことありますか、駱駝などに大きなベルがぶら下げてありますね。駱駝が歩くとチャリンチャリンと音がする、あれです。「サルサラティ」というのはオノマトペア、擬音語です。日本だったら、サルサラというとさらさらと流れる水の音みたいですね。だけどアラビア人には鈴の音がサルサラと聞こえるらしい。我々なら、「ベルのチャリンチャリンという音」とでもいうところ。mithlaは「のように」の意。これはよく引用される有名な一節です。啓示、すなわち神の声はベルのチャリンチャリンという音のようにやってくる。このタイプの啓示が私にはいちばん苦しい、だけれども、そのベルの音が突然止んで、ハッと気がついてみると、その音がコトバに変じて意識のなかに残っている、そういうのが啓示のひとつの形式だという。

しかし、それだけではない。アーイシャの証言はまだもっと続くのです。「しかし、時とすると、天使が人間の姿で現われてきて、私に話しかけることがある。この場合は直接コトバの意味がわかる」。あるときはベルの音のように啓示がやってくることもあるが、あるときはコトバが直接聞こえてくることもある。すなわち、天使(ガブリエル)が人間の姿で現われてきて、私に話しかけることがある、この場合は直接コトバの意味がすっきりわかる、というのです。

アーイシャはそれに続けてこんな証言をしています。「啓示が彼(預言者)に下るところを、私は何べんもこの目で見てきた。凍てつくような寒い日でも、彼の額には玉の汗が流れていた」。これなんかずいぶんレアリスティックですね。いかに激烈な体験であったかということをよく物語っています。

ともかくこういう形で、神のコトバが異常な体験として預言者に下ってきた。こういう預言現象は、一体そのころのアラビアではどんなふうに見られていたのかと申しますと、異常現象には違いないけれども、本当に異常なのじゃなくて、実はむしろどこにでも見られる、よくある現象だったのです。

勿論、そうはいっても、ある特別の人々にしか起こらなかった現象なのですが、そういう特別な人の数がかなり多かった。その意味で、どこにでも見られる現象だった、と言ったのです。ここで特別の人々というのは二種類ありまして、一つは詩人、もう一つは巫者、つまりシャーマンです。アラビア語で詩人はシャーアイル(shāʿir)、巫者はカーヒン(kāhin)と申します。両方を総称して、よくマジュヌーン(majnūn)といいます。マジュヌーンというコトバ、お聞きになったことおありですか。例えば『ライラーとマジュヌーン物語』、日本語訳にもなっています。そのマジュヌーンは男の名前なのですけれども、元来は綽名です。マジュヌーンは正気を失った男、あまりにも烈しい恋のために気が狂ってしまった男なのです。

マジュヌーンという語はいまのアラビア語では、普通「気違い、狂人」の意味に使われていますが、本当の意味は「気違い」というのじゃなくて、「ジン(jinn)に憑かれた男」ということです。『千夜一夜』などによく出て来て活躍しますので、ご存知の方も多いと思いますが、ジンとは、悪霊あるいは妖精のたぐい。但し悪霊といっても悪ばかりするわけじゃなくて、善いこともする。とにかく、精霊のような存在です。マジュヌーンはそういうジンに乗り移られた人、憑かれた人という意味で、詩人と巫者とは、ともにジンに乗り移られた人なのです。

詩人や巫者はそのころさかんにアラビアに活躍していましたから、けっして珍しいものではなかったのですね。ですから、ムハンマドが啓示を受けて、預言者としての活動を始めると、たちまちこれは詩人じゃないか、巫者じゃないかという見方が出てきた。つまり啓示を一種のジン現象と考えたわけでして、当時のアラビア砂漠の人たちとしては、ごく自然の考え方だったのです。

当然のことながら、ムハンマドは自分が詩人と同一視されることを非常に嫌いました。自分が詩人の一種と見られることを嫌っただけじゃなくて、詩人そのものを嫌った。なぜかというと、詩人というのは非常に危険な人間だったからです。詩人は自分に取りついたジンを通じて超自然的な世界との交流、コミュニケーションがあるものですから、不可視界の事態を知っており、その特殊な知識を使って人間を動かす力がある。元来、shāʿir という語は、字義的には「知者」、すなわち不可視界のことを知っている人の意です。それに詩人のコトバには呪術的な力があると一般に信じられていた。だから詩人が真剣にコトバを使うと、非常に危険なものとされていた。この前お話したような暗い世界ではなおさらのことです。従ってまたイスラームとしては、有力な詩人が現われて、預言者に対抗したりされては困る。ですから、詩人に対しては警戒体制を敷いていた。もうあまりテクストを読む時間がありませんけれど、第二六章、第二二一節をごらんください。

これ、シェイターンに憑かれた人というのをお前たちに教えようか。

シェイターンというのはサタンです。ジンの大将ですから、シェイターンでもジンでも同じこと。ジンよりサタンのほうが一段上なだけです。

まず罪深い詐欺師はみな憑かれている。一心に聴き入っておる。だが大抵は贋物だ。これまではまあ、いいのですが、

次には詩人たち。あれ、迷わされた人間どもがぞろぞろ後について行く。お前、見たことはないか、彼ら(詩人たち)が谷間のあたりをさまよい歩いて、自分では決してやりもせぬことをやたらに口走っているところを。

「迷わされた人たちがぞろぞろ後について行く」というのですから、大変な勢力をもっていたことがわかります。詩人とは、このような精神的、霊的力をもっている人。この点で、預言者とまぎらわしい。だから、預言者が詩人を嫌うのも無理はありません。巫者を嫌うことも同様です。『コーラン』は、詩人や、巫者が、神の啓示を受ける預言者とは似て非なるものだということを機会あるたびに強調します。例えば第五二章、第二九節。

さ、みなを諭してやるがよい。汝(ムハンマド)は、神様のお恵みで、霊巫《かんなぎ》でもない、もの憑きでもない。

それとも、彼ら(つまり信仰しない人たち)が、「あれは詩人だよ。まあ、待って見ろ、そのうち運勢がぐらつき出そう」と言うのか。(そしたら)こう言い返してやれ、「いくらでも待っているがよい。こちらもお前たちと一緒に待って見よう」と。

もう一つ、第六九章、第三八節。

ここに厳かに誓言する、汝らの目に見えるものすべて、汝らの目に見えぬものすべてにかけて(誓う)。これ(『コーラン』)はいとも尊い使徒の言葉。決して詩人の言葉なぞではない。まことに、お前らの信仰は薄いもの(なぜかというと、預言者の言葉を詩人の言葉と混同しているから)。

これは巫者《みこ》の言葉でもない。まことに、お前らの反省は弱いもの(啓示を巫者の言葉と間違えるとは、反省力がない)。

かしこくも万有の主の下し給う天啓であるぞ。

いかに預言現象が詩人現象や巫者現象と混同されやすいものであったかということがよくわかります。イスラームはまず、預言現象がそういうものではない、と強く否定するところから始まったのです。

預言者については、まだまだ言うべきことが残っていますが、あまり時間がありませんから、今回はこのくらいで止めることにしましょう。預言者論としてはちょっと不完全になってしまいましたけれど、まあ、仕方ありません。

25　神の導きの二面性

それでいよいよ最後。これはもう結論で、とても簡単です。「開扉」の章の第五、六、七節。

願わくば我らを導いて正しき道を辿らしめ給え、
汝の御怒りを蒙《こうむ》る人々や、踏みまよう人々の道ではなく、
汝の嘉《よみ》し給う人々の道を歩ましめ給え。

アラビア語の原文では、

Ihdi-nā al-ṣirāṭa al-mustaqīm(a)
Ṣirāṭa (a)lladhīna anʻamta ʻalay-him
Ghayri al-maghḍūbi ʻalay-him wa-lā al ḍāllīn(a)

Ihdi-nā の nā は「我々を」ということ、ihdi は「導け」という命令形。Ihdi-nā で「我らを導け」ということです。al-ṣirāṭa は文字の上ではアル・シラータだけれども、発音上は同化作用で、アッ・シラータと読む。ṣirāṭa は「道」。al- は例によって定冠詞。al-ṣirāṭa は the way ということです。アル・ムスタキーム al-mustaqīm の al- は、また定冠詞。前にも言ったと思いますが、アラビア語では名詞に定冠詞がつくと、それにかかる形容詞にも定冠詞がつくのです。ムスタキームとは「一直線の」という意味。「我らを導いて一直線の道を歩ましめ給え」。この「一直線の道」というのは、このあいだからずっとお話しているアブラハムの道、永遠の宗教の道です。それは一直線に神に通じている。絶対一神教の信仰の道。

Ṣirāṭa (a)lladhīna anʻamta ʻalay-him 岩波文庫の翻訳では、六節と七節が、都合上、原

文の六節、七節と入れかわっている。つまり原文の第七節が日本訳では第六節になっているのです。「汝の嘉《よみ》し給う人々の道を(歩ましめ給え)」。

Ṣirāṭa はさっきと同じの「道」で、「アーラズィーナ」(alladhīna)は「……するところの(人々)」という複数の関係代名詞。「アンアムタ」(an'amta)は「汝が恩恵を施した」、あるいは「汝の嘉し給う」。「アレイヒム」('alay-him)は「彼らの上に」。全体で、「彼らの上に恩寵を汝が施すところの人々の道」。

Ghayr[i] al-maghḍūb[i] 'alay-him　さっきご注意しましたように、この文は日本語訳の方では第六節に来ています。Ghayr[i]「……でなしに」。al-maghḍūb[i] 'alay-him の 'alayhim は「彼らに対して」、al-maghḍūb[i] は受身形で、「怒られた」ということ。「彼らに対して怒られた」というのは「(汝、神に)怒られた人々」、つまり、「汝、神が(彼らにたいして)怒った、それらの人々」ということ。ちょっと面倒な表現ですが、アラビア語文法独特の形ですから仕方ありません。「彼らに対して怒られたところの」というのが直訳です。

Wa-lā al-ḍāllīn(a)　wa-「それから」、ḍāllīn(a)「迷う人々」。lā は否定辞。全体を通して直訳しますと、「あなたに怒られた人々(の道)ではなく、また、道を迷った人々の(道)でもなしに、あなたに恩寵を与えられた人々の道を、つまり直《すぐ》なる道を導いてわれわれを歩ましめ給え」ということなのです。

訳しさえすれば、意味は自ら明らかで、もはや時間を費してご説明するまでもありますまい。ただ、注意していただきたいのは、ここで、神に嘉された人々と神の怒りの対象になる人々とが対立して置かれていることです。神に嘉された人々、これは、はじめに詳しくお話ししました神のジャマール的な側面に対応する人々、それから神の御怒りを蒙った人々と、道を迷った人々というのは、神のジャラール的側面に対応しています。神には二つの正反対の側面があるといいましたね、明るい側面と暗い側面と。明るい側面、ジャマールに対応しているのが神に嘉された人々。それからジャラールというのは暗い側面です、怒りとか、嫉妬とか、罰とか、神の恐ろしい側面で、それに対応しているのが神の御怒りを受けた人々です。

第六節―七節は表面的には、ほとんど概念的といってもいいようなコトバを連ねた、ごく普通の命令文であって、うっかり読むと読みとばしてしまいそうですが、私が今まで十回にわたってお話ししてきたことを頭に置いて読んでごらんになると、この一見平凡な文章の底に、最後の審判の日に露顕する二種類の人間のイマージュが強烈に働いていることがおわかりになると思います。嘉された人々とは、もちろん天国にいく人々。怒りを受けた人々は地獄にいく人々。これだけでもう、あの美しい天国の光景と、身の毛もよだつ地獄の光景がイマージュ的に甦ってくる。「汝の御怒りを蒙る人々や、踏みまよう人々の道ではなく、汝の嘉し給う人々の道をどうか歩ませてください」ということは、言語表現としては醒めた意識のコトバですけれども、内容的には色彩濃厚な終末論的イマージュの連鎖なのです。

それからもう一つ、最後にいちばん大事なことは、この「願わくば我らを導いて正しき道を辿らしめ給え」の「導いて」ということ。「イフディ・ナー」(ihdi-nā)「我らを導き給え」

ということなのです。

　宗教としてのイスラームには二面あります。人間の側から見たイスラームと、神の側から見たイスラーム。この二面を合わせたもの、それがイスラームという宗教です。人間の側から見たイスラームは、いままで私が縷々として述べてきた「イスラーム」(islām)の字義通りの意味、つまり己れのすべてを人間が神に投げ与えて、絶対他力信仰的に生きるということ。その同じ宗教が、神の側からいうと「フダー」(hudā)なのです。フダーとは「導き」ということです。「導き《フダー》」、これは『コーラン』の鍵言葉の一つです。「願わくば我々を導いて」というから、ただ簡単に、導いてくれというのかというと、そうじゃない。「導いて」というコトバには、もっと重い含意がある。『コーラン』ではこれは非常に重いコトバなのです。というのは、神の側から見た宗教は、「導き」以外の何ものでもないからです。

　では、「導き」というのは、一体どんなことなのかというと、その構造は、今読んだ「開扉」の章の最後の二節からもわかるとおり、二方向的です。神の導きには正しい導きと迷いの導きとがある。それがイスラームの神です。つまり、神は正しい道に導くとは限らないのです。神は人間を正しい道にも導くが、また邪道、魔道にも導く。絶対一神教だから、徹底すればどうしてもそういうことになる。正しい道には神が、迷いの道には魔神が、というわけにはいかない。それでは二元論になってしまいます。ですから「願わくば我らを導いて正しき道を辿らしめ給え」というのは、神の導きとして考えられる二つの可能性のなかで、一つのほうを選ぶことなのです。正道のほうをお願いします、邪道のほうには導いてくださるな、ということなのです。それを読みとらないといけない。ただ単に、「我らを導いて正しき道を辿らしめ給え」というだけじゃないのです。イスラームの場合には、人が悪の道に行くのも、善の道に赴くのも、いずれも神の導きなのであり、それが宗教なのです。それについて人間はとやかくいえないのです。

但し、これが後世になってから大問題をひき起こすのです。当然のことですが、今言ったようなことがいわゆるpredestination、俗にいえばキスメットというのですか、宿命論として展開する。善人が出るのも悪人が出るのも、どっちも神の導きだとすると、逆に人間の側からいえば、一切は神によって定められているのであって、人間は自分では何をどうすることもできない。こうなると完全な宿命論ですね。そうすると人間は積極的意欲を喪失して無気力になり、ニヒリズムに陥る。これがイスラームの抱え込んだ大きな歴史的問題だったのです。

『コーラン』の成立した時点では、まだそんな問題は、潜在的にあっただけで、表面化してはいませんでした。というよりむしろ、神の絶対的支配力、神の全能、を強調することが問題だったのであって神の倫理的責任という問題意識はなかったのです。しかし、人間が正しい道へ行くのも、邪道へ行くのも神の導きであり、人間の責任ではなくて、神の責任だということになってくると、これは宗教イスラームとしては大変な大問題です。しかしこの問題の展開過程をたどることは、イスラーム思想史の課題ということになるので、このセミナーの限界外です。まあ、このくらいでいちおう「開扉」の章を読み終えた、ということにしておきたいと思います。

26　質問にこたえて

いろいろいただいたご質問のなかから、幾つかを選んで、時間の許すかぎりお答えすることにいたしましょう。

先ずNさんのご質問です。『コーラン』におけるユーモアの起源について。

なかなか面白いご質問ですね。砂漠の人間といいますと、非常に単純で率直で素朴な人々のように思われるかもしれないけれども、実はそうじゃないのです。砂漠的知性というのは、意外に屈折した知性であって、いつも物事を真正面から見ないで、ちょっと離れて横から見る。勿論、切羽詰った時、本当に真剣な時はものすごい視線で直視します。そんな時のアラブの視線は、恐ろしい視線です。だけど、普通の場合には、たいてい余裕をつくって、ちょっと離れて事態を横から見るというのがアラブの、とくに砂漠的知性の特徴です。物事を横から斜めに眺めて、余裕があれば楽しむ。切迫した状況ではそんなことはないけれども、余裕がありさえすれば楽しむ。

現に『コーラン』でも、あれほど重大なことを論題としているのに、よく冗談を言う。これが『聖書』なんかだったら、けしからんということになるでしょうに。このふざけ方が実にアラブ的なのですね。どんなに重大なことでも、距離をおいていろんな側面から見るから、冗談も言える。

地獄におちた人間なんか、仏教的にいったら、ものすごく苦しんで悲惨な、惨憺たるものでしょうけれどね、『コーラン』に描写された地獄の連中の有様は、なかなか面白い。劫火にじりじり身体を焼かれながら冗談なんか言ったりしている。それから焼くほうでも冗談言っているんですね、それだけの余裕をもっている。それが『コーラン』だけじゃなくて、アラビア文学の全部を通じての一つの特徴です。

ふつうアラビア文学といいますと、ペルシア人の書いたものがいっぱい入ってきますので混乱しますが、純アラビア的文学というのは非常に辛辣な皮肉とユーモアの連続です。『千夜一夜』というのを皆さんご存知でしょう、あれは最も非アラビア的なアラビア文学ですから、あれを標準にしちゃいけません。あれは非アラビア的なものがいかにイスラーム化されたかということのひとつの文学史的な現われとしては非常に面白いものですけれども、起源的にはイスラームではないし、ましてやアラビア的ではありません。

次にYさんのご質問。ムハンマドは、『旧約』の神ヤハヴェを知っていたでしょうか。その他いろいろお書きになっていらっしゃいますけれど、要点はイスラームの預言者は『旧約』の神を知っていたのですか、ということであろうと思います。

勿論、知っていました。その頃のアラビア半島には、たくさんのユダヤ人が住んでいましたし、またユダヤ教を信奉するアラブ部族もあったくらいで、『旧約聖書』はさかんに読まれていました。けれど、アラビア語では、イスラームが起こる以前から、『旧約聖書』の神ヤハヴェであろうと、『新約聖書』の神テオスであろうと、すべて al-ilāh (al- は定冠詞、ilāh は「神」、英語の the God に該当する)と呼ばれておりました。イスラームの神「アッラー」にしても、もともとこの al-ilāh がつまって Allāh となったのです。ですから、ヘブライ語の「ヤハヴェ」とか、「エロヒーム」とかいうコトバは、普通のアラブはほとんど耳にしたことがなかったと思います。アラブのあいだに住みついたユダヤ人たちにしても、みんなアラビア語をしゃべっておりましたので、「ヤハヴェ」と言うかわりに、「アル・イラーハ」とか「アッラーハ」と言っていたのです。従って、イスラエルという異民族の神としてのヤハヴェという意識は一般のアラブにはなかった、あるいは、あったにしても非常に稀薄だったろうと思います。むしろ『旧約』の神であろうと、キリスト教の神であろうと、アブラハム的伝統、つまりアブラハムに由来する一神教的永遠の宗教の伝統につながるところの唯一絶対の神だというふうに感じていたものと考えます。

そのつぎの質問は、これはどなただか、大変面白い質問をなさっているのだけれども、名前を明かしておられないのです。わざと隠されたのか、それとも忘れてしまわれたのかよくわかりません。

貴方は——つまり、私のことですね——このセミナーで、『コーラン』は人格的絶対一神教の宗教だと言われましたけれど、他方、貴方の『イスラーム哲学の原像』を読みますと、非人格的絶対一者としての存在を考えるイブン・アラビーのような人も出ている。イブン・アラビーのように、神を非人格的絶対一者として考える哲学的神秘家は、『コーラン』を一体どんなふうに見ているのですか、それが一つ。

それから、スーフィズム初期に「愛の神秘主義」というのが出ているけれども、その愛の神秘主義とイブン・アラビー的神秘主義との関係はどうですかという。

それから、スーフィーたちは『コーラン』を軽視してズィクルを重視するということがありますか、という、以上三つのご質問です。

これはかなり高度のご質問です。『コーラン』の神は、いままで読んできたテクストからもわかるように、人格的絶対一神教であって、神は絶対的一者、人格者です。生きた人格者。ところが、イブン・アラビーなどは非人格的絶対者、ほとんどバラモン教のブラフマンみたいなふうに絶対者を考えている。これはどうなのかというのが第一の問題です。

ブラフマン的な神の考え方は、インド哲学の影響だと考えた人も西洋にはいましたけれども(例えば英国オクスフォードのゼーナー(R. C. Zaehner)教授など)、そんなことを考える必要はないと私は思います。一神教の内部でも、問題をどこまでも哲学的に追求していくと、人格神の彼方に非人格的絶対者というようなものを措定したくなってくる。これは、ごく自然な哲学的思惟の動向なのでして、例えば、キリスト教のほうでも、エックハルトなどによくそれが現われていますし、ユダヤ教においてすら、カッバーラーの「絶対無《エーン・ソーフ》」が、ある意味ではそうです。

『コーラン』の場合は、その神の描写をごらんになると、人格神といいますけれども、人格神というよりも人間神なのですね。ほとんどもう人間的な姿で神が描かれている。この描写に縛られているかぎり、どうしても神の姿が人間的主観的表象になってしまう。それに対する哲学的不満は、イスラームのような徹底した一神教のなかでも出てきます。神の人格、「人」という字を使うから悪いんだけれども、ペルソナですね、神のペルソナ的性格ということをよく理解している人にとっては、この人間的表象がどうしても不満になってくる。そこで、人間的というところから脱却しようとすると、非人格的絶対者という考え方が出てくるんだと思います。イブン・アラビーはそういう人の一人です。

次に、このタイプの神秘主義とイスラーム初期の愛の神秘主義との関係如何、という問題ですけれど、愛の神秘主義は、神が生きた人格、ほとんど人間的といってもいいような絶対者として体験されているときのみに成立する神秘主義です。初期のイスラームの神秘主義はまさにそうでした。愛の神秘主義、つまり神と人間との恋愛関係。神が愛される女性の位置にくる。神が絶世の美女です。これに対する人間の側は、生身の人間自体ではなくて、人間の魂が、恋い焦がれる男の役をする。絶世の美女である神に対して魂が男として恋い焦がれるのです。いつか言いましたマジュヌーン、正気を失った男、になる。それが愛の神秘主義であってそれはあくまで人格関係というよりもむしろ人間的関係です。

ところが、イスラームの神秘主義、いわゆるスーフィズムが歴史的に展開していく過程で愛の神秘主義では満足できない人々が出てくる。というのは、愛の神秘主義ではどうしても神を人間的に考えますので、本当はここでいう人格と人間とは違うんだけれども、そこの微妙な違いは、悲しいかな人間にはなかなかわかり難いので、つい両方が混同されてしまうのです。そこで、この神表象の人間臭さを脱却しようとして、愛の神秘主義じゃない別のタイプの神秘主義、哲学的形而上学的神秘主義というものが出てくるのだと思います。無論、個々の神秘家の性格にもよるわけですが、愛の神秘主義も、それはそれだけで宗教実存的に深めることができるのであって、愛の神秘主義は人間的だから浅いと考えるのは間違いだと思いますが、しかし、そう浅く解釈されるおそれがあるのです。キリスト教のほうでは、十六世紀スペインの神秘家たち、アビラの聖女テレサとか十字架のヨハネなんかに、典型的な形で深刻な愛の神秘主義が現われています。あれを浅薄な神秘主義だと考える人は誰もいないと思う。だけど、やはり一種の恋愛関係であることは事実です。

これは詩人のMさんのご質問というよりも、十字架のヨハネ、および『聖書』についての御意見に関聯して申し上げているのですけれども、Mさんだけでなく、もう一人、イスラームのなかで「内面の道」をたどる人々が、『コーラン』に「ハキーカ」(haqīqah)を求めるというのは、例えばどんなものなのか、一例を挙げて説明してもらいたいとおっしゃる方があるので、それらをみんな関聯させてお話ししてみたいと思います。

『コーラン』の——『聖書』でも同じことですけれど——言語テクストというものは、数多くの意味のレベルからなっているのであって、単層的な構造じゃない。多層的構造なのです。多層的意味の構造だからこそ象徴主義ということも可能になってくる。だから、『コーラン』を読む場合、文章の表面だけを見ると、いかにも神様がそこらへんにいる人間みたいに書いてあるけれども、それは一つの言語表現のレベル、あるいは意味のレベルであって、その下にいくつも別のレベルが重なって存立していると考えなければならない。イスラームの人たち自身がそれに気がついたのは、わりに初期のことであって、そこからバーティニーヤ(「内面主義」)という立場が出てくるのです。

それ以来、イスラーム思想史には「ザーヒリーヤ」(ẓāhirīyah、外面主義)と「バーティニーヤ」(bāṭinīyah)という対立が起こる。ザーヒリーヤとは、言語テクストとしての『コーラン』には、意味のレベルがたった一つしかない、表面に出ているとおりだと主張する立場です。この立場の一番偉い、というか、いちばん代表的思想家が、岩波の「イスラーム古典叢書」におさめられている、『鳩の頸飾り』を書いたイブン・ハズム(Ibn Ḥazm)という人。西暦十一世紀、スペイン、コルドバ出身で、ザーヒリーヤの巨匠です。彼の聖典解釈学によれば、『コーラン』は言語的に単層構造であって、意味のレベルは一つしかない。書いてあるとおりの意味、それを文字通りに理解しなければいけない。例えば、神様に手があると『コーラン』に書いてあるなら、それは文字通り、神に手があるのだ、というような考え方なのです。

それに対して、神の手というのは何かの象徴なのであって、神に手があるわけじゃない、この表現の奥にもっと深い象徴的意味を見なくてはいけない、という立場、それがバーティニーヤ。「バーティン」(bāṭin)というのは「内面」とか「内奥」とかいうこと、「ザーヒル」(ẓāhir)は「表面」ということです。表層・深層、あるいは外層・内層、つまり、表の意味と内の意味です。バーティン的な意味なるものを一たん認めると、テクストの解釈はどこまでも限りなく深くなっていく可能性が出来る。深い解釈は結構だが、それはそれで大変危険なものです。どんな意味が出てくるかわかりませんから。

『コーラン』にかぎらず、より一般的に、言語テクストというものは、そうしたものです。書かれたテクストとして成立したコトバは、最初にそれを喋った人、あるいは書いた人の意図を離れて、いろんなふうに解釈されるようになる。与えられた文章は一つでも、それを解釈する側の意識にいくつもの意味次元が成立するのです。それが書かれたテクストの言語と話された言語との違いです。イスラームのバーティニーヤは、テクスト解釈上のこの事実を、『コーラン』解釈学の一つの主義または原理として確立したものです。この原理によって『コーラン』を読むなら、たとえテクストの表面では神があたかも人間であるかのように書いてあっても、それは単に「外面」的意味レベルでのことであって、「内面」的意味レベルでは、まるで別のことを言っているのだということになる。象徴的にも解釈できるし、その他いろんな次元で解釈できるわけです。

このことが、第三番目のご質問にも関聯してきます。スーフィズムでは、『コーラン』を軽視して、ズィクルを重視するということがあるのでしょうかというご質問ですが、スーフィたちは『コーラン』を軽視したわけじゃない。多層的意味構造体として『コーラン』を見ただけのことなのです。『コーラン』を多層的意味構造体として見て、「表面」の意味だけではなくて、「内面」の意味まで探ろうとする。それが『コーラン』のテクストの奥に「ハキーカ」を求めるということです。具体的に一例を挙げて説明してくれとおっしゃるんですけれども、実際に例を挙げるとなると、アラビア語の問題になってきて大変ですから、ちょっとここではやれませんけれども、簡単な例としては、さっきからお話している人格的神を非人格的神として解釈するという解釈の仕方がそれです。『コーラン』の「表面」的意味レベルでは人格的に、つまりあたかも生きた人間であるかのごとく、神が描かれているのに、その底に、つまり「内面」的意味レベルに、非人格的な絶対者というほとんどインドのブラフマンみたいな絶対者を考える。あるいはエックハルトや日本の禅の場合のように無とか空とかいうものまで考える可能性が出てくる、というわけです。

次のMさんのご質問は簡単でして、岩波文庫の『コーラン』の訳文中にカッコのなかに入れてあるコトバは、原典ではどうなっているのでしょうかというのです。

そんなこと疑問にお思いになる方があったとは知らなかったのですが、Mさんご自身の挙げていらっしゃる例では、上巻の『コーラン』第二章の「牡牛」の章のはじめのところ、

これこそは、疑念の余地なき(天啓の)書、(神を)畏れかしこむ人々の導きの書。

と書いてある。この(天啓の)、(神を)というコトバは原文ではどうなっているのかというのですね。勿論、原文にはないのです。ところがMさんは、この場合カッコのなかのコトバがなければ意味が通じません、いったいどうなっているのですか、原文にもあったはずじゃないですかというご主旨であろうと思います。

たしかに、おっしゃるとおり、日本語にすると理解できませんけれど、アラビア語では理解できるのです。「疑念の余地なき(天啓の)書」。私はカッコして(天啓の)と入れました。だけれども、アラビア語では「アル・キターブ」(al-kitāb)となっているのです。kitābは「本」ということ。しかしそれに、al-という定冠詞がついて、「あの本」つまり、例の本、英語でいえばthe bookというふうに限定されている。『コーラン』ではthe bookといえば、「天啓の書」に決まっているのです。

それから「(神を)畏れかしこむ人々の……」の(神を)がなくて「畏れかしこむ人々……」じゃ意味が通じないとおっしゃるけれども、この個所の原文は「ムッタキー」(muttaqī)です。このセミナーを始めた頃にご説明しましたね、「タクワー」(taqwā)というコトバ。「怖れ」、終末論的怖れです。muttaqīとはアラビア語で「taqwāを心に抱く人」すなわち「終末論的怖れを抱く人」ということなのです。「怖れ」を抱く人。このコンテクストでは、神以外に怖れる対象はないのです。ですからアラビア語で読むときには、意味がはっきりしていて、わざわざ(神を)と言わなくてもわかるのだけれども、日本語で訳すときは仕方がないから入れてあるのです。

それから、同じMさんのもう一つのご質問。『コーラン』下巻の第一〇一章の「戸を叩く音」、これは私も好きなので何べんも読みましたね、その第二節、「戸を叩く音、そも何事ぞとはなんで知る」、この「そも何事ぞとはなんで知る」という表現そのものの意味をもう一回教えてくださいとおっしゃる。

時間がちょっと余りそうですから、ついでに原文をアラビア語で書いてご説明しましょうか。

Al-qāriʻatu
Mā al-qāriʻatu
Wa-mā adrā-ka mā al-qāriʻatu

これが原文です。たたみかけるような qāriʻatu というコトバの繰り返しそのものが、戸を叩く音なのですね。qāriʻatu という語の意味も「ノックする音」ということです。それが三遍、たたみかけるように繰返されて、誰かが戸をどんどん叩いている不気味な音を象徴します。問題は最後の一句、Wa-mā adrā-ka mā al-qāriʻatu ですが、qāriʻatu は、今申しましたように戸を叩く音、ドアをノックする音、あるいは「ノックする音」といってもいい。mā al-qāriʻatu の mā というのは「何」、「ドアをノックするあの音はなんだろう」、wa- は「そして」、あるいは「それにしても」、あるいは「しかし」。wa- というのはいろんな意味になります。mā adrā-ka、この -ka は「おまえを」、adrā は「教える」、「知らせる」、「わからせる」。「おまえにわからせる」、アラビア語では「おまえをわからせる」と言います。何がおまえにわからせるのか(あるいは、わからせたのか)あの戸を叩く音は何であるかを。つまり「戸を叩く音、あの戸を叩く音が何であるかということを何がおまえにわからせるのか、あるいは、わからせたのか」。アラビア語ではこういう場合に過去と現在とは区別できませんからどっちかわかりません。

ところで、この文章の意味はどういうのか、とのご質問ですけれど、直訳したらこのとおりなんで、「なにがおまえに教えたのか、その叩く音はなんであるかということを」というしかないのです。このあいだも申しましたように、奇妙な表現だと思われるかもしれないけれども、これは巫者、さっきお話したジンに憑かれた人(majnūn)、の夢見るごとき意識から発出してくる極めて特徴的なコトバなのです。つまり、巫者、シャーマン、の決まり文句なのです。シャーマンが何かを特に強調しようとする時にはこの形を使うのです。何かを強調しようとする時、あるいは何かに注意を集中しようとする時。「戸を叩く音がする、あの戸を叩く音はなんだろう」といっておいて、「あの戸を叩く音」に注意をぐっとしぼる。但し、注意をぐっとしぼるなんていわないで、「それはなんだと何がお前にわからせるのか」というのです。巫者独特の表現で、『コーラン』がさかんにこの表現形式を使ったために、先刻も言いましたように、ムハンマドは巫者と混同されたというわけです。

大阪のOさんのご質問は、日本語の文章が大変むずかしくて、それ自体が解釈学を必要とするみたいですね。正確かどうかよくはわかりませんけれど、だいたい私が理解したように言いなおしておいて、それにお答えするということにしましょう。

一つのご質問は、イスラーム文化圏に生まれついた人々のなかで、はじめから精神的「彼岸」にいるような人々も、エスカトロジーの体系に巻き込まれるのですか。はじめから精神的「彼岸」、すなわち『コーラン』のいわゆる「来世」、にいるような人々というのは、無垢の人、ウィリアム・ブレイクの歌っているようなイノセントな人々、イエス・キリストみたいな、赤ちゃんのときのような無垢の人、そんな天性無垢な人たちも、普通の人々と同じに、存在の終末論的機構に巻き込まれて、そこを通過しなくてはならないのかという疑問です。

お答えします。どんなに無垢な人でもこの世に生まれてきたかぎりの人は全部、存在の終末論的体系に組み込まれます。なぜかといいますと、例えば、これこれの人は無垢であるとあなたは判定するかもしれないけれども、神の判定は違うかもしれません。イノセントかイノセントでないかというのは、究極的には、神のみぞ知る、です。罪あるものと、罪なきものとの判別は、すべて神の手に一度は委ねられなければなりません。我々が見てどんなに無垢な人だと考えても、神の目から見て無垢であるとは限らないのですから、神の判定を受けるためには、「終末」の試練を経る必要があるのです。これが第一。

第二の問題は、『コーラン』では、終末の日に野獣らが続々と集まりくると書かれているけれども、昔の、つまり、かつて地上に住んでいた野獣たちが出てくるとは書いていない。それに反して、生き埋めにされた嬰児、赤ん坊は、遠い昔のものまで全部喚び出される。そうすると、赤ん坊と野獣たちと取り扱いが違うのではないかというのです。

たしかに違うのです。終末論の思想というものは、ほとんど人間だけに、焦点がしぼられているのでありまして、野獣たちが復活するかしないかは問題ではないのです。おそらく復活しないと思いますね。そんなことを問題にした人はいません。終末の日に野獣らが続々と集まりきたると書いてありますが、これは、そこらにいる野獣たちが恐ろしさのあまり集まってくるというだけのことです。山々が粉々に飛び散って、天がぐるぐる巻き上がってしまうというんですから、野獣たちもじっとしていられないんです。恐いから続々と集まってくる。これは終末の日の恐怖の描写なのであって、野獣の復活の描写ではありません。それに反して、かつて生き埋めにされた赤ん坊たちは、喚び出されて復活します、彼らは人間だから。

第三番目の問題。存在の彼岸的秩序と現世的秩序とは、平行しつつ進行していくのかというご質問です。

たしかにそのとおりです。存在には『コーラン』的にいいますと、不可視の秩序、見えざる存在の秩序と、可視的秩序、見える秩序というのがありまして、この存在の見える秩序が、すなわち現世といわれるものです。現世的存在の秩序。だから現世的秩序と平行して、それとならんで彼岸的秩序というものが展開していくのです。現世的秩序(dunyā)が流れていく。dunyāは、アラビア語で、文字通りには、低次元の世界、つまり「現世」ということ。現世的秩序が終末の日に向かって流れていきます。それと平行して、いわばそれのすぐ下側を彼岸的存在の秩序(ākhirah)が流れていく。けれども、これはまったく不可視の世界であって、可視的世界の下にそういう存在の秩序が流れていても、それは誰にもわからないのです。ところが、終末の日、この今まで見えなかった彼岸的秩序が突如として噴出してきて、現世的秩序の流れをよぎる。存在の彼岸的秩序が表に現われて、そこで現世的な秩序が止まってしまう。この存在の秩序転換を「終末」というのです。

ですから正確に申しますと、この「終末」というのは、われわれの世界がずっと続いていって、これから何万年か、何千万年か知らないけれども、そのあとで世界が終わってしまうというのとは意味が違う。勿論、そういう意味も表層的な意味としてはありますよ。だけれども、さっきから言っているように、多層的でしょう。だから、そういう表層的な意味もあるけれど、それだけじゃなくて、実は、我々が今、常識的に、存在の現世的秩序だと思っている世界の底に、来世的秩序が目に見えない形で刻々進展している。それが、ある時点で、突然、表に噴出すると、現世的秩序はメチャメチャになってしまう。そしてそれまでは不可視だった来世的秩序が、今度は目に見える世界となる。大体、そういうことです。

それから最後に、ただ単に存在しているだけではなくて、自分の存在を意識しているという人間の、神に対する愛はどんな形で表現されるのか、というご質問です。

この問題は、万物の存在する世界は愛の世界だということを大前提としている。世界が愛の世界である。その愛の世界において人間が存在している。人間以外のあらゆる事物もそこに存在している、鳥も獣も石も、木も、草も。が、ただ彼らは存在しているだけであって、それを意識していない。人間だけが意識している。『コーラン』の見地からすると、意識しないでそこに存在している事物は、そのまま神を讃美している。つまり神を愛している。神の愛に酔い痴れている。ところが、人間だけが醒めている。つまり、人間は単純に神を愛し、神を讃美しているのじゃなくて、そこに醒めた意識というものがある。それが一番最初にお話したプル・ソワ(pour-soi)、「対自存在」なんです。ということは、人間の存在には、内的に異常な屈折が起こっているということです。愛の屈折。悪くいえば、ひねこびた愛といいますかね。だけど、そういうひねた意識の深淵を通りぬけた上での愛でこそ、本当に深い愛になりうるのであって、無邪気な自然的事物の無反省的な、無意識的な、動物的な愛よりも、そういうひねこびた、屈曲した意識的な愛のほうが宗教的な深みがあるということなんだ、と私は考えます。

とうとうこれでおしまいです。なんとなくお名残り惜しいような気もしますが、とにかく長いあいだ、よく熱心に聴いて下さいました。本当に有難いことだと思います。皆さんにお話することで私自身は大変勉強しました。皆さんのほうでも何か学ぶところがあったならいいのですが。それではお別れします。

後　記

記号論、テクスト理論、意味論、解釈学などの、華やかな発展の波に乗って、最近では「読む」ということが一つの重要な学問的主題となり、それだけにまた、大層むずかしいことにもなってきた。ついこのあいだまで、「読む」ということはそんな仰々しい問題ではなかった。「読む」とは読書、要するに本を開いて読み、そこに書かれている内容を理解する、ただそれだけのこと。書物の内容を理解するためには、とにかく、先ず読まなければならないが、それにしても、「読む」とはそもそもいかなる知的操作であるのか、などと開きなおって問うことはなかった。それが近頃では、「読む」ことそれ自体の構造が解釈学上の大問題となり、それにともなって、読む書物の内容を「理解する」ということが、テクスト理論の尖端的テーマとして、盛んに論議されるようになってきた。今や「読む」は、エクリチュール(書記言語)に関わる解釈学の主要問題であり、それ自体で独立した、一つの新しい学問分野の中核にすらなりかねまじい有様である。

まったく、変れば変るものだ。現に全世界的規模で進展しつつある「知の組み替え」の趨勢は、まことに凄じいとしか言いようがない。過去何世紀ものあいだ厳粛に守られてきた学問の秩序が、我々の目の前で解体し、それに代って、今まで聞いたこともなかったような新しい名の学問が、次々に形成されていく。「読む」の学問性も、まさにこの事態の一つの現われである。

なにも新しいことだけがいいわけではない。学者たるもの、己れの専門分野にじっくり腰を落ち着けて仕事することこそ大切なのであって、世の趨勢に気を取られて、右往左往するのは見苦しい。と、そういう見方も成り立つだろうし、たしかにそれにも一理ある。「読む」にしても、昔ながらの読書で結構。べつに新しがる必要など全然ない、と。だが、学者が後生大事にしている「専門」領域の、成立地盤そのものが根柢からぐらつきだしたのだとしたら、一体どうなるだろう。学問の世界に勃然と新機運が起り、滔々たる流れをなして、多くの先進的知性人を巻きこもうとする勢を示す時、そこには必ず何かがあるのだ。学問のクリシス——「危機」、「転換点」。新しい視角が生れる。新しい地平がひらける。そして新しい問題が提起される。最近の「読む」解釈学にはそれがある、と私は思う。

およそこのような見通しの上に立って、私は具体的に『コーラン』を読むことを通じて、「読む」解釈学の問題性と可能性を探ってみようとした。逆にそれがまた、現代という時代に生きる我々日本人が、時間的にも空間的にも、遠く隔る古い昔のアラビアの宗教的古典、『コーラン』を、真に生きた形で理解するための最も正しい道である、と私は信じる。

我々にとって、『コーラン』は決して読みやすい書物ではない。といっても、別に字句がむずかしいわけではない。ただ、なんとなく妙な違和感があって親しめないのだ。表現されている思想、感情、イマージュ、そしてまたそれらを下から支えている存在感覚や世界像が、我々にとってあまりにも異質だからである。日本人だけの問題ではない。マホメット(ムハンマド)を人類史上に現われた一個の巨大な英雄として称揚したカーライルですら、『コーラン』には辟易し、こんな退屈な本はない、退屈でとても読み通せるものではない、と匙を投げた。世に有名な話だ。だが実は、それも『コーラン』がもともと退屈な本であったからではない。要するにカーライルには、『コーラン』を生きた形で読み、生きた形で理解するための「読み」の技術が欠けていただけのこと。『新約聖書』でも読むようなつもりで、それとまったく同じ態度で『コーラン』を読むから、退屈でつまらないということにもなりかねないのである。

仏教の経典や、ユダヤ教、キリスト教の『旧約聖書』、『新約聖書』とならんで、『コーラン』も世界宗教的な一つの古典だが、これを読むには、仏典や聖書を読むのとは違う一つの特殊な「読み」のテクニークが必要である。しかし、そのテクニークは、何か既成のものとして、我々の目の前に投げ出されているようなものではない。それは我々が、『コーラン』を実際に読みながら自分で考え、自分で創り出していかなければならないものだ。そこに『コーラン』を読むことの本当のむずかしさもあるし、また面白さもある。

『論語を読む』、『般若心経を読む』、『源氏物語を読む』……「何々を読む」と名付ける書物は従来も少からず書かれてきたし、現在ではそれが一種の流行現象とさえいえるほどの、活気を呈している。それらの数多い類書とならんで、私のこの『コーランを読む』が、いま言ったような観点から、「読む」解釈学の一つの試作として、なにがしかの新鮮味をもたらすことができたなら望外の喜びである。そしてまたこの本が、これから初めて『コーラン』を読んでみようとしている方々に、いささかでもよき手引きとなることができるなら。

去る一九八二年、一月十八日から三月二十九日まで、前後十回、新装なった岩波セミナー・ルームで、私は『コーラン』について語る機会を与えられた。「岩波市民セミナー」第一回、題して「コーランを読む」。本書はその談話の録音テープを文字に移したものである。前以てきちんと用意された原稿を読む四角張った公開講演とは違って、僅かなメモを頼りに、原稿もなしに自由気儘なお喋りをする楽しさを、私は久しぶりで味わった。それに、相手をしてくれた聴衆もまた素晴しかった。慶応義塾大学の文学部の教室で、勝手次第なことを喋っていた青年時代のことを、このセミナーは私になつかしく憶い出させた。

「岩波市民セミナー」の名の下に、こんな楽しい自由談話形式の講義シリーズを構想し、企画し、私を最初の講師として誘って下さった竹田行之さんに私は感謝する。それからまた、セミナー進行中の煩瑣な事務を担当し、セミナー終了後も陰になり日なたになりして私を助け、取とめない私のお喋りをこのような一冊の書物にまで纏め上げることを可能にしてくれた人達、わけても編集部の高本邦彦、合庭惇の御両人に私は多くを負っている。心からなる謝意を表することを以て、本書出版に関わる一切の仕事の締め括りとしたい。

一九八三年一月　鎌倉にて

著　者

解説　「読む」という秘儀 ―― 内的テクストの顕現

若松英輔

本書は、井筒俊彦（一九一四―一九九三）によって、一九八二年一月から三月にかけて「岩波市民セミナー」で行われた連続講座の記録である。八二年の始めには、のちに主著となる『意識と本質』の雑誌掲載が終わりを迎えていた。

この講義録を通じて井筒は、言葉と「コトバ」を使い分けている。彼がこの一語を発見したのは『意識と本質』の雑誌連載の中盤を過ぎたあたりだった。この論考には次のような一節がある。「神のコトバ――より正確には、神であるコトバ」。

「コトバ」こそ、井筒俊彦にとって、もっとも重要な哲学的術語だった。それは本書においても変わらない。「コトバ」と井筒が書くとき、そこには、おのずから狭義の言語的領域を超え出ようとする働きが含まれている。言葉は、いわゆる通常の意味における言語だが、「コトバ」は様相が違う。「コトバ」は、表層的な形態としては言語である場合もあるが、それは仮の姿に過ぎない。「コトバ」は対峙する者に応じて姿を変じ、また、意味的には幾重にも折り重なる多層的構造を持つ。ある日、ムハンマドはヴィジョンを見る。視覚的には光背をたずさえた大天使だが、もたらされたのはあくまで「神のコトバ」であると井筒は言う。

「コトバ」は意味を携えながら、ときに音、または色、そして光としても顕現する。

セミナーの第一回の冒頭、井筒がまず語り始めたのは、題名にあるように「読む」ことの意味だった。また、講座が終わろうとするとき、還っていったのもやはり、「読む」ことの真義だったのである。本書で井筒はしばしば、「解釈」という。それは情報の積算による単なる平板的な分析ではない。内なる「読み」、内的読解と読みかえてよい。

次に引く一節は講座の最終回、その終盤にある。「テクストの解釈はどこまでも限りなく深くなっていく」、しかし「深い解釈は結構だが、それはそれで大変危険なもので」、どんな意味が出てくるか誰にもわからないと言いながら、井筒はこう続ける。

『コーラン』にかぎらず、より一般的に、言語テクストというものは、そうしたものです。書かれたテクストとして成立したコトバは、最初にそれを喋った人、あるいは書いた人の意図を離れて、いろんなふうに解釈されるようになる。与えられた文章は一つでも、それを解釈する側の意識にいくつもの意味次元が成立するのです。それが書かれたテクストとの言語と話された言語との違いです(本書、三八八頁)。

話された言葉は、文字によって定着されることによって、未知なる人々に開かれてゆく。また、文字は「読まれる」ことによって、あたかもひとつの種子となり、新しい意味次元を私たちの内的世界に開示する。『コーラン』を読む』と題し、井筒が展開したのは、イスラームの聖典の概念的解説ではない。それでは井筒にとって「読む」営みにはならない。「読む」、それはときに書くことに勝るとも劣らない創造的な営みとなる。その経験を井筒は『コーラン』を通じて現代の読者と分かち合おうとする。啓示をそのまま書き写した、この聖典に伏在する力動性は、ムスリム(イスラーム教徒)ばかりか、異教徒である現代の日本人にも働きかける。アラビア語を解さない私たちも「導き」に従いテクストの前に佇みさえすれば、「読む」ことが、一つの秘儀であることを経験し得る。

秘儀とは、単なる比喩ではない。それは、私たちが世界と信じて疑わないこの時空の奥に、もう一つの世界があることを身をもって知る道程である。古代ギリシャ、プラトンのアカデメイアにおいて、ある書物を「読む」ことは、限られた者にのみ許されていた。また、イスラーム神秘主義においては秘儀の継承は、ある書物を受け継ぐことによって示された。そうした叡知の伝統の一端を、井筒は本書を通じて実証してみせたのである。

『コーラン』には様々な相貌がある、と井筒は言う。社会科学としての宗教学上のテクストとして、あるいは、イスラームの勃興を告げる歴史と文化の書物として、また、今日に至ってもなお、その力を減じることのない戒律、あるいはイスラーム社会の物心両面を規定する言葉の集積としての『コーラン』、これらを井筒は「時間的テクストとしての『コーラン』」と呼ぶ。だが、ここで井筒が「読み」を試みるのは、これらの外的なテクストではない。それは時空の差異を超えたところに存在する「永遠」の『コーラン』である。

我々が『コーラン』を読む場合にも、イスラーム教徒の意識のなかに成立しているテクストということを考えてみなければならない。時間的な発展史を無視した一つの構造、空間的な構造体としての『コーラン』テクストです。共時性、シンクロニシティと言いますか。つまりメッカ時代に出たものであろうが、メディナ時代に出たものであろうが、初期、中期、後期の区別なしに、全部が一つの聖なる構造体として、イスラーム教徒の意識のなかでは生きている。彼らにとってはそれのほうが本当は大事なのです(三二一―三二二頁)。

「空間的な構造体としての『コーラン』テクスト」とは、読む者の精神の内奥に拡がるコトバ、いわば内面的テクストである。「永遠」の、という術語が非学術的に聞こえるなら、「共時的」といってもよい。

宗教学は今日、「社会科学」の一翼を担う学問領域に成長した。「科学」であるとは反復的な実証を可能にすることである。発言者や一部の理解者だけでなく、広くそれが理解可能であることが「科学」の条件になる。だが、実証性を重んじるばかり、「科学」となった宗教学はその多元性を切り捨てはしなかったか。また、反復性を獲得したあとに残ったのはすでに半ば死物となった言葉の集積、すなわち外的というよりは表面的なテクストではなかったか。

ほとんど仮死状態にあるそれらのコトバをよみがえらせるには、同じ地平でこれまでと同様の分析を繰り返しても虚しい。また、情報としての歴史的事実をいくら積み上げても、コトバは息を吹き返すことはない。新しい「読み」が求められている。言語的解析をどこまで繰り返しても決してよみがえってくることがないコトバの次元が『コーラン』にはある。あるいは古典と呼ばれ、数百年あるいは数千年の歳月を生き続けてきた書物は、必ず多層的多元的構造を備えている。

実証的学問の成果に大きな敬意を払いながらも、古典における生命の重層性から、井筒は決して目を離さない。書かれた言葉は、そうした眼によって「読まれる」ことでコトバとしてよみがえる。

『コーラン』がそうしたコトバの結集であるなら、書物全体として多重的構造を有していたとしても驚くべきことではない。井筒は『コーラン』に三つの層を措定する。

一つ目は「レアリスティック(realistic)」、次が「イマジナル(imaginal)」そして最後が「ナラティヴ(narrative)」あるいは「レジェンダンリー(legendary)」の三つである。あえて英語で表記しているのは、その方が彼が感じているニュアンスを繊細に表現するからでもあり、また、過去は別にしても、現代では欧米の方が言語の、あるいはテクストの多層的理解においては深みを知っているからである。

ここでの「レアリスティック」は現実的、と訳すよりも事実的とした方が井筒の意味に近い。歴史的事実が述べられている。そこには象徴的な解釈は求められていない。

そして最後の「ナラティヴ」は物語的、と訳されることが多い。だが、井筒の意図は少し異なる。彼は『コーラン』のある個所に物語を読むというところでは止まらない。事実的な表現ではなく、コトバがあえて「語り」を伴って出現しているところに意味を見出そうとする。彼は、フランス語で歴史を意味する histoire が同時に「物語」を意味することに注目し、「ナラティヴ」を歴史と物語が交差し、創造的に展開する場、歴史的次元に対して「超歴史的な次元」として捉えようとする。

そして、もっとも馴染みのない表現が「イマジナル」だろう。これは二十世紀フランスで生まれた新しい言葉である。井筒も親しく交わったイスラーム神秘哲学研究の泰斗アンリ・コルバン(一九〇三―一九七八)による造語である。

私たちが通常接しているのは「イマジナリ(imaginary)」で、事象が想像上あるいは非実在的であることを意味している。井筒が用いる「イマジナル」はむしろ、「イマジナリ」と対極の実在を意味する。私たちの通常の意識が経験している世界の奥に、もう一つの世界がある。そこにこそ真の実在があり、それを認識するには表層意識の壁を越えて行かなくてはならない。すなわち一たび、深層意識の次元に降りてみなくては「読む」ことができない層が『コーラン』にはある、というのである。

さらに一つの章だけでなく、一つのコトバにさえも三つの層が複雑に絡みあう。それは、読む者の今に寄り添うように、個別的に、しかし、また同時に普遍的にコトバの原意を伴って「今」によみがえってくる。だから、人々は同じテクストに、日々新しいコトバを見出し得る。コトバが新生する、その現場に立ち会うこと、それが井筒俊彦にとっての「読む」ことだった。

イスラームの聖典『コーラン』――あるいは『クルアーン』――がなぜ、その名で呼ばれるようになったのかは未だ知られていない。もっとも古い、すなわちムハンマドに最初に訪れた神託は次のコトバだった。

誦《よ》め、「創造主《つくりぬし》なる主の御名《みな》において。
いとも小さい凝血《ぎょうけつ》から人間をば創りなし給う(『コーラン』九六章「凝血」、本書、八頁)。

「誦む」とは口誦という表現があるように、口に出して読むことである。「誦《イクラア》む」もまた、アラビア語で読誦を意味した。神が最初に人に向かって言い放ったのは「誦む」ことの命令だった。言葉を読む、あるいは誦む、それは、表面的な語意を追うことに留まることなく、響きに随い、さらなるコトバの世界に参入することにほかならない。

およそ二十時間にわたる講座で、井筒が本格的に「読んだ」のは、次に引く七つの分節からなる「開扉」の章だけである。神のコトバは『コーラン』にすべて刻まれており、その精髄が、この七節にあるとムハンマドはいった。

慈悲ふかく慈愛あまねきアッラーの御名《みな》において……
一　讃《たた》えあれ、アッラー、万世《よろずよ》の主、

二　慈悲ふかく慈愛あまねき御神《おんかみ》、
三　審《さば》きの日の主宰者《しゅさいしゃ》。
四　汝《なんじ》をこそ我らはあがめまつる、汝にこそ救いを求めまつる。
五　願わくば我らを導いて正しき道を辿《たど》らしめ給え、
六　汝の御怒りを蒙《こうむ》る人々や、踏みまよう人々の道ではなく、
七　汝の嘉《よみ》し給う人々の道を歩《あゆ》ましめ給え(本書、六二頁)。

なかでも注目すべきは井筒のイスラームの「神」解釈である。「慈悲ふかく慈愛あまねきアッラーの御名において」とあるように、ムスリムにとって「神」はまず、「慈悲深く慈愛あまねき」者だった。

『コーラン』を貫流するのは厳しい沙漠の環境に生まれた「父なる神」である、とはしばしば聞く見解だが、井筒の解釈は違う。そもそも神は「九十九の名」を持つ。すなわち無限のペルソナを内蔵している。日本では、一神教の神を、父性的な裁きの絶対者とする俗説が今も根強い。井筒はそこに大きな異議を唱える。もし神が父性的であるならば、その点において神は完全ではない。母性を欠いているからである。井筒は『コーラン』の神に父性的な「顔《ペルソナ》」(ジャラール[jalāl])があることを認めながらも、それに終わらない母性のペルソナ(ジャマール[jamāl])が基調をなしていることを強調する。

先刻、私は『コーラン』の世界観によると、存在そのものが、すなわち神の慈悲なのだと申しましたけれども、同じことを人間の側からいえば、存在することそのものが神の讃美なのです。〔中略〕存在と讃美の関係こそイスラームの思想的枢軸です。イスラームという宗教は、結局、神讃美の宗教だといって過言でないと思います（本書、八一―八二頁）。

存在することが神の栄光を告げ知らせている、というイスラームの霊性は、浄土仏教における菩薩と凡夫の関係を想起させる。凡夫の存在が菩薩の実在を傍証している。この事実は「今までイスラームの宗教性を論じた人々の見落としてきた非常に重要なこと」（本書、一一二頁）であり、このことを見過ごしている間は、どこまでもイスラームは表層をなでるに留まると井筒はいう。

存在即讃美であるなら、罪の問題、悪の問題はどうなるのか。罪を犯す者、悪を行う者の存在も讃美となるのか、井筒は本書の第三章「神の讃美」でドストエフスキーにふれながら、悪と讃美の問題を深めようとする。ドストエフスキーの作品では「奈落の底から神を讃美する。悪人が、極悪非道の人間が、地獄のまっただなかに落ちても、炎々たる劫火の中からまだ神に向かって手をさし伸べ、神を讃美する」（本書、一一一頁）。しかし、『コーラン』では地獄に堕ちた者はもう神を讃美することはできないとされる。井筒は『コーラン』とドストエフスキーそれぞれの世界を提示しながら、次のように言った。

私はここで、ドストエフスキー論をやるつもりはぜんぜんないから、これ以上は申しませんけれど、それがどんなに実存的哲学的に深い意味のあることか、皆様にもおわかりになると思います。とにかく『コーラン』は神讃美としての信仰をそこまでもっていってはいない。これは信仰の深浅の問題ではなくて、見方が違うのです。『コーラン』の見方では、地獄・天国、善・悪がはっきり分かれてしまう。神を讃美するかしないか、讃美できるかできないかということで、それが決まるのです(本書、一一二頁)。

ここにイスラームの峻厳さを見るだけでは不十分である。讃美できる否かがすべてを決するのであるなら、奈落に堕ちながらも神に讃美を続ける者が、真の意味での奈落にあるかどうかもまた、問い質されなくてはならないからである。井筒がいうように、『コーラン』における讃美を枢軸とした視座を現代が忘れているとしたら、この書物に刻まれた救済への道もまた、現代において、新たに「読み」直されるのを待っているのかもしれない。

「あとがき」で井筒は、このセミナーを振り返って、次のように記している。

前以てきちんと用意された原稿を読む四角張った公開講演とは違って、僅かなメモを頼りに、原稿もなしに自由気儘なお喋りをする楽しさを、私は久しぶりで味わった。それに、相手をしてくれた聴衆もまた素晴らしかった。慶應義塾大学の文学部の教室で、勝手次第なことを喋っていた青年時代のことを、このセミナーは私になつかしく憶い出させた（本書、四〇〇頁）。

この講座に際し井筒は、話す内容を大枠では把握して臨んだのだろうが、むしろ思うままに話そうとするよりも、聴衆と共に、場を作っていこうとする。聴衆と積極的に協同しようとする態度が随所に見られる。「相手をしてくれた聴衆もまた素晴らしかった」というのも単なる社交辞令ではない。

ここで言及されている慶應義塾大学での講義は、のちに『神秘哲学』そして『ロシア的人間』となる。前者は古代ギリシャ哲学を貫く神秘思想の潮流をその始原にさかのぼって論じたもの、後者はプーシキンにはじまり、ドストエフスキー、チェーホフまでを論じた十九世紀ロシア文学論である。この二作はその主題において連続しており、ことに前者は井筒自身がいうように彼の「思想的原点」を示す著作である。これらの作品が講義を土台としていることに改めて気が付いたというのである。

このときは淡々と、青年時代を懐かしく憶い出した、と書いているが、彼の実感はもう少し深く浸透していたように思われる。この講座のあと彼に、ある変化が訪れる。一つは、若き日に書いた自らの論考に新しい意味を見出したこと。『マホメット』のように、後日、一たび筆を入れた作品をあえて原形にもどし、出版し直すということもした。どんなに未熟な表現であったとしても、そのときにしか書けないことがあることを痛感した、と彼は書いている。もう一つは、話された言葉、あるいは話されることを目的とした言葉に、特異な意味を見出したことである。

この講座のあと井筒は、かつて行った英語での講演を、母語である日本語に書き換えるという仕事に着手する。それは単なる翻訳ではなく、日本語にすることで言葉に新しい息吹を吹き込むような作業だった。また、日本語で行った講演も、発せられた言葉の質感を損なわないようにしながら、積極的に論文化を試みている。

「きちんと用意された原稿を読む四角張った公開講演」との一節から、通常、講演をするとき井筒は、準備した原稿を朗読するかたちをとっていたことがわかる。私も、そうした講演をする井筒を見たことがある。それは内容だけでなく、読む速さも計算された精緻な発表だったといってよい。そのときの内容は、のちに論文として発表されるのだが、話された内容との間には大きな差異は見られない。彼は、労を惜しんで原稿をそのまま活字にしたわけではない。講演原稿が未知の聴衆を想起しながら書かれているのである。

書き、そして実際に話すことで強度を高め、練り直す。晩年の井筒の論考に見られるダイナミズムは、彼の個として思索の深まりだけでなく、積極的に読み手の参与を呼び込んでいるところにも積極的な要因がある。

そこに新しい哲学の文体が生まれた。本書は、コトバの形而上学の新生を企図する、彼の哲学の流儀に、大きな変革をもたらす契機となったのである。

（わかまつ えいすけ・批評家）

本書は一九八三年六月、岩波書店から刊行された。

『コーラン』を読む

2013年2月15日　第1刷発行
2024年9月5日　第9刷発行

著　者　井筒俊彦《いづつとしひこ》

発行者　坂本政謙

発行所　株式会社 岩波書店
〒101-8002 東京都千代田区一ツ橋2-5-5

案内 03-5210-4000　営業部 03-5210-4111
https://www.iwanami.co.jp/

印刷・精興社　製本・中永製本

ISBN 978-4-00-600283-1　Printed in Japan

岩波現代文庫創刊二〇年に際して

二一世紀が始まってからすでに二〇年が経とうとしています。この間のグローバル化の急激な進行は世界のあり方を大きく変えました。世界規模で経済や情報の結びつきが強まるとともに、国境を越えた人の移動は日常の光景となり、今やどこに住んでいても、私たちの暮らしは世界中の様々な出来事と無関係ではいられません。しかし、グローバル化の中で否応なくもたらされる「他者」との出会いや交流は、新たな文化や価値観だけではなく、摩擦や衝突、そしてしばしば憎悪までをも生み出しています。グローバル化にともなう副作用は、その恩恵を遥かにこえていると言わざるを得ません。

今私たちに求められているのは、国内、国外にかかわらず、異なる歴史や経験、文化を持つ「他者」と向き合い、よりよい関係を結び直してゆくための想像力、構想力ではないでしょうか。

新世紀の到来を目前にした二〇〇〇年一月に創刊された岩波現代文庫は、この二〇年を通して、哲学や歴史、経済、自然科学から、小説やエッセイ、ルポルタージュにいたるまで幅広いジャンルの書目を刊行してきました。一〇〇〇点を超える書目には、人類が直面してきた様々な課題と、試行錯誤の営みが刻まれています。読書を通した過去の「他者」との出会いから得られる知識や経験は、私たちがよりよい社会を作り上げてゆくために大きな示唆を与えてくれるはずです。

一冊の本が世界を変える大きな力を持つことを信じ、岩波現代文庫はこれからもさらなるラインナップの充実をめざしてゆきます。

(二〇二〇年一月)

岩波現代文庫［学術］

G430
被差別部落認識の歴史
―異化と同化の間―
黒川みどり

差別する側、差別を受ける側の双方は部落差別をどのように認識してきたのか――明治から現代に至る軌跡をたどった初めての通史。

G431
文化としての科学／技術
村上陽一郎

近現代に大きく変貌した科学／技術。その質的な変遷を科学史の泰斗がわかりやすく解説、望ましい科学研究や教育のあり方を提言する。

G432
方法としての史学史
―歴史論集1―
成田龍一

歴史学は「なにを」「いかに」論じてきたのか。史学史的な視点から、歴史学のアイデンティティを確認し、可能性を問い直す。現代文庫オリジナル版。〈解説〉戸邉秀明

G433
〈戦後知〉を歴史化する
―歴史論集2―
成田龍一

〈戦後知〉を体現する文学・思想の読解を通じて、歴史学を専門知の閉域から解き放つ試み。現代文庫オリジナル版。〈解説〉戸邉秀明

G434
危機の時代の歴史学のために
―歴史論集3―
成田龍一

時代の危機に立ち向かいながら、自己変革を続ける歴史学。その社会との関係を改めて問い直す「歴史批評」を集成する。〈解説〉戸邉秀明

2024.8

G435
宗教と科学の接点
河合隼雄

「たましい」「死」「意識」など、近代科学から取り残されてきた、人間が生きていくために大切な問題を心理療法の視点から考察する。〈解説〉河合俊雄

G436
増補 軍隊と地域 ―郷土部隊と民衆意識のゆくえ―
荒川章二

一八八〇年代から敗戦までの静岡を舞台に、矛盾を孕みつつ地域に根づいていった軍が、民衆生活を破壊するに至る過程を描き出す。

G437
歴史が後ずさりするとき ―熱い戦争とメディア―
ウンベルト・エーコ
リッカルド・アマデイ訳

歴史があたかも進歩をやめて後ずさりしはじめたかに見える二十一世紀初めの政治・社会の現実を鋭く批判した稀代の知識人の発言集。

G438
増補 女が学者になるとき ―インドネシア研究奮闘記―
倉沢愛子

インドネシア研究の第一人者として知られる著者の原点とも言える日々を綴った半生記。「補章 女は学者をやめられない」を収録。

G439
完本 中国再考 ―領域・民族・文化―
葛兆光
辻康吾監訳
永田小絵訳

「中国」とは一体何か? 複雑な歴史がもたらした国家アイデンティティの特殊性と基本構造を考察し、現代の国際問題を考えるための視座を提供する。

G440
私が進化生物学者になった理由
長谷川眞理子

ドリトル先生の大好きな少女がいかにして進化生物学者になったのか。通説の誤りに気づき、独自の道を切り拓いた人生の歩みを語る。巻末に参考文献一覧付き。

G441
愛について
―アイデンティティと欲望の政治学―
竹村和子

物語を攪乱し、語りえぬものに声を与える。精緻な理論でフェミニズム批評をリードしつづけた著者の代表作、待望の文庫化。〈解説〉新田啓子

G442
宝塚
―変容を続ける「日本モダニズム」―
川崎賢子

百年の歴史を誇る宝塚歌劇団。その魅力を掘り下げ、宝塚の新世紀を展望する。底本を大幅に増補・改訂した宝塚論の決定版。

G443
新版 ナショナリズムの狭間から
―「慰安婦」問題とフェミニズムの課題―
山下英愛

性差別的な社会構造における女性人権問題として、現代の性暴力被害につづく側面を持つ「慰安婦」問題理解の手がかりとなる一冊。

G444
夢・神話・物語と日本人
―エラノス会議講演録―
河合隼雄
河合俊雄訳

河合隼雄が、日本の夢・神話・物語などをもとに日本人の心性を解き明かした講演の記録。著者の代表作に結実する思想のエッセンスが凝縮した一冊。〈解説〉河合俊雄

2024. 8

岩波現代文庫［学術］

G445-446
ねじ曲げられた桜（上・下）
―美意識と軍国主義―
大貫恵美子

桜の意味の変遷と学徒特攻隊員の日記分析を通して、日本国家と国民の間に起きた「相互誤認」を証明する。〈解説〉佐藤卓己

G447
正義への責任
アイリス・マリオン・ヤング
岡野八代
池田直子 訳

自助努力が強要される政治の下で、人びとが正義を求めてつながり合う可能性を問う。ヌスバウムによる序文も収録。〈解説〉土屋和代

G448-449
ヨーロッパ覇権以前（上・下）
―もうひとつの世界システム―
J・L・アブー＝ルゴド
佐藤次高ほか訳

近代成立のはるか前、ユーラシア世界は既に一つのシステムをつくりあげていた。豊かな筆致で描き出されるグローバル・ヒストリー。

G450
政治思想史と理論のあいだ
―「他者」をめぐる対話―
小野紀明

政治思想史と政治的規範理論、融合し相克する二者を「他者」を軸に架橋させ、理論の全体像に迫る、政治哲学の画期的な解説書。

G451
平等と効率の福祉革命
―新しい女性の役割―
G・エスピン＝アンデルセン
大沢真理監訳

キャリアを追求する女性と、性別分業に留まる女性との間で広がる格差。福祉国家論の第一人者による、二極化の転換に向けた提言。

2024. 8

岩波現代文庫[学術]

G452
草の根のファシズム
—日本民衆の戦争体験—
吉見義明

戦争を引き起こしたファシズムは民衆が支えていた——従来の戦争観を大きく転換させた名著、待望の文庫化。〈解説〉加藤陽子

G453
日本仏教の社会倫理
—正法を生きる—
島薗進

日本仏教に本来豊かに備わっていた、サッダルマ(正法)を世に現す生き方の系譜を再発見し、新しい日本仏教史像を提示する。

G454
万民の法
ジョン・ロールズ
中山竜一訳

「公正としての正義」の構想を世界に広げ、平和と正義に満ちた国際社会はいかにして実現可能かを追究したロールズ最晩年の主著。

G455
原子・原子核・原子力
—わたしが講義で伝えたかったこと—
山本義隆

原子・原子核について基礎から学び、原子力への理解を深めるための物理入門。予備校での講演に基づきやさしく解説。

G456
ヴァイマル憲法とヒトラー
—戦後民主主義からファシズムへ—
池田浩士

史上最も「民主的」なヴァイマル憲法下で、ヒトラーが合法的に政権を獲得し得たのはなぜなのか。書き下ろしの「後章」を付す。

G462
排除の現象学
赤坂憲雄

いじめ、ホームレス殺害、宗教集団への批判――八十年代の事件の数々から、異人が見出され生贄とされる、共同体の暴力を読み解く。時を超えて現代社会に切実に響く、傑作評論。

G463
越境する民
近代大阪の朝鮮人史
杉原達

暮しの中で朝鮮人と出会った日本人の外国人認識はどのように形成されたのか。その後の研究に大きな影響を与えた「地域からの世界史」。

G464
越境を生きる
ベネディクト・アンダーソン回想録
ベネディクト・アンダーソン
加藤剛訳

『想像の共同体』の著者が、自身の研究と人生を振り返り、学問的・文化的枠組にとらわれず自由に生き、学ぶことの大切さを説く。

G465
我々はどのような生き物なのか
――言語と政治をめぐる二講演――
ノーム・チョムスキー
福井直樹
辻子美保子編訳

政治活動家チョムスキーの土台に科学者としての人間観があることを初めて明確に示した二〇一四年来日時の講演とインタビュー。

G466
ヴァーチャル日本語 役割語の謎
金水敏

現実には存在しなくても、いかにもそれらしく感じる言葉づかい「役割語」。誰がいつ作ったのか。なぜみんなが知っているのか。何のためにあるのか。〈解説〉田中ゆかり

2024.8

岩波現代文庫[学術]

G467
コレモ日本語アルカ？
―異人のことばが生まれるとき―
金水 敏

ピジンとして生まれた〈アルヨことば〉は役割語となり、それがまとう中国人イメージを変容させつつ生き延びてきた。〈解説〉内田慶市

G468
東北学／忘れられた東北
赤坂憲雄

驚きと喜びに満ちた野辺歩きから、「いくつもの東北」が姿を現し、日本文化像の転換を迫る。「東北学」という方法のマニフェストともなった著作の、増補決定版。

G469
増補 昭和天皇の戦争
―「昭和天皇実録」に残されたこと・消されたこと―
山田 朗

平和主義者とされる昭和天皇が全軍を統帥する大元帥であったことを「実録」を読み解きながら明らかにする。〈解説〉古川隆久

G470
帝国の構造
―中心・周辺・亜周辺―
柄谷行人

『世界史の構造』では十分に展開できなかった「帝国」の問題を、独自の「交換様式」の観点から解き明かす、柄谷国家論の集大成。佐藤優氏との対談を併載。

G471
日本軍の治安戦
―日中戦争の実相―
笠原十九司

治安戦(三光作戦)の発端・展開・変容の過程を丹念に辿り、加害の論理と被害の記憶からその実相を浮彫りにする。〈解説〉齋藤一晴

2024.8

岩波現代文庫［学術］

G472
網野善彦対談セレクション
1 日本史を読み直す
山本幸司編

日本史像の変革に挑み、「日本」とは何かを問い続けた網野善彦。多彩な分野の第一人者たちと交わした闊達な議論の記録を、没後二〇年を機に改めてセレクト。（全二冊）

G473
網野善彦対談セレクション
2 世界史の中の日本史
山本幸司編

戦後日本の知を導いてきた諸氏と語り合った、歴史と人間をめぐる読み応えのある対談六篇。若い世代に贈られた最終講義「人類史の転換と歴史学」を併せ収める。

G474
明治の表象空間（上）
―権力と言説―
松浦寿輝

学問分類の枠を排し、言説の総体を横断的に俯瞰。近代日本の特異性と表象空間のダイナミズムを浮かび上がらせる。（全三巻）

G475
明治の表象空間（中）
―歴史とイデオロギー―
松浦寿輝

「因果」「法則」を備え、人びとのシステム論的な「知」への欲望を満たす社会進化論の跋扈。教育勅語に内在する特異な位相の意味するものとは。日本近代の核心に迫る中巻。

G476
明治の表象空間（下）
―エクリチュールと近代―
松浦寿輝

言文一致体に背を向け、漢文体に執着した透谷・一葉・露伴のエクリチュールにはいかなる近代性が孕まれているか。明治の表象空間の全貌を描き出す最終巻。〈解説〉田中 純

岩波現代文庫[学術]

G477
シモーヌ・ヴェイユ
冨原眞弓

その三四年の生涯は「地表に蔓延する不幸」との闘いであった。比類なき誠実さと清冽な思索の全貌を描く、ヴェイユ研究の決定版。

G478
フェミニズム
竹村和子

最良のフェミニズム入門であり、男／女のカテゴリーを徹底的に問う名著を文庫化。性差の虚構性を暴き、身体から未来を展望する。〈解説〉岡野八代

G479
増補 総力戦体制と「福祉国家」
―戦時期日本の「社会改革」構想―
高岡裕之

戦後「福祉国家」とは全く異なる総力戦体制＝「福祉国家」の姿を、厚生省設立等の「戦時社会政策」の検証を通して浮び上らせる。

2024.8